Arno Waschkuhn
Politische Systemtheorie

WV studium

Band 143

Arno Waschkuhn

Politische Systemtheorie

Entwicklung, Modelle, Kritik.
Eine Einführung

Springer Fachmedien Wiesbaden GmbH

CIP-Kurztitelaufnahme der Deutschen Bibliothek

Waschkuhn, Arno:
Politische Systemtheorie: Entwicklung, Modelle,
Kritik; e. Einf. / Arno Waschkuhn. − Opladen:
Westdeutscher Verlag, 1987.
(WV-Studium; Bd. 143)

NE: GT

Für Laura Sarah

ISBN 978-3-531-22143-4   ISBN 978-3-663-12319-4 (eBook)
DOI 10.1007/978-3-663-12319-4

Alle Rechte vorbehalten
© 1987 Springer Fachmedien Wiesbaden
Ursprünglich erschienen bei Westdeutscher Verlag GmbH, Opladen 1987.

Umschlaggestaltung: Horst Dieter Bürkle, Darmstadt

Inhalt

1. Einleitung: Systemtheoretische Modellvorstellungen als Orientierungshilfen für das Verständnis von Wirklichkeit

1.1 Vorüberlegungen

Dieses Buch wendet sich hauptsächlich an Studenten, die sich einen Überblick über die Systemtheorie in Rücksicht auf politikwissenschaftliche Positionen verschaffen wollen. Die Politikwissenschaft stellt sich daher in dieser Arbeit als eine moderne Sozialwissenschaft vor. Die Sozialwissenschaften wiederum sind gekennzeichnet durch ein spezifisches „Sonderwissen" und eine aufwendige Terminologie, die mit dem vorwissenschaftlichen Alltagsverständnis offensichtlich nur wenig oder kaum etwas zu tun hat. Die folgenden Beispiele sollen zeigen, daß es sich bei dieser Auffassung und diesem womöglich ersten Eindurck der Anfangssemester in universitären Lehrveranstaltungen um ein außerwissenschaftliches Vor-Urteil handelt, daß vielmehr gerade über Verallgemeinerungen von Handlungsabläufen und mit Hilfe von Modellvorstellungen − der Wirklichkeit entnommen und zugleich hiervon abstrahiert − ein Erkenntnis- und Orientierungsgewinn erzielt werden kann.

Für die systemtheoretischen Ansätze, die empirisch wahrnehmbare Phänomene prozessual, in ihren Strukturen und Funktionen und in ihrem Wandel erfassen, überhöhen und verdichten, wobei beispielsweise Handlungssysteme, Kultursysteme, Sozialsysteme, Persönlichkeitssysteme analytisch unterschieden werden können, kann festgehalten werden: „Systeme gibt es in der Wirklichkeit nicht; sie sind Konstruktionen des Menschen. Aber darin steckt ein Doppelsinn. Die Systeme der Systemtheorie sind Re-Konstruktionen − die wissenschaftliche Nachzeichnung von Strukturen und Prozessen der Lebenswelt." (Jensen 1983, 145)

Dieser Abstraktionsvorgang ist auch dem Alltagsverständnis geläufig, das ebenfalls Symbole benutzt, um die komplexe Wirklichkeit gleichsam in vereinfachten (Symbol-)Netzen einzufangen: „Um einen Vorgang zu ,verstehen', müssen wir Symbole benutzen, die irgendwie der Anordnung einiger Aspekte des zu untersuchenden Vorgangs entsprechen müssen, ähnlich wie die Anordnung von Küsten, Flüssen oder Straßen auf der Landkarte der Anordnung von Küsten, Flüssen oder Straßen in der Landschaft, die wir abbilden wollen, entsprechen muß. ... Verstehen bedeutet aber auch: Anpassung unserer Auswahlkriterien an die Bedürfnisse der Praxis, der unsere Erkenntnis dienen soll. Wenn wir mit dem Auto fahren wollen, können wir Sandbänke vor der Küste weglassen, aber wir dürfen keine Straßen weglassen. (Wenn wir zur See fahren wollen, müßten wohl einige Sandbänke verzeichnet sein.)" (Deutsch 1973, 41). Und wenn weiter unten von kybernetischen Regelungsmodellen oder Regelkreisen (mit Regel- und Stellgrößen, Meßfühlern, Ist- und Sollwerten sowie Rückkoppelungsschleifen) die Rede ist, so braucht man fürs erste nur an den alltäglichen Heizungsthermostaten zu denken, der die erwünschte Raumtemperatur je nach Außeneinflüssen entsprechend einpendelt und reguliert.

Doch zurück zu den Studenten, die in der Regel nach Familie und Schule (als ersten „Sozialisationsinstanzen") im Rahmen der fach- und universitätsspezifischen „Sozialisation" wie „akademischen Freiheit" unter Umständen auf neue Schwierigkeiten stoßen:

> „Immer noch kommen frischgebackene Studentinnen und Studenten an die Universität mit der Vorstellung, nun endlich schulische Gängelung mit akademischer Freiheit, familiäre Bindungen mit Ungebundenheit, vorgegebene Ziele mit unbegrenzten Möglichkeiten, eingeschliffene Sozialbeziehungen mit offenen Kommunikations- und Kontaktmöglichkeiten einzutauschen. Diese Vorstellungen sind in mancher Hinsicht nicht unrealistisch; und der Realitäts-Schock läßt nicht lange auf sich warten. Bald haben diese Studenten das Gefühl, ,frei in der Luft zu schweben'. Was belegen? Welcher Stundenplan? Wo wohnen? Wo essen? Wen treffen? Mit wem sprechen? Wohin gehen? Was lesen? Was wie beurteilen? ... Die Fülle der einstürmenden Eindrücke, Informationen, Aufforderungen, Ratschläge, Schwierigkeiten und Probleme scheint nicht mehr überschaubar." (Willke 1982, 9)

Helmut Willke, von dem dieses Beispiel stammt, leitet hieraus in sozialwissenschaftlicher Sicht die folgenden Fragen ab: „Welche Bedingungen haben dazu geführt, daß der Studienanfänger seine Lage als unübersichtlich und verworren empfindet; 2. welche Faktoren verhindern, daß für die anstehenden Probleme einfache und eindeutige Lösungen gefunden werden; und 3. welche sozialen Mechanismen stehen zur Verfügung, um die sich aus Frage 1. und 2. ergebenden Probleme zu lösen." Und: „Ins Allgemeine gewendet geben diese Fragen die Problembereiche an, deren Behandlung die neuere Systemtheorie prägt: 1. Lassen sich gesellschaftliche Prozesse bezeichnen, die die Welt für den zielorientiert handelnden Menschen ungewisser, überraschender und widersprüchlicher machen. 2. Gibt es evolutionär einleuchtende Gründe für die wachsende Komplexität sozialer Systeme – trotz der offensichtlichen Kosten von Komplexität. Schließlich: Entwickeln sich in komplexen Systemen neue Steuerungsmechanismen, die es erlauben, höhere Komplexität zu verarbeiten und sie – in Grenzen – für den Menschen beherrschbar zu machen." (ebd.)

Die „Reduktion von Komplexität" (Luhmann) ist das Anliegen der Systemtheorie und der Grund dafür, daß sich Systeme konstituiert haben, indem sie funktional spezifiziert sind für bestimmte (inhaltlich besonderte) Aufgabenstellungen. Das hier aufgegriffene Beispiel läßt noch weitere Ausführungen und Interpretationen zu, die dazu dienen sollen, einen Einstieg in die *sozialwissenschaftliche Perspektive* zu vermitteln.

So haben wir von der „Sozialisation" gesprochen (und im Alltagsverständnis wird hier sehr oft gleich so etwas wie „Sozialismus" assoziiert), dem „Hineinwachsen in die Gesellschaft" bzw. in Teilsysteme der „Gesamtgesellschaft", die die Summe aller Einzel- oder Teilsysteme ist. Familie und Schule wurden als Sozialisationsinstanzen benannt. Man kann auch von „Sozialisationsagenturen" (keine Familie würde sich so nennen) sprechen. Eine sozialwissenschaftliche Definition dieses Problembereiches lautet zum Beispiel:

„Sozialisation = Bezeichnung für den Prozeß, durch den ein Individuum in eine soziale Gruppe eingegliedert wird, indem es die in dieser Gruppe geltenden sozialen Normen, insbesondere die an das Individuum als Inhaber bestimmter Positionen gerichteten Rollenerwartungen, die zur Erfüllung dieser Normen und Erwartungen erforderlichen Fähigkeiten und Fertigkeiten sowie die zur Kultur der Gruppe gehörenden Werte, Überzeugungen usw. erlernt und in sich aufnimmt. Wenn dieser Aneignungsprozeß soweit geht, daß das Individuum die betreffenden Verhaltensstandards, Werte, Überzeugungen, Einstellungen usw. als seine ‚eigenen' bzw. als ‚Selbstverständlichkeiten' empfindet, spricht man von einer Internalisierung derselben. Der Sozialisationsprozeß setzt unmittelbar nach der Geburt ein und führt durch die Internalisierung und Integration der von den wichtigsten Interaktionspartnern des Individuums während der Kindheits- und Jugendphase (durch die Sozialisationsinstanzen) vermittelten Werte, Einstellungen, Rollenerwartungen usw. zum Aufbau des sozialen Selbst bzw. der sozialkulturellen Persönlichkeit. Obwohl einige Autoren die Verwendung des Sozialisationsbegriffes auf diesen Aufbau der sozialkulturellen Persönlichkeit und somit auf die bewußt und unbewußt ablaufenden Erziehungsprozesse bis zum Abschluß der Jugendphase beschränkt wissen wollen, kann grundsätzlich jedes Erlernen einer neuen sozialen Rolle bzw. jede Eingliederung in eine neue Gruppe als Sozialisation bezeichnet werden. Insofern ist Sozialisation ein Prozeß, der das gesamte Leben hindurch andauert." (Klima 1973, 622)

Oder anders (und vielleicht „etwas konkreter") formuliert: „In unserer Industriekultur, in der Sozialisation ein lebenslanger Lernprozeß ist, können wir mehrere Sozialisationsinstanzen unterscheiden. Die Eltern sind für die ersten Lebensjahre von entscheidendem Einfluß. Es folgen Kindergarten und Schule. Ab dem Alter von etwa 10 Jahren intensivieren Kinder den Kontakt mit Gleichaltrigen (peergroups), und die in diesen Gruppen geltenden Standards, die sich in vielem von den familialen und schulischen unterscheiden, beeinflussen in hohem Maße die Sozialisation der Heranwachsenden. Schließlich sind die Massenmedien zu erwähnen, die über das Fernsehen schon früh, später über Lektüre, auf die Sozialisation der Kinder wie der Erwachsenen Einfluß nehmen; denn sie produzieren Werte und Verhaltensweisen, die über Mechanismen wie Imitation und Identifikation übernommen werden." (Helbig 1979, 7)

Während der Einfluß der Massenmedien wissenschaftlich noch weithin ungeklärt ist bzw. die Forschungsergebnisse äußerst widersprüchlich sind (so ist man sich z. B. nicht einig, ob Gewaltdarstellungen das Aggressionspotential eher befördern oder abbauen), werden Familie und Schule einhellig als die wichtigsten Institutionen der Sozialisation angesehen: in der Familie erfolgt die „primäre Sozialisation", das Kind lernt seine ersten Rollen, es erwirbt die bestimmenden Züge eines moralischen Bewußtseins und seiner Leistungsmotivation; die Schule hingegen ist eine Institution „sekundärer Sozialisation", in der in außerfamiliales Verhalten eingeübt wird.

Wir beschäftigen uns hier bei unseren Vorüberlegungen mit der Institution der Familie, der Schule und der Universität, da sie erstens wohl allen Studenten hinlänglich bekannt sind bzw. es bald sein wird, zweitens soll anhand unserer Darstellungsweise die sozialwissenschaftliche Sichtweise deutlich werden, drittens können diese Bereiche auch als „Systeme" verstanden werden, insofern die allgemeine Bestimmung lautet: „Ein ‚System' ist jedes Gebilde, bei dem eine Menge von Elementen oder Merkmale der Elemente dieser Menge von Elementen durch Beziehungen, ‚Relationen', miteinander verkoppelt sind." (Arbeitsgruppe Soziologie 1978, 195). Hierbei können das wissenschaftliche und das Alltagsverständnis miteinander verbunden werden:

„Wenn wir unseren Körper als ‚biologisches System' begreifen, dann ist die Haut die Grenze zwischen Innenwelt und Umwelt. ‚Systembildung', so sagen manche Systemtheoretiker, ist ein Problem der begrifflichen oder wirklichen Feststellung (= Stabilisierung!) einer Grenze gegenüber der Umwelt. Systembildung besteht im Vorgang der Festlegung/Feststellung einer ‚Innen-Außen-Differenz'. Die Struktur des Systems besteht unter diesen Voraussetzungen in dem Grundmuster der Elemente und ihrer Relationen.

Unser Körper als ‚biologisches System' existiert nicht im luftleeren Raum. Ständig finden Grenzüberschreitungen in die Umwelt und aus der Umwelt statt: Luft wird eingeatmet, Kohlendioxyd ausgeatmet, Wasser aufgenommen, Schweiß abgesondert usw. – Unser Körper ist ein offenes System, das in regen Austauschprozessen (input-output-Relationen) mit seiner Umwelt steht.

Auch die Heizung von Herrn W ist ein ‚offenes System'. Sie reagiert auf die Umwelt und verändert die Umwelt. Sie stellt ein (Maschinen-) System dar, das bestimmte Systemvorgänge und/oder Systemzustände in einem festgelegten Wertebereich (Sollwert 21°) konstant, stabil hält. ...

Aber da, wo der Techniker mit Erfolg seine kybernetischen Systeme baut und der Biologe die Fruchtbarkeit der kybernetischen Theorie für die Erklärung von Körperfunktionen einsieht, fangen für den Systemtheoretiker in der Soziologie die Probleme an: Was ist denn die Außenhaut einer Familie, einer Organisation, einer ganzen Gesellschaft? Was sind die Sollwerte, die in sozialen Teilsystemen oder im sozialen Gesamtsystem konstant gehalten werden? Kann man überhaupt, wie die den Systemtheoretikern der Soziologie nahestehenden Funktionalisten, lebenswichtige Vorgänge in einer Gesellschaft ausmachen und untersuchen, welche Abläufe und Ereignisse dem Erhalt dieser Vorgänge so dienlich sind wie der Blutkreislauf der Versorgung und Entsorgung der Zellen?" (ebd., 106 f.)

Etwas salopp formuliert: „Da alles und jedes mit ‚System' bezeichnet wird, spricht nichts dagegen, eine Person, eine Familie, eine Organisation etc. als ‚soziales System' zu bezeichnen. Familien, Schulen, Finanzämter etc. wären dann Teilsysteme des sozialen Gesamtsystems Gesellschaft." (ebd., 108)

Betrachten wir zunächst die *Familie*: „Die Mehrzahl der heute in Mitteleuropa geborenen Kinder wird in eine Kleinfamilie hineingeboren, wo sie oft Einzelkinder sind und nur manchmal eine Schwester oder einen Bruder haben. Familien mit mehr als zwei Kindern sind in der heutigen Gesellschaft statistisch gesehen eine Minderheit. Einige Kinder werden natürlich auch in Familien hineingeboren, die nur aus Mutter und Kind bestehen. Daß die Familie eine Kleinfamilie ist, bedeutet, sie umfaßt nur Eltern und Kinder und nicht (mehr, A.W.) mehrere Generationen ... Außerdem wird aller Wahrscheinlichkeit nach das Kind in eine monogame Familie hineingeboren, das heißt, wo man jeweils nur einen Ehepartner hat. ... Das Familiensystem, in das wir hingeboren werden, wird von sozialen Normen geregelt und ist zur Institution geworden, das heißt, sie verändert sich nur langsam, wenn überhaupt und erscheint uns als Institution, als eine gegebene Realität. Die Familie als Institution gibt es, ehe wir geboren werden." (Israel 1977, 21) Sie ist ein Ordnungselement auf der untersten Ebene sozialer Organisation. Andererseits ist nicht zu verkennen, daß der heutige „Normaltyp" der „Kernfamilie", in der nur Eltern und nicht erwachsene Kinder beieinander leben, sich erst im Zuge der Industrialisierung herausgebildet hat (Schwonke 1981, 47). Darüber hinaus werden in zunehmendem Maße, wie es scheint, alternative Formen erprobt (Wohnkollektive oder aber „Single"-Bewegung), ferner sinkt die Zahl der Eheschließungen und steigen die Scheidungszahlen an: auch die soziale Institution „Familie" unterliegt dem sozialen Wandel.

Dennoch kann von einer „Deinstitutionalisierung der Familie" nicht die Rede sein, sondern die Familie erfüllt heute eine moderne gesellschaftliche Funktion, indem sie sich als ein Milieu herausgebildet hat, „das in historisch unbekanntem Maße dem individuellen Ausdruck affektiver Bedürfnisse ihrer Mitglieder Raum und Zeit gibt": „Gegenüber zunehmend spezialisierten und formalisierten Rollenbezügen in öffentlichen Institutionen ermöglicht sie eine sozial gebilligte Ausprägung diffuser Expressivität, eine Funktion, die nicht nur für den subjektiven Spannungsausgleich der Erwachsenen, sondern in besonderem Maße auch für die Entwicklung der Kinder als unabdingbar erscheint." (Neidhardt 1981, 152).

Andererseits gilt: „In einer Gesellschaft laufen die verschieden-artigsten Handlungen ab, gibt es eine riesige Mannigfaltigkeit von Handlungen und Handlungszusammenhängen. Es liegt auf der Hand, daß sich in einer Familie nicht *all* die Handlungsvorgänge im Kleinen abspielen, die es in der Gesellschaft im Großen gibt. Handlungen zur Herstellung von Gütern sind z. B. nur noch selten Bestandteile der Aktivität in modernen Familien. In einer Familie läuft nur ein kleiner Teil der Vorgänge ab, die in der Gesellschaft als ganzer statt-finden." (Arbeitsgruppe Soziologie 1978, 109) Man kann daher auch feststellen: „Im Familienleben kommen viele für die Industriegesell-schaft charakteristische Rollentypen, Anforderungen, Verhaltens-muster nicht vor, man kann sie in der Familie nicht lernen. ... Hier liegen offenbar strukturell bedingte Grenzen familialer Sozialisation und wichtige Gründe dafür, daß andere Sozialisationsinstanzen − die Schule und die beruflichen Ausbildungsstätten − notwendig gewor-den sind." (Schwonke 1981, 52)

Die *Schule* nun kann verstanden werden als ein gesellschaftlich ausdifferenziertes, auf Erziehung spezialisiertes soziales (Teil-)Sy-stem und als der institutionelle Ort organisierten Lernens stellver-tretender Erfahrungen unter der Maxime des Leistungsprinzips (vgl. Baumert 1981, 438 f.) Für den Betrieb der politischen Sozialisation läßt sich feststellen, daß „die Schule den Auftrag hat, Loyalitäten zum Macht- und Wertsystem aufzubauen. Das Bekenntnis zum je-weiligen politischen System steht in den Schulgesetzen aller Länder mit an erster Stelle." (Schwonke 1981, 85) In der Bundesrepublik Deutschland zeichnet sich „ein langfristiger Wandel von stärker auf Loyalität ausgerichteten Einstellungen zu liberaleren Orientierun-gen ab. Gleichzeitig sehen jedoch Eltern auch in jüngster Zeit die Hauptprobleme der Schule in einer zu geringen Betonung von Dis-ziplin und Höflichkeit. Schüler und Schulabsolventen dagegen loka-lisieren die Hauptdefizite in der Vernachlässigung allgemeiner Fähig-keiten wie Selbständigkeit, Selbstsicherheit, Empathie und Fähigkei-ten des sozialen Umgangs." (Baumert 1981, 444)

Darüber hinaus bestehen Zusammenhänge zwischen der sozioöko-nomischen Lebenswelt und den Familienstrukturen, können (auch im Hinblick auf das Verhältnis Familie/Schule) schichtenspezifische

Sozialisationsprozesse und die Ausbildung verschiedener Sprachcodes (restringiert/elaboriert) und vieles mehr aufgezeigt werden, worauf hier nicht eigens eingegangen werden soll. Für den Bereich der „politischen Kultur" (das sind die Einstellungen zum politischen System) jedenfalls kann herausgestellt werden: „Politisches Wissen, Informationsverhalten, Interesse an Politik und die Bereitschaft zur politischen Partizipation sowie Loyalität gegenüber der Staatsform einerseits und Bereitschaft zur Kritik an politischen Institutionen andererseits kovariieren mit der Höhe des Bildungsniveaus (auch bei Kontrolle von sozialer Herkunft und Unterstützungsvariablen des Elternhauses)." (ebd., 434)

Doch zurück zu unserem obigen Beispiel, zu den Studenten in den Anfangssemestern, ihren Erwartungen, Enttäuschungen und neuen Belastungen. Im „sozialwissenschaftlichen Jargon" ausgedrückt, ist das „Universitätsstudium" in unserer Gesellschaft „ein funktional ausdifferenziertes, hochgradig spezialisiertes Interaktionssystem, das in seiner Möglichkeit von Bedingungen abhängt, die von einer Vielzahl unterschiedlicher, wechselseitig voneinander abhängiger (interdependenter) Faktoren bestimmt werden. Diese Faktoren erzeugen einen Grad von Umweltkomplexität, der vom Individuum nicht mehr unmittelbar in direktem Zugriff verarbeitet werden kann. Dadurch entsteht ein Bedarf an sozialen Mechanismen, die Komplexität reduzieren und regulieren." (Willke 1982, 10 f.)

„Was heißt dies im einzelnen? Während der Schulzeit haben wir — soziologisch betrachtet — eine relativ einfache Situation vor uns: in aller Regel spielen nur zwei oder drei ‚Einheiten' eine wichtige Rolle, nämlich die Schule, das Elternhaus und vielleicht noch eine Freundesgruppe. Die Schule nimmt dem Schüler, ob er will oder nicht, die meisten Entscheidungen ab: Lernziele, verwendete Bücher, Erfolgskontrollen, Organisation des Klassenverbandes, Bestimmung des Lehrpersonals, Zeiteinteilung etc. Auch das Elternhaus zeichnet sich in der Regel dadurch aus, daß die meisten Entscheidungen schon gefallen sind: wo man wohnt, was man ißt, woher das Geld kommt, wie der Tagesablauf geregelt ist, ja oft sogar, welche Kleider gekauft werden und wieviel Taschengeld zur Verfügung steht. Die Situation ist also übersichtlich, oft zu übersichtlich.

An der Universität nun soll sich alles ändern. Das was vorher so ausführlich geregelt war, ist nun offen, unsicher, von Einzelfall zu Einzelfall neu zu entscheiden. Unser Studienanfänger hat zwischen verschiedenen Finanzierungsmöglichkeiten (Eltern, Stipendium, Teilarbeit, Kombination) zu wählen; er muß sich für eine bestimmte Wohnform (Einzelzimmer, Wohnheim, Wohnung, Wohngemeinschaft) entscheiden; aus einer Unzahl wissenschaftlicher, politischer und kultureller Veranstaltungen ist auszuwählen; Tagesabläufe, Stunden- und Wochenpläne sind zu organisieren; plötzlich steht ihm frei, wie er sein Geld einteilt, wann, wo und was er ißt, welche Bücher er kauft, wann er aufsteht etc. Die neue Lage ist also überreich an Möglichkeiten, an Entscheidungszwängen und an Folgeproblemen von Entscheidungen, die untereinander zusammenhängen. Kurz: sie ist komplex.

Komplexität ist ein zentraler Begriff der neueren Systemtheorie. Er bezeichnet das Problem, daß aufgrund bestimmter Entwicklungsbedingungen moderner Gesellschaften viele soziale Verhältnisse nicht mehr einfach und überschaubar, sondern vielschichtig und verwickelt geworden sind: statt Ackerbau Hochindustrialisierung, statt Tradition positiviertes Recht, statt Schicksal Wissenschaft. Mit der Entwicklung der Naturwissenschaften und der frühindustriellen Warenproduktion setzte zu Beginn der Neuzeit in Mitteleuropa ein Prozeß der ‚gesellschaftlichen Arbeitsteilung' ein, in welchem immer neue Teilbereiche der Gesellschaft funktional ausdifferenziert wurden, sich spezialisierten und dadurch eine immens gesteigerte, bereichsspezifische Leistungsfähigkeit erreichten." (ebd., 11)

Es wäre daher für Studenten besonders sinnvoll, sich die in diesem Buch erörterten Modellvorstellungen immer wieder auch am Beispiel des sozialen (Teil-)Systems der *Universität* vor Augen zu führen. Dieses System ist seinerseits unterteilt in Fachbereiche (Fakultäten), Institute, Lehrstühle, wissenschaftliche und technische Mitarbeiter, die bestimmte Funktionen zu erfüllen haben; es kennt Hierarchisierungen und Abgrenzungskämpfe, aber auch das Bemühen um „interdisziplinäre Zusammenarbeit", universitäre „Selbstverwaltung" und „Fremdbestimmung" (seitens des Ministeriums), der Ablauf des Studiums ist (je nach Fach) mehr oder weniger stark geregelt (Prüfungs- und Studienordnungen, Regelstudienzeiten, Pflichtveranstaltungen und -„scheine" etc.). Darüber hinaus sind die Zugangsmöglichkeiten begrenzt (nicht jeder kann „Student" oder „Professor" werden), hat sich das System Universität von der Gesellschaft in spezifischer Weise „ausgegrenzt" und erwartet „die Gesellschaft" wiederum bestimmte Leistungen von der Universität. Dieses Beispiel soll hier nicht sehr viel weiter ausgeführt werden (ich überlasse weitere Ableitungen bewußt dem Leser). Schlagwortartig kann festgehalten werden: Die Probleme der Universität sind auch Probleme der Gesellschaft und umgekehrt; es besteht auch hier ein Verhältnis der Interdependenz.

Aber trotz der generellen stationären Beharrungskraft von Institutionen sind auch im Bereich der Hochschulen Tendenzen des Wandels festzustellen; die Strukturen und Funktionen der Universität unterliegen gleichfalls sich wandelnden Zuschreibungen oder Zielsetzungen. Ein Beispiel hierfür ist die tendenzielle soziale Öffnung der Hochschulen, während im Jahre 1900 ca. 1 % der Universitätsstudenten Arbeiter- und Bauernkinder waren, lauten die Angaben für 1960: 5 % und für 1980: 15 % (Prahl 1981, 202). Die herkömmlichen sozialen Funktionen (Auslese, Berufsvorbereitung, Akademikerdünkel; heute dagegen eher: drohendes „akademisches Proletariat") haben angesichts des heutigen „Großbetriebes Wissenschaft" ebenfalls einen Bedeutungsschwund und spezifische Verlagerungen erfahren:

„Im Zeichen krisenhafter wirtschaftlicher, gesellschaftlicher und politischer Entwicklungen (Übergang von Elite- zu ‚mass higher education‘, soziale Demokratisierungsforderungen, Enthierarchisierung, Studentenrevolte, Abstimmungsprobleme zwischen Bildungs- und Beschäftigungssystemen, fachliche Differenzierung und Dynamisierung, geschwundener Basiskonsens) sind die Funktionen der Qualifikation (Ausbildung), Innovation (wissenschaftlicher Fortschritt) und Legitimation (Ideologieerzeugung), problematisch geworden, Binnenstrukturen (Personalgliederung, Entscheidungsgremien, Fächerzuordnung) reformiert und Rechts-/Verwaltungsgrundlagen stark erweitert worden (Tendenzen zur Verrechtlichung, Bürokratisierung, Verschulung; Umformung der Hochschulen in bürokratisierte Großbetriebe, Eigendynamik der Bürokratien, Implementierungsprobleme der Hochschulpolitik), während gleichzeitig traditionelle Verkehrsformen unvermittelt neben bürokratischen, zentralistischen und reformerischen Bestrebungen fortbestehen." (ebd., 203)

Alles in allem dürfte an diesen Beispielen deutlich geworden sein, daß es nicht um die *konkrete* Familie A, die konkrete Schule B, die Universität C, den Studenten D usw. geht, die hier „gemeint" sein können, sondern es handelt sich um (in sozialwissenschaftlicher Terminologie vorgetragene) *Verallgemeinerungen*, die bestimmte Zusammenhänge, Interaktionsmuster und Relationengefüge aufzeigen wollen. Diese Generalisierungsversuche, wie man auch sagt, führen über das Testen von Hypothesen und mittels anderer wissenschaftlicher Operationen, die hier nicht demonstriert werden können, zu Theorien, die zur Erklärung und Prognose gesellschaftlicher Prozesse geeignet sind.

Es kommt daher darauf an, die verschiedenen „Sprachen" und „Regelkreise" unterschiedlicher „Systeme" und „Teilsysteme" analytisch zu erfassen und auf gemeinsame Grundelemente zurückzuführen. Die Schwierigkeiten der Studenten in den Anfangssemestern sind u. a. darauf zurückzuführen, daß sie nicht von vornherein zwischen unterschiedlichen Regelsetzungen, Freiheitschancen und jeweiligen systemischen Implikationen differenzieren *können*. Die Sozialwissenschaften bieten ihnen hierfür jedoch Erklärungsversuche und Orientierungsmuster an, die sich (auch sprachlich) vom Alltagsverständnis unterscheiden *müssen*. Daß es sich dabei um tentative (vorläufige) Theorien und Theorieansätze handelt, auch wenn es nicht immer ausdrücklich gesagt wird, gehört zur wissenschaftlichen Redlichkeit; denn der wissenschaftliche Fortschritt lebt nun einmal von Kritik und Gegenkritik, von Irrtümern, Zweifeln und neuen Versuchen, die „Wirklichkeit in den Griff zu bekommen". Das wissenschaftliche Bemühen ist daher eine intersubjektive Veranstaltung, was nahezu zwangsläufig zu einer wissenschaftlichen „Kunstsprache" führen muß, die dem alltäglichen Sprachgebrauch enthoben ist, da dort viele Konnotationen „mitgeschleppt" werden, die dem abstrakten (gleichwohl handlungsorientierten) Problemverständnis höherer Ebene eher abträglich sind. Auch das ist eine Leistung „sozialer Differenzierung" und „funktionaler Spezifikation", um systemtheoretische Begriffe zu gebrauchen. Wissenschaft und Gesellschaft sind nun einmal arbeitsteilig organisiert und hochgradig spezialisiert, jedenfalls im Handlungsbezugsrahmen westlicher, pluralistisch strukturierter Industriegesellschaften (und auf diesen Bezugsrahmen kommt es uns in dieser Arbeit ganz wesentlich an).

Diese Überlegungen führen uns erneut zur *Sozialisationsproblematik*; denn selbstverständlich variieren die Fähigkeiten, Fertigkeiten und Verhaltensweisen, die im Prozeß der Sozialisation erlernt (oder eingeübt) werden (insbesondere „Handelnkönnen" und „Regelverständnis") von Kultur zu Kultur (Helbig 1979, 2); die Handlungsregeln und „Verkehrsformen", sozialen Normen und kulturellen Werte können von Kultur zu Kultur (und auch innerhalb einer jeweiligen „politischen" Kultur oder Subkultur) verschieden ausgeprägt oder gewichtet sein. Das wiederum führt uns neben den „Generalthemen" Komplexität und Interdependenz zum systemtheoretischen Thema der *Kontingenz*; denn zwar ist es z. B. einigermaßen

„zufällig", in welcher historischen Phase, geographischen oder sozio-politischen Lage wir „in die Welt hineingeboren" wurden (obwohl es natürlich auch nicht ganz „zufällig" war und ist, da es sich ja um unsere konkreten Eltern handelt, die uns gezeugt haben), aber dieser Umstand hat dennoch weitreichende Konsequenzen.

So ist ein Student in der DDR, um ein naheliegendes Beispiel zu wählen, völlig anderen Umraumbedingungen ausgesetzt als ein Student in der Bundesrepublik Deutschland. Hinsichtlich der politischen Sozialisation (in bezug auf die Sozialisationsagenturen Familie, Schule, Universität) wird er ganz andere gesellschaftliche Voraussetzungen, politische Zielvorstellungen und kulturelle Überbauphänomene antreffen und insgesamt völlig anders gelagerte Problemstellungen zu bewältigen haben und andere Lösungsvorschläge für erforderlich halten (jedenfalls im Bereich der Gesellschaftswissenschaften). Es sind also auch inhaltliche Besonderungen oder materielle Ausprägungen stets mitzubeachten, wenn man sich auf konkrete Systemanalysen in vergleichender Perspektive einläßt (gleichwohl handelt es sich auch hier um eine „entwickelte Industriegesellschaft").

Insbesondere die Sozialisationsinstanzen sind bei ähnlicher Aufgabenstellung erheblich anders einzuschätzen. So kann geradezu von einem Funktionszuwachs der Familie in der DDR mit ausgesprochen privatistischen Tendenzen gesprochen werden. Die Familie ist augenscheinlich der Raum, in dem „Werte weitergegeben, Einstellungs- und Verhaltensweisen erzeugt" werden, „die nur zu oft in Konkurrenz mit den offiziellen Werten stehen, die die Partei verkündet." (Wehling 1980, 170) Der Schultypus ist einheitlich und kann als integrierte und differenzierte Gesamtschule charakterisiert werden, vorgeschaltet sind Einrichtungen der Vorschulerziehung. Entscheidende Schwerpunkte sind die polytechnische Bildung und die politisch-ideologische Erziehung: „Die politische Erziehung durch Partei und Staat muß weitgehend gegen die vom Elternhaus überlieferten Werte, Normen, Einstellungen und Verhaltensweisen ankämpfen. Insofern unterscheidet sich politische Sozialisation in den sozialistischen Staaten sehr wesentlich von der in einem Staat wie der Bundesrepublik." (ebd., 205) Es kommen Aufgaben und Mitgliedschaften bei den Jungpionieren und der Freien Deutschen Jugend hinzu. Als Lernziele werden ein „fester Klassenstandpunkt" und ein Bekenntnis zum „proletarischen Internationalismus" vorgegeben und verlangt; das Erziehungsideal ist die „allseitig gebildete sozialistische Persönlichkeit". Des weiteren gibt es das Fach „Wehrkunde", das die vormilitärische Erziehung obligatorisch macht. Die Erziehung ist affirmativ ausgerichtet: „Sie dient der Bestätigung eines vorgegebenen, offiziellen, von oben verordneten Wertsystems, einer ebenso unantastbaren, keine Abweichungen oder gar Alternativen zulassenden gesellschaftlichen und politischen Ordnung." (ebd., 206)

Für die Hoch- und Fachschulen, die man über verschiedene Zugänge und Abschlüsse erreichen kann, ist festzuhalten: es besteht eine Regelstudienzeit von vier Jahren (je zwei Jahre ein Grund- und ein Fachstudium) und zum Grundstudium gehört „nicht nur die Aneignung von Grundwissen des gewählten Faches, sondern ein für alle obligatorisches Studium des Marxismus-Leninismus". Es schließt sich für besonders begabte Studenten ein Forschungsstudium an, das nach drei Jahren mit der Promotion abgeschlossen werden kann. An allen Fach- und Hochschulen bestehen Kreisleitungen der SED, der FDJ sowie eine Gewerkschaftsleitung; ihre Vertreter haben Sitz und Stimme in den universitären Gremien. Wie alle Bereiche des gesellschaftlichen und wirtschaftlichen Lebens werden die Zahlen der Fach- und Hochschulstudenten geplant: „Nicht nur Leistung, auch gesellschaftlicher Bedarf und eine erwünschte soziale Zusammensetzung der Studierenden (was insbesondere die Herkunft aus der Arbeiterklasse betrifft) schränkt also das Recht auf Bildung ein. Hinzu kommt faktisch das Erfordernis der ‚gesellschaftlichen Reife‘, was politische Konformität bedeutet." (ebd., 209) Allerdings gilt auch: „Nach Abschluß des Studiums werden die Fach- und Hochschulabsolventen reibungslos von den Betrieben, Institutionen und Organisationen übernommen. Die Aufteilung auf die zur Verfügung stehenden Arbeitsstätten wird bereits im vorletzten Hochschuljahr vorgenommen." Insgesamt gesehen „sind die Anstrengungen, die die DDR zur Herstellung der Chancengleichheit unternommen hat, groß und anerkennenswert. Die Erfolge können sich sehen lassen. Das gilt namentlich für das erste Jahrzehnt der DDR. Mittlerweile scheint sich aber auch in der DDR − nachdem der Elitentausch vollzogen ist und die DDR sich immer mehr zu einer Leistungsgesellschaft entwickelt hat − immer mehr die Tendenz zur Vererbung des erreichten sozialen Status bei den Angehörigen der Intelligenz durchzusetzen." (ebd., 210) Dennoch bleibt festzuhalten, „daß der Anteil der Arbeiterkinder an den Studierenden nirgendwo in Westeuropa so hoch ist wie in der DDR." (ebd., 211)

Mit diesen Ausführungen sollte gezeigt werden, daß auch *inhaltliche* Entfaltungen untersucht werden müssen, wenn wir von der Systemtheorie zur konkreten System*analyse* kommen wollen. Da „diejenigen, die über die politische Macht in der jeweiligen Gesellschaft verfügen, die Möglichkeit haben, ihre spezifischen Wertvorstellungen durchzusetzen und festzuschreiben" (Helbig 1979, 5), ist auch die Systempräferenz keine beliebige, sondern eine (mit)entscheidende Frage für die hier zu behandelnden Problemzusammenhänge systemtheoretischer Insichtnahme von Handlungsstrukturen, -funktionen und ihren prozessualen Abläufen.

In „offenen", pluralistisch strukturierten Gesellschaften ist zudem von einer *Wertekonkurrenz* auszugehen. In diesem Zusammenhang ist des weiteren zu berücksichtigen, daß „Pluralismus" (vgl. Kremendahl 1977, 31 ff.)

— ein analytisches *und* normatives Konzept ist,
— als Strukturprinzip nicht historisch-zwingend auf eine bestimmte Gesellschaftsformation festgelegt ist, jedoch eine demokratische Legitimation der Machtausübung voraussetzt, und
— die Anerkennung gesellschaftlich verbindlicher Spielregeln (insbesondere der Konfliktaustragung) sowie des Toleranzprinzips impliziert.

Als *(sozial)pluralistische* Prinzipien kommen in Betracht:
— die faktische Heterogenität als „legitime Vielfalt",
— die regulative Idee des „Gemeinwohls" (wobei das Gemeinwohl nicht a priori festgelegt werden kann, sondern allenfalls a posteriori zustande kommt),
— das konstitutive Spannungsverhältnis von legitimem Konflikt und notwendigem (Minimal-)Konsens,
— der prinzipielle Vorrang der formalistischen Konkurrenztheorie gegenüber finalistischen Demokratiekonzeptionen.

Als konstitutive Elemente (Merkmalsausprägungen wie Minimalbedingungen) *westlicher Demokratien* sind dabei anzusehen (Waschkuhn 1984, 6 f.):

— Parlamentarismus und Mehrparteiensystem, ein allgemeines, freies, gleiches und geheimes Wahlrecht, Mehrheitsregel, Oppositionsrecht und Minderheitenschutz, organisierte Interessenvielfalt und geregelte Konfliktaustragung, Meinungsäußerungsfreiheit und „sozialstaatliche" Mindestgarantien sowie die „Unverletzbarkeit" und „Freizügigkeit" der Person („Menschenwürde" und „Grundrechtskatalog").

Für den Bereich politischer Prozesse im Rahmen einer *repräsentativen Demokratie* kann sonach der „Macht-, Entscheidungs- und Kommunikationskreis" zum Beispiel wie folgt skizziert und graphisch dargestellt werden (Wuthe 1981, 194 f.):

Offiziell	informal
	Staatsbürger
	bilden mit Hilfe
	der *Massenmedien*
	Öffentlichkeit als
	politisches Publikum

unterstützen	äußern als
und legitimieren als	*Interessent*
Wähler	Wünsche an
Partei	*Verband*
Partei	*Verband*
kreiert	interveniert bei
Parlament(smitglieder)	*Verwaltung*
Parlament	*Verwaltung*
bestimmt *Regierung*	macht Vorschlag an *Regierung*
Regierung	*Regierung*
führt	leitet Entscheidungsvorschlag ans
Verwaltung	*Parlament*
Verwaltung wird durch	
Rechtsprechung kontrolliert	
	Parlament trifft Entscheidung
	und verlangt von
	Partei Unterstützung
Verwaltung	*Partei*
und *Rechtsprechung* reglementieren	mobilisiert *Anhänger* für
Adressat	Unterstützung

Macht-, Entscheidungs- und Kommunikationskreislauf
des politischen Prozesses

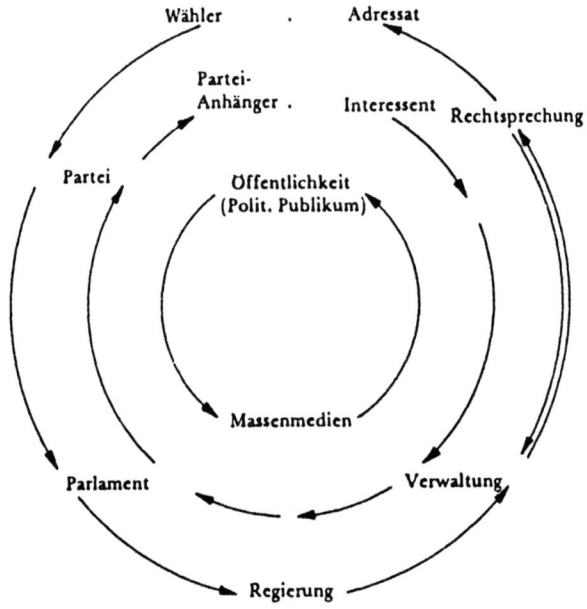

aus: Wuthe 1981, 195

Auch hier dürfte es ersichtlich sein, daß nicht die Partei X, der Wähler Y, der Interessent Z gemeint sind, vielmehr lediglich allgemeine Relationengefüge aufgezeigt werden sollen.

Die allgemeine Systemtheorie, der wir uns weiter unten zuwenden, ist sozusagen der „Schaltplan", den wir im Kopf haben müssen, um konkrete Systemanalysen (oder einen Systemvergleich) durchführen zu können und um in Einzelfragen im Wissen um den Gesamtzusammenhang neue Handlungsstrategien zu erörtern oder politische Problemlösungen vorzuschlagen. Die Systemtheorie vermittelt daher einen Überblick, der zur rationalen Entscheidungsfindung beiträgt.

1.2 Grundzüge der „Allgemeinen Systemtheorie" (GST)

Die „Allgemeine Systemtheorie" oder „General Systems Theory" (GST) hat seit dem Zweiten Weltkrieg in den angloamerikanischen Ländern und bei uns vor allem in den sechziger und siebziger Jahren Furore gemacht. Heute ist ihre Bedeutung etwas zurückgegangen, wenngleich die moderne Systemtheorie nach wie vor als „expansivstes Paradigma in allen Sozialwissenschaften" (Willke 1982, 7) bezeichnet werden kann und einer der führenden Sozialwissenschaftler in der Bundesrepublik Deutschland, der Bielefelder Soziologe Niklas Luhmann, eine eigenständige funktional-strukturelle Systemtheorie vertritt und entwickelt hat, die bei weitem noch nicht ausdiskutiert ist.

Für den Bereich der *Politikwissenschaft* (weniger innerhalb der Soziologie) liegen überwiegend ziemlich pauschale „Vorverurteilungen" der Systemtheorie bzw. Interpretationen aus Mißverständnissen heraus vor. Wir sind dabei mit Stefan Jensen einig, wenn er ausführt: „Viele Wissenschaftler, sagen wir es offen, haben diese äußerst komplexe, voraussetzungsreiche und umfassende, sich immer weiter verästelnde Theorie nicht verstanden und halten es auch nicht der Mühe wert, sich in ein solches Riesenwerk — wie es etwa bei Parsons oder mittlerweile auch bei Luhmann vorliegt — einzuarbeiten. ... Die Systemtheorie, als die zur Zeit einzig strenge Theorie mit umfassenden Ansprüchen, wird als Zwangsjacke verworfen und ,man bevorzugt die reiche Garderobe mit vielen verschiedenen, wenn auch etwas altmodischen Kleidern, die bereits im Schrank hängen' (Luhmann) — die Klassiker, über die man so gebildet die alten Bonmots noch einmal variieren kann. In Deutschland ... grassiert die Antiquitätensehnsucht; als etabliert und präsentabel gilt nur, was schon angelaufen ist. Theorien der Gesellschaft werden nicht produziert, sondern aufpoliert." (Jensen 1983, 149 f.)

Die hier vorgelegte Problemstudie soll daher eine noch immer bestehende Lücke schließen helfen, indem sie in die Systemtheorie unter politikwissenschaftlicher Akzentuierung einführt und weiterführende oder ergänzende Konzeptualisierungen nach Möglichkeit anregen will.

Hauptanstoß der allgemeinen Systemtheorie war und ist die durchaus berechtigte Befürchtung, daß der Fortbestand der methodisch-theoretischen Isolierung der Einzelwissenschaften den Erkenntnisfortschritt ungebührlich behindere (Gabriel 1978, 224). Es stand daher von vornherein das Bemühen um ein *interdisziplinäres* Arbeiten im Vordergrund, vor allem im Hinblick auf eine Vereinheitlichung und Präzisierung des wissenschaftlichen Vokabulars in bezug auf das neue Zentralkonzept „System" und die daraus abgeleiteten Begriffe, wobei langfristig (im Sinne einer exakten Wissenschaft) Formalisierung und Mathematisierung angestrebt werden (ebd., 225).

Die zentralen Merkmale eines „*Systems*" (= „complexes of elements standing in interaction") sind, um es hier zu wiederholen, die *Integration* und *Interdependenz* der Teile. Weitere Grundbegriffe der Systemtheorie sind die Begriffe *Funktion, Struktur* und *Prozeß*. Unter *Funktion* wird die Aufgabe oder Leistung eines Teils im Rahmen eines Ganzen, unter *Struktur* die Gliederung, der Aufbau oder die Anordnung der Elemente in einem System, unter *Prozeß* ein Geschehenszusammenhang interaktiver Vorgänge mit einer gewissen Regelmäßigkeit und zeitlichen Kontinuität verstanden. Ohne die systemtheoretischen *Modellvorstellungen* zu „reifizieren", d. h. mit der „Wirklichkeit" als jeweils konkret gegebener Realität zu verwechseln, was unstatthaft wäre, läßt sich gleichwohl im Sinne des „analytischen Realismus" festhalten, daß hier Entsprechungsverhältnisse oder -zusammenhänge vorliegen, welche die folgenden Verallgemeinerungen zulassen:

— *Funktion, Struktur* und *Prozeß* sind innerhalb eines Systems untrennbar aufeinander bezogen (Wuthe 1981, 25),
— die Gesellschaft wird betrachtet als die *Gesamtheit sozialer Prozesse* („Gesamtgesellschaft"),
— *Politik* wird definiert als *allgemeinverbindliche Entscheidungsfindung* (bestehend aus Meinungs-, Willensbildungs- und Entscheidungsfindungsprozessen),
— dabei ist das *politische System* als ein ausdifferenziertes Teilsystem der Gesamtgesellschaft funktional auf die Erzeugung gesellschaftlicher Macht bezogen und auf die Herstellung bindender Entscheidungen spezifiziert.

Für die sicherlich nicht gleich oder ohne weiteres (trotz obiger Beispiele) einsichtige systemtheoretische Terminologie ist ferner hervorzuheben:

24

- *Systeme* sind intern in *Subsysteme* (hierin dann in Subsubsysteme etc.) differenziert (resp. funktional spezifiziert), können in ihrem Außenbezug aber auch selbst als Bestandteile übergreifender Systeme, sogenannter *Supra-Systeme* bzw. als „Referenzprobleme" variierender Umweltbezüge angesehen werden,
- die Eigenschaften und Merkmale allgemeiner Systeme (z. B. die Ganzheit, Strukturiertheit bzw. Organisation, Stabilität und Interdependenz der Teile) können in gegebenen Systemen in unterschiedlich starker Ausprägung vorhanden sein,
- „*Gesellschaft*" ist ein spezifischer Typus „sozialer Systeme", das „*politische*" System wird gleichfalls unter den Gattungsgriff „*soziales System*" subsumiert (so auch das „ökonomische" System sowie das System „Wissenschaft").

Der *allgemeinen Systemtheorie* geht es vor allem um den Gesamtzusammenhang struktureller, funktionaler und evolutionärer Systemaspekte. Die dichotome Gegenüberstellung von „Integration" vs. „Konflikt" (Dahrendorf 1974, 212 ff.) ist inzwischen als überholt zu betrachten; ebenso ist der Vorwurf nicht mehr zu halten, die Systemtheorie könne sozialen und politischen Wandel nicht erfassen oder problematisieren. In Rücksicht auf den heutigen Entwicklungsstand der Systemtheorie kommen als sozialwissenschaftliche Kriterien für eine gegenstandsbezogene Besonderung die Merkmale der *Offenheit, Zielgerichtetheit* (Finalität, goal-attainment) und *Dynamik* von Systemen in Betracht. Ferner wird axiomatisch angenommen, daß „aktive" Gesellschaften (mit hoher Konsensbildung und entwickelten sozialen Kontrollkapazitäten) in der Realisierung ihrer Zielwerte leistungsfähiger sind als „passive" (vorwiegend pathologisch „lernende") Gesellschaften.

Damit ist zugleich eine Abkehr von bloßen „System*überlebens*modellen" hin zu „System*ziel*modellen" impliziert, und unter dem kybernetischen Regelungsaspekt politischer Steuerung ist die Abweichung des „Istwertes" zum „Sollwert" zu minimieren (im Sinne eines „Fließgleichgewichtes" jeweiliger Prozeßabläufe in bezug auf systemische „Grenzprobleme"). Um noch etwas weiter vorzugreifen, ist hier bereits der Begriff des „*Äquivalenzfunktionalismus*" einzuführen, womit der Sachverhalt gemeint ist, daß ein Strukturelement mehrere Funktionen wahrnehmen und umgekehrt eine Funktion von verschiedenen Strukturelementen erfüllt werden kann.

Diesem „sozialen Tatbestand" korrespondiert informationstheoretisch das funktionale Erfordernis eines *offenen* und *lernfähigen* Systems, welches in der Lage ist, eine interne Neuordnung als aktivkreative Fähigkeit zur systemisch-generativen *Selbsttransformation* durchführen zu können.

Doch so voraussetzungsreich wollen wir hier nicht beginnen; vielmehr für das *Grundverständnis* von Systemtheorien nur noch herausstellen:

— Systeme sind operative Konzepte unseres Verstandes oder analytische Konstrukte, die in dieser Form in der Wirklichkeit nicht vorkommen (Jensen 1983, 13 f.),

— dieses Denken ist eine anthropologische Notwendigkeit zur Orientierung des Erlebens und Handelns; denn

— in der „wirklichen Welt" hängt „alles mit allem zusammen" (ebd., 27),

— diese Weltkomplexität wiederum ist „abzuarbeiten", um überhaupt in einem spezifischen Kontext handeln zu können,

— diese Reduktionsleistung wird über die intersubjektive Sinnkategorie innerhalb jeweiliger Vergesellschaftungsformen vermittelt und führt zur Systembildung durch Herstellung einer „Innen/Außen-Differenz",

— die Systemkonstituierung über „Sinn" ist, allgemein betrachtet, nicht universell, sondern als historisch-gesellschaftlich *kontingent* anzusehen, sie ist dynamisierbar durch neue Vermittlungs- und Konsensualisierungsprozesse, die auf die Entinstitutionalisierung bestehender und/oder Institutionalisierung neuer Handlungsmuster (ebenfalls bemessen auf „relative Dauer") gerichtet sind.

Als weitere *Grundannahmen* im Kontext von Systemtheorien wollen wir schließlich noch festhalten;

— Systemhaftigkeit heißt zugleich immer schon Umweltbezug (Systeme innerhalb von Umwelten und Systeme außerhalb als Umwelten),

— es gibt keine eindeutigen Ursache-Wirkungs-Beziehungen kausaler Art, vielmehr ist der Zusammenhang zwischen Systemen unterschiedlicher Ebenen gerade nicht einfach, linear und kausal, sondern unklar, diskontinuierlich, non-linear, konterintuitiv; es gibt negative und positive Rückkoppelungen, Verkoppelungen im Sinne selbst-erfüllender und selbst-zerstörender Hypothesen oder Voraussagen u. a. m. (Willke 1982, 116 f.),

– dennoch werden *emergente* Systemeigenschaften *komplexer* Systeme behauptet, d. h. „Eigenschaften eines Systems, die aus den Eigenschaften seiner Elemente nicht erklärbar sind", sondern „der bestimmten selektiven Verknüpfung der Elemente im Kontext des Systems" zuzurechnen sind (ebd., 147),

– für diese Verknüpfung werden *symbolisch generalisierte Steuerungsmedien* eingeführt (z. B. Macht, Geld, Wahrheit, Glaube, Vertrauen, Freundschaft, Empathie, Liebe) mit einer kommunikationserleichternden Funktionalität, die über die potentiell diskursive Eigenschaft der menschlichen Sprache hinausgeht, insofern diese neuen Steuerungsmedien als „Zusatzeinrichtungen zur Sprache" die „Relationierung von Relationen" leisten, Komplexität und Kontingenz in den betroffenen Teilbereichen auf „eigendynamische" Weise miteinander verbinden, d. h. Teilrationalitäten widersprüchlicher Subsystemziele, unterschiedliche Binnenmoralen und spezifische Indifferenzen hochdifferenzierter Teilsysteme koordinierbar machen,

– kurzum: die „spezialisierten Steuerungssprachen" oder „Austauschmedien" ermöglichen voraussetzungsreichere Interaktionsbeziehungen im Rahmen *organisierter Komplexität*.

Der studentische Leser, an den sich diese Einführung hauptsächlich wendet, soll in bezug auf die wissenschaftlichen Rekonstruktionsversuche lebensweltlicher und gesamtgesellschaftlicher Verhältnisse *in komplexen Zusammenhängen denken lernen*. Er wird bei seiner im Resultat hoffentlich nunmehr *analytischen Realitätserfassung* zugleich feststellen: „Der Weg zur Theoriebildung ist ein Pfad selektiver Abstraktionen, der Verdichtung und Systematisierung, bei dem die zahllosen Elemente der Alltagserfahrung in andere Kategorien transformiert und in andere Sinnzusammenhänge gefaßt werden" (Jensen 1983, 111). Er wird sich dabei vielleicht an den vieldeutig interpretierbaren Sinnspruch von Gaston Bachelard erinnert fühlen: „*Wir denken in einer Welt, wir leben in einer anderen.*" Auch das wird ein durchgängiges Thema in der anschließenden Darstellung *und* Kritik der systemtheoretischen Ansätze, ihrer Exponenten und Protagonisten sein, zumal die *Allgemeine Systemtheorie* wie jede

„große Theorie" nur um den *Preis der Abstraktion* (Fritscher 1983, 14) konstruierbar ist.

Wir behandeln im folgenden zweiten Teil die Systemkonstrukteure *Karl W. Deutsch* (mit kommunikationstheoretischer Akzentuierung), *David Easton* (mit universalistischem Anspruch), *Talcott Parsons* (den „Altmeister" der sozialwissenschaftlichen, strukturell-funktionalen Systemtheorie), die „deutsche Sonderbegabung" *Niklas Luhmann* (vom funktional-strukturellen Ansatz zur Autopoiesis) und den handlungstheoretischen „Aufsteiger" *Richard Münch* (Betonung von Interpenetration in der normativen Perspektive voluntaristischer Ordnung als „Struktur der Moderne"), und zwar unter Einschluß von Kritiken und speziellen Gegenentwürfen, wobei wir uns inbesondere an den Ansätzen zu einer „Theorie des kommunikativen Handelns" von *Jürgen Habermas* orientieren.

2. Einige Hauptvertreter der allgemeinen Systemtheorie — Darstellung und Kritik

2.1 Karl W. Deutsch: Politische Kybernetik

Karl W. Deutsch hat sich in seiner bahnbrechenden Arbeit „Politische Kybernetik" ([3]1973) darum bemüht, Modelle und Perspektiven einer neuen sozialwissenschaftlichen Sichtweise in bezug auf Politik zu analysieren und ihre Entwicklungschancen abzuschätzen. Er ist dabei zu zahlreichen originellen Formulierungen resp. eigenständigen Bewertungen gekommen und hat die weitere wissenschaftliche Diskussion dadurch außerordentlich befruchtet. Worum es ihm geht, wird allerdings im Originaltitel weitaus besser deutlich: „The Nerves of Government: Models of Political Communication and Control"; gemeint ist also vorrangig das „politische Nervensystem" der „Regierung".

Die Hinführung zu einem systemtheoretischen Politikverständnis erfolgt jedoch zunächst in genereller Weise. Der maßgeblich von Norbert Wiener ([2]1961) geprägte Sammelbegriff der „Kybernetik" wird dabei auf den Zusammenhang zwischen Kommunikation und Steuerung im Hinblick auf soziopolitische Prozesse bezogen. Dahinter stehen bei Deutsch die folgenden Fragen und Grundannahmen: "Wie groß ist der Toleranzspielraum für Widersprüche und Ambivalenzen in einem gegebenen politischen System? Wie groß ist die Fähigkeit dieses Systems, sich selbst zu verändern und dennoch im wesentlichen seine eigene Identität und Kontinuität zu bewahren? Seit der Entwicklung der Kernwaffen sind die Überlebenschancen der Gesellschaften vom Verhalten ihrer politischen Teilsysteme abhängig. Die Entscheidung über Leben und Tod einzelner Nationen und vielleicht der ganzen Menschheit ist zum Politikum geworden. Die Nationen sind eindeutiger als je zuvor auf die Fähigkeiten ihrer politischen Teilsysteme zur Toleranz, zum Lernen und zur lebenserhaltenden Selbsttransformation angewiesen." (Deutsch 1973, 23).

Deutsch geht dabei von der „Einheit der menschlichen Erkenntnis" aus, insofern der Mensch in Modellen denkt und auf Symbole angewiesen ist, um Prozesse überhaupt zu „verstehen". Ferner weise „alles, was erfahren oder beobachtet werden oder. . . auf irgend etwas in dem uns bekannten Universum eine Wechselwirkung ausüben kann, relative Unstetigkeiten, d. h. aber: irgendeine Struktur" auf. Dies erlaube den Schluß: „Was Wechselwirkung hat, das hat Struktur. Und was Struktur hat, ist der Erkenntnis zugänglich." (ebd., 60)

Die Menschen haben seit frühester Zeit ihre Gedanken zu bildhaften Modellen geordnet und in Vorstellungen gedacht. Typische Denkmuster oder Metaphern waren und sind z. B. die Pyramide für Hierarchievorstellungen, das Rad für Kreisbewegungen oder die Waage in bezug auf Gleichgewichtszustände. Ein erstes klassisches Denkmodell der Neuzeit stellte der „*Mechanismus*" dar, exemplifiziert und idealisiert am Uhrwerk. Diesem Modell entsprach wissenschaftlich eine bestimmte analytische Methode: „die Suche nach bestimmten, nämlich einfachen und unveränderlichen Elementen, die sich nach einfachen und unveränderlichen Gesetzen verhalten." (ebd., 67) Deutsch führt hierzu näher aus:

„Hieraus ließen sich dann logisch einfache und unveränderliche Regeln für kluges Verhalten in der Politik, Wirtschaft, Psychologie, Ethik, Religion, ja selbst in der Dichtkunst ableiten und durch Beobachtung verifizieren. Bei den Elementen des Systems mochte es sich um die fuchsschlauen Fürsten eines Machiavelli oder die wölfischen Bürger eines Hobbes handeln, um die klugen Unternehmer eines Adam Smith, um die abstrakten und ‚unveräußerlichen Rechte' eines Thomas Jefferson – in jedem Fall handelte es sich um Einheiten, die so unveränderlich waren wie die Himmelskörper in Newtons Sonnensystem vor der Einführung des Evolutionsprinzips durch Kant." (ebd., 69)

Obwohl der klassische Begriff des *Mechanismus* eine metaphysische Idee war und niemals etwas gefunden wurde, was seine Bedingungen genau oder vollständig erfüllt hätte (ebd., 67), galt er lange Zeit als vorherrschendes Paradigma wissenschaftlicher Erkenntnis in der Neuzeit. Als seine Wesenszüge oder Strukturmerkmale sind nach Deutsch kritisch festzuhalten: „Der klassische Mechanismus beruhte auf der Idee eines Ganzen, das mit der Summe seiner Teile vollkommen identisch ist, das auch im umgekehrten Sinne ablaufen kann und sich stets gleichartig verhält, unabhängig davon, wie oft man es in seine Teile zerlegt und wieder zusammensetzt, unabhängig auch von der Reihenfolge, in der Zerlegung und Zusammensetzung vor sich gehen. Es lag ihm also der Gedanke zugrunde, daß die Teile weder durch ihresgleichen noch durch ihre Geschichte spürbar verändert würden und daß jeder Teil, sobald er einmal seine angemessene Lage erreicht hätte, diese Lage und seine eindeutig und spezifisch determinierte Funktion immer beibehalten werde. Wenn dieses Modell gewisse Prämissen einschloß, so schloß es andere aus. Vorstellungen von irreversiblem Wandel, von Wachstum, von Evolution, von Neuerung und Finalität hatten darin keinen Raum." (ebd., 66 f.)

Die Idee des Mechanismus wurde in der Geschichte des menschlichen Denkens, Vorstellens und Empfindens insbesondere durch das klassische Modell des *Organismus* abgelöst: „Das Versagen der Idee des Mechanismus trat am deutlichsten in den Sozialwissenschaften und in der Biologie zutage. In den Schriften eines Edmund Burke nehmen Angriffe auf die Unzulänglichkeit des mechanistischen Denkens breiten Raum ein. Die Betonung von Ganzheit, Wechselbeziehungen, Wachstum und Evolution, wie sie Rousseau für die Literatur und Erziehung und Burke für die Politik verkündet hatten, verstärkte sich im neunzehnten Jahrhundert durch die Entwicklung der biologischen Wissenschaften. Damit wurde der klassische Begriff eines ‚Organismus', wie ihn das neunzehnte Jahrhundert verstand, als passendstes Modell für die Wirklichkeit populär." (ebd., 70)

Die klassische Argumentation für das Organismusmodell lautet, daß man einen Organismus nicht zerlegen und auch nicht unbeschädigt wieder zusammensetzen könne, jeder Teil verkörpere eine besondere, ihm zugewiesene Funktion und der Organismus habe nach dem Dreischritt Geburt-Reifezustand-Tod einen spezifischen Zweck in sich. Abgesehen davon, daß die moderne Biologie sich hiervon eindeutig gelöst hat (zugunsten einer „kybernetischen" Betrachtungsweise), läßt sich bereits für das klassische Organismusmodell festhalten, daß — bei aller heuristischen Nützlichkeit im Blick auf die Probleme von Interdependenz und Wachstum — es gleichfalls unzulänglich war, um soziale Integrationsformen zu erklären, zumal „Imponderabilien" als geheimnisvolle, der Erkenntnis nicht zugängliche, aber gleichwohl relevante Faktoren behauptet wurden, wovon sich Physik und Chemie schon längst losgesagt hatten. Dennoch halten sich gerade bei einigen konservativen Vertretern der Politikwissenschaft noch „allerlei poetische Bilder" und organizistische Modellvorstellungen von „reifen" und „unreifen" politischen Systemen, deren Erkenntniswert und Informationsgehalt bis heute gering geblieben ist (vgl. ebd., 70 ff.).

Eine dritte Gruppe von Modellen sind aus der Geschichte abgeleitete Modelle resp. *Theorien über Geschichte,* wie sie insbesondere Hegel und Marx mit teilweise fatalen Folgen für die Praxis entworfen haben. Den hierbei bevorzugten „großen Begriffen" mangelte es jedoch durchweg an differenzierter innerer Struktur. „Es blieb", wie Deutsch treffend bemerkt, „gleichsam bei Etiketten auf undurchsichtigen Flaschen" (ebd., 77). Sein Resümee lautet: „Modelle des Geschichtsprozesses boten Platz für zielorientierte Ausrichtung, qualitativen Wandel, Bewußtseinseinflüsse und echte Neuerung. Aber sie blieben im wesentlichen qualitativ; sie erleichterten zwar die Erkenntnis gewisser Muster, ohne jedoch deren Messung oder überhaupt eine räumliche oder zeitliche Voraussage zu ermöglichen. So blieb das Bedürfnis nach Modellen, die gleichzeitig auf Probleme qualitativer und quantitativer Art anwendbar wären und sowohl die Erkenntnis von Strukturmustern als auch Messungen und verifizierbare Voraussagen ermöglichen." (ebd., 80)

Es ist unschwer zu erraten, daß mit letzterer Einlassung von Deutsch hingezielt wird auf sein Verständnis von *politischer Kybernetik* als einem neuen Modellsystem der Kommunikation und Steuerung, das Erklärungen wie Prognosen zuläßt, gerade auch im Hinblick auf die Bereiche der Herrschaftskontrolle und einer kollektiven Folgeleistung, insofern jeder Zusammenhalt sozialer und politischer Organisationsformen auf Kommunikation, auf einem "Ensemble von Dialogen" und damit zu bewirkenden Lernprozessen beruht oder zumindest beruhen sollte, soll es von demokratischer Qualität sein. In diesem Zusammenhang gelangt Deutsch jetzt zu einigen sehr bekannt gewordenen assoziativen Begriffsketten, indem er das „Bewußtsein" als eine „Ansammlung von internen Rückkoppelungsvorgängen" (ebd., 154) begreift und unter dem „Willen" im Bereich von Staat und Politik „ein Strukturmuster von relativ verfestigten Präferenzen und Hemmungen" versteht, „die eine soziale Gruppe aus ihren früheren Erfahrungen bezieht, einen relevanten Teil ihrer Mitglieder bewußtseinsmäßig kennzeichnet und von ihnen als praktische Richtschnur angewendet wird, wodurch ihre Handlungsweise gelenkt und nachfolgende Erfahrungen begrenzt werden." (ebd., 165) Hierbei handelt es sich systemtheoretisch um einen „freien Willen":

> „Er ist jederzeit relativ frei von allen Einwirkungen der Außenwelt, denn er stellt ja nichts anderes dar als das Ergebnis der aufgespeicherten Vergangenheit des Netzes, die nun wieder in die laufende Entscheidungsbildung einbezogen wird. Ohne eine wirksame Rückkopplung der Vergangenheit würde das Verhalten des Netzes weitgehend von äußeren Einwirkungen bestimmt werden. Das Netz würde nicht steuern, sondern dahintreiben, und zwar sowohl in seinen äußeren wie in seinen inneren Beziehungen.
> Das Netz will, so lange es Autonomie besitzt, so sein, wie es ist. Seine Verhaltensmuster (die ‚Persönlichkeit'), die es in der Vergangenheit erworben hat und die es mit jeder Entscheidung laufend verändert und neu gestaltet, sind von ihm gewollt. Dadurch, daß es in der Vergangenheit gelernt hat, ist es nicht völlig von der Gegenwart abhängig. Dadurch, daß es noch weiter lernen kann, ist es nicht völlig von der Vergangenheit abhängig. Die Neuordnung, die es jeweils in seinem Innern vornimmt, um mit neuen von außen kommenden Problemen fertig zu werden, erfolgt in einem Wechselspiel zwischen den Erfahrungen seiner Gegenwart und seiner Vergangenheit. In diesem Wechselspiel können wir so etwas wie ‚innere Freiheit' erkennen." (ebd., 166)

Entscheidend ist vor allem der Zusammenhang zwischen „Wille" und „Macht"; denn: „Die Verfestigung einer Entscheidung – das heißt die Abschließung des die Entscheidung treffenden Systems gegen alle nachfolgenden Nachrichten, die eine Modifizierung der Entscheidung bewirken könnten – ist praktisch bedeutungslos, sofern keine Vorrichtungen gegeben sind, um sie gegen mögliche äußere Widerstände durchzusetzen oder doch soweit wirksam werden zu lassen, daß verglichen mit der Gesamtheit der Umwaltveränderungen, die ohnehin eingetreten wären, ein merklicher Unterschied sichtbar wird. Wille ist also wirkungslos ohne Macht; aber Macht ist ohne Willen nur eine Wirkung ohne Ziel." (ebd., 170)

Hierzu formuliert Deutsch (in Anlehnung an die Machtdefinition von Max Weber) einige Thesen:

> „In ihren internen Beziehungen wird eine Einzelperson oder eine Organisation solchen Werten oder Verhaltensmustern den Vorzug geben, die am besten mit der Struktur der Gewohnheiten und Erinnerungen übereinstimmen, welche sie in der Vergangenheit erworben hat. In ihren Beziehungen zur Außenwelt werden Personen und Organisationen versuchen, entspre-

chend zu handeln, also ihrem „Charakter" gemäß, aber das wird ihnen nicht immer gelingen. Als *Macht* verstehen wir dann das Ausmaß, in dem eine Person oder Organisation nachhaltig und erfolgreich ihrem Charakter oder Wesen gemäß handeln kann. Anders ausgedrückt: als Macht verstehen wir die Fähigkeit einer Person oder Organisation, ihrer Umwelt die Extrapolation oder Projektion ihrer inneren Struktur aufzuzwingen. In einfacheren Worten heißt das: Macht besteht darin, daß man nicht nachgeben muß, sondern die Umwelt oder eine andere Person zum Nachgeben zwingen kann. Macht in diesem engeren Sinne bedeutet Priorität der Leistung (output) gegenüber der Empfänglichkeit (intake), bedeutet die Möglichkeit, zu reden anstatt zuzuhören. Macht hat in gewissem Sinne derjenige, der es sich leisten kann, nichts lernen zu müssen." (ebd., 171)

Man vergleiche hierzu die Definition von Macht bei Max Weber: „*Macht* bedeutet jede Chance, innerhalb einer sozialen Beziehung den eigenen Willen auch gegen Widerstreben durchzusetzen, gleichviel worauf diese Chance beruht." (Weber [2] 1966, 42)

Diese Dimensionen der Macht jedoch sind, so Deutsch, im Extremfall pathologisch und mit „Stärke" oder „Wachstum" keinesfalls zu verwechseln oder gleichzusetzen. „Macht" fungiert in dieser Sicht als ein Interaktionsmedium oder als „das wichtigste ‚Zahlungsmittel' in den Tauschbeziehungen zwischen dem politischen System und allen anderen größeren Teilsystemen der Gesellschaft" (Deutsch 1973, 182).

In diesem Kontext hat übrigens Heinrich Bußhoff eine elaborierte Definition des politischen Systems erarbeitet, die auch für unsere späteren Darlegungen illustrativ sein kann:

„Das politische System ist jenes System in der Gesellschaft, das seinem Status nach sich prinzipiell mit allen anderen gesellschaftlichen Teilsystemen über einen im Medium der Macht stattfindenden Austauschprozeß in Kommunikation befindet, in diesen Prozeß gesamtgesellschaftlich anerkannte Legitimierungsleistungen – nicht Legitimationsleistungen – als Austauschleistungen einbringt, durch die Beteiligung an diesem Prozeß prinzipiell an der Herstellung von gesamtgesellschaftlich bedeutsamem Sinn auf der Grundlage von Identität als seinen Reflexions- und Handlungsfähigkeiten beteiligt ist und durch die Umsetzung des produzierten und als Norm geltenden Sinns in reproduzierbaren bzw. institutionalisierten Sinn immer auch Herrschaft produziert." (Bußhoff 1975, 170)

Für Deutsch beruht das politische System, ebenso wie notabene das wirtschaftliche Subsystem, darüber hinaus auf einem „Gewebe des Vertrauens" zur politischen Ordnung und auf menschlicher Zusammenarbeit vermöge *gleichgerichteter Erwartungen*. Seine Politikbestimmung lautet daher: „Macht ist also weder der Kern noch die Substanz der Politik. Sie ist lediglich eines von mehreren politischen Zahlungsmitteln, einer von mehreren wichtigen Mechanismen zur Schadensbegrenzung in Situationen, wo Einfluß, Gewohnheit oder freiwillige Gleichrichtung versagt haben oder wo diese Faktoren zur Erreichung gesellschaftlicher Ziele nicht mehr funktional ausreichend sind. Gewalt ist ein verwandtes, aber doch ein davon verschiedenes Zahlungsmittel, nur in beschränktem Umfang brauchbar zur Schadensbegrenzung. Wieder von anderer Art sind Einfluß sowie der Austausch von kleinen Gefälligkeiten, den man in der Umgangssprache auch als ‚politisches Geschäft' zu bezeichnen pflegt. Alle diese Faktoren sind wichtig, aber jeder von ihnen ist durch andere ersetzbar, und sie alle sind von untergeordneter Bedeutung gegenüber dem eigentlichen Wesen der Politik, wie es uns nun in dieser Perspektive erscheint: nämlich einer im Hinblick auf die Erfüllung gesellschaftlicher Zielvorstellungen zuverlässig funktionierende Gleichrichtung von menschlichen Arbeitsleistungen und Erwartungen." (Deutsch 1973, 187)

Diese Akzentuierung ist vielfach übersehen worden, obwohl sie für Deutsch (und andere Systemtheoretiker) grundlegend ist, wie sich noch zeigen wird. So spricht beispielsweise Luhmann ziemlich ähnlich von reziproken „Erwartungserwartungen" (siehe dazu weiter unten).

In Analogie zu selbststeuernden Netzwerken mit den drei Grundelementen: Empfangsorgane, Wirkungsorgane und Regelkreise möchte Deutsch eine sozialwissenschaftliche „*Theorie der Selbstbestimmung*" von Gesellschaften entwickeln: „Eine Gesellschaft, die sich selbst steuern soll, muß in voller Stärke fortlaufend einen dreifachen Informationsfluß empfangen: Informationen über die Außenwelt; Informationen aus der Vergangenheit, wobei der Bereich der Entnahme und Neuordnung von Erinnerungen sehr weit gespannt sein muß; Informationen über sich selbst und alle Einzelteile. Wenn einer dieser drei Ströme längere Zeit unterbrochen bleibt, etwa durch Unterdrückung oder Geheimhaltung, wird die Gesellschaft zu einem Automaten, einer wandelnden Leiche. Sie verliert die Kontrolle über ihr eigenes Verhalten, und zwar nicht nur in einzelnen Teilen, sondern schließlich und gerade auch an ihrer Spitze." (Deutsch 1973, 193)

Kriterium für das „Funktionieren" des Systems auf jeder dieser

Ebenen ist daher „die Fähigkeit zu lernen, d. h. eine interne Neuordnung durchzuführen, durch die das Verhalten des Systems verändert wird." In diesem Kontext bedeutet „Integrität" das „ungestörte Funktionieren der Anlagen, die dem Vorgang der Selbstbestimmung zugrunde liegen" (ebd., 195), und „Würde" wäre ein „ungestörtes Lernen" aufgrund unbeschädigter innerer autonomer Lernmechanismen. Aber „Integrität" und „Würde" reichen für eine „dauerhafte Selbstbestimmung" nicht aus. Die „beste Methode, ein Kommunikationssystem gegen den Ansturm weitreichender äußerer Veränderungen zu festigen", besteht vor allem „in einer möglichst vielfältigen Gestaltung seiner inneren Struktur und in einer Ausweitung des Variationsbereichs neuer Einstellungen". Deutsch sieht hier eine Entsprechung zum „Geist" (mind), worunter sich selbst in Gang haltende physische Vorgänge verstanden werden, die folgende neun Operationen erfüllen und durchführen: „Auswahl, Abstraktion, Übermittlung, Speicherung, Unterteilung, Entnahme, Neuordnung, kritisches Erkennen und erneute Anwendung von Informationselementen". „Geist" ist somit „als ein sich selbst erhaltender Vorgang zur Übermittlung und Verarbeitung von Symbolen zu verstehen." (ebd., 197 f.)

Hierbei kommt es Deutsch auf durch „schöpferisches Lernen" erzeugte Neuerungen und Initiativen an: „Die Erzeugung einer *Neuerung* ist abgeschlossen, sobald die neue Zusammenstellung alter Elemente in einem geistigen Vorgang wiederum eine Entsprechung oder Abstraktion erfahren hat und als neues Abbild oder Symbol, das sich auf das neue Strukturmuster als Ganzes, nicht mehr auf die ursprüngliche Kombination bezieht, gespeichert worden ist. *Schöpferkraft* oder ‚Kreativität' liegt erst in diesem zweiten Schritt. Beim schöpferischen wie auch beim eklektischen Denken erfolgt eine Neuordnung alter Elemente, aber während der Eklektizismus nicht über diesen Vorgang hinausgeht, abstrahiert die Schöpferkraft neue Strukturmuster aus der Kombination und verwendet sie weiter. Nach einer solchen sekundären Abstraktion und Speicherung kann das neue Strukturmuster entweder zu neuen Kombinationen im Rahmen einer weiteren geistigen Tätigkeit verarbeitet oder gleich direkt in neuen Aktionsmustern der Wirkungsorgane des Systems angewandt werden. Dieses letztere Ergebnis einer Neuerung, nämlich die Einführung eines neuen Verhaltenselements, können wir als *Initiative* bezeichnen." (ebd., 198)

Zusammengefaßt lautet dieser Gedankenvorgang:

„Die kombinatorische Vielfalt von Neuerungsmöglichkeiten kann schon
im Geist eines einzigen Menschen ungeheuer groß sein; sie ist noch größer
bei einem Menschen, dessen Geist mit dem Geist anderer Menschen in
Kommunikation steht; am größten ist sie wohl bei einem Menschen, dessen Geist *aufnahmebereit* und *offen* ist, der also *Initiativen entwickelt,
um den Einzugsbereich seiner Informationsaufnahme zu erweitern* –
und sei es bis an die Grenzen des Universums, das wir uns immer noch als
grenzenlos vorstellen können. Je mehr der Geist zu solchem *schöpferischen Lernen* befähigt ist, je größer die Vielfalt der neuen Informationen
ist, die er dank seiner Fähigkeit zur Selbststeuerung, Abstraktion und Kombination erreichen kann, desto eher kann man ihn als wahrhaft unerschöpflich betrachten. Und tatsächlich kann der Geist eines Menschen (bzw.
eines Systems, A.W.) wohl nur dann unerschöpflich bleiben, wenn er sich
solchermaßen ständig offen hält." (ebd., 199)

Zum Geist gehören „in jedem Fall Gedächtnis, Autonomie und Individualität", und er kann auch nicht „ohne Präferenzen oder Werte
arbeiten" (ebd., 205). Darüber hinaus eröffne die Kybernetik den
Sozialwissenschaften nicht nur den Zugang zu einer „*Theorie der
Selbstbestimmung*", sondern auch zu einer „*Theorie des Wachstums*", insbesondere des geistigen Wachstums von Personen wie Organisationen. Wachstum soll für Deutsch vor allem bedeuten, „daß
die Lernfähigkeit eines Systems dazu verwendet wird, um seine Aufnahmebereitschaft, d. h. die Reichweite, Vielfalt und Leistungsfähigkeit seiner Kanäle zur Aufnahme von Informationen aus der Außenwelt zu vergrößern", und mit Wachstum soll auch „eine Zunahme
der Reichweite und Vielfalt aller Ziele, denen eine Organisation
nachstreben kann", gemeint sein, „einschließlich der Fähigkeit,
ihre Ziele zu ändern und sich selbst neue Ziele zu setzen." (ebd.,
206)

Das zentrale Anliegen von Deutsch ist es durchweg, uns mit den
neuzeitlichen Modellvorstellungen der Kommunikation und Steuerung für einige in der Vergangenheit oft übersehene oder vernachlässigte Aspekte der Politik empfänglicher zu machen, und es ist für
ihn keine Frage, „daß Regierungsapparate und politische Parteien
nichts anderes als Netzwerke zur Entscheidung und Steuerung sind,
daß sie auf Kommunikationsprozessen beruhen und daß in gewisser
Hinsicht ihre Ähnlichkeit mit der Technologie der Nachrichtenüber-
tragung groß genug ist, um unser Interesse zu erregen." (ebd., 211)

Für den Bereich der Politik gilt dabei allgemein, daß politische Macht nur im *„Zusammenwirken* von Legitimitätsvorstellungen und sozialen Kommunikationskanälen entstehen" und aufrechterhalten werden kann (ebd., 221). Daneben ist für Deutsch immer wieder und im Anschluß an die vorstehenden Ausführungen die *Lernfähigkeit* und *Kreativität* in der Politik entscheidend. In systemtheoretischer Perspektive wird „Lernen" jetzt „als jede systeminnere Strukturänderung" verstanden, „durch die bewirkt wird, daß das System mit einer neuen — und womöglich wirksameren — Reaktion auf einen wiederholt von außen kommenden Reiz antwortet." (ebd., 234) Für konkrete Strukturanalysen kommen daher als Ausgangsfragen in Betracht: „War der Lernprozeß der Organisation *kreativ*, hat er die mögliche Reichweite ihrer inneren Neuordnungsvorgänge erweitert? Oder war der Lernprozeß der Organisation bloß lebenserhaltend, hat er also zu den Kapazitäten, die der Organisation zum Lernen und zur Selbststeuerung zur Verfügung stehen, weder etwas hinzugefügt noch sie geschmälert? Oder war die Lernleistung pathologisch, hat also die Organisation etwas gelernt, wodurch ihre Fähigkeit, weiterhin zu lernen und ihr eigenes Verhalten zu steuern, vermindert worden ist?" (ebd., 240)

Die politische Kybernetik ist daher auch eine „Systemidentitätstheorie" in bezug auf das Spannungsverhältnis von Bestandserhaltung und Innovationsfähigkeit; denn „der Abbau von festen Formationen, Gewohnheitsbahnen oder Routineverfahren kann... sowohl schöpferisch wie pathologisch sein. Er ist schöpferisch, wenn er einhergeht mit der Verbreitung grundlegender Hilfsmittel und folglich mit einer Ausweitung des Bereichs, aus dem möglicherweise neue Informationen und neue Kombinationen gewonnen werden können. Schöpferisch ist das Aufbrechen der verkrusteten Sitten und Gebräuche in einer Geselllschaft oder Organisation, wenn deren menschliche Einzelglieder dabei nicht nur aus alten Beschränkungen befreit, sondern zugleich zu einer *besseren* Kommunikation und Kooperation mit der Welt, in der sie leben, befähigt werden. Wo diese Bedingungen nicht erfüllt werden, da kann es sich um eine echte Regression handeln. Der Rückfall in die Barbarei bedeutet dann nicht allein den Verlust wertvoller Traditionen oder Routineverfahren, sondern jene relative Unfähigkeit zu reden und zu hören, die mit dem griechischen Wort ‚barbaros' ursprünglich gemeint war." (ebd., 242)

Insofern vor allem der kombinatorische Aspekt von Innovationen bedeutsam ist, müssen im politischen und sozialen Leben alle Problemlösungsvorschläge, die von verschiedenen Personen, Interessengruppen oder sozialen Klassen in den politischen Meinungs-, Willensbildungs- und Entscheidungsfindungsprozeß eingebracht werden, um Zustimmung und Unterstützung zu finden bzw. zur Ausführung zu gelangen, folgende Bedingungen erfüllen: die vorgeschlagenen Lösungen oder politischen Programme müssen (1) „zumindest teilweise die Gewohnheiten, Präferenzen, Überzeugungen und vielleicht auch die sozial genormten Persönlichkeitsstrukturen ihrer Befürworter ausdrücken"; (2) „eine geeignete Erwiderung auf die Herausforderungen, mit denen Staat oder Gesellschaft konfrontiert sind, darstellen"; (3) „müssen die vorgeschlagenen Lösungen, um in der Praxis verwirklicht zu werden, nicht nur bei ihren eigentlichen Befürwortern und Förderern, sondern darüber hinaus bei einer genügend großen Zahl von Personen und Gruppen genügend viel Anklang finden." (ebd., 244)

Deutsch rechnet aber auch mit situativen und relationalen Besonderheiten, indem er ausführt:

„Im Idealfall müßte jede erfolgreiche Lösung eines wichtigen politischen Problems von einer einflußreichen Gruppe in der Gesellschaft unterstützt werden; sie müßte tatsächlich geeignet sein, das Problem, das der Gesellschaft oder dem Staat gestellt ist, praktisch zu lösen; und sie müßte bei einer genügend großen Zahl von anderen Mitgliedern der Gesellschaft genügend Anklang finden, um zur Ausführung zu gelangen. Aber natürlich brauchen diese drei Kriterien in der Wirklichkeit nicht immer gleichmäßig erfüllt zu sein. Relevante Lösungen, die schon von Anbeginn bei einflußreichen Gruppen Unterstützung finden, werden gewöhnlich diejenigen Lösungen sein, die mit der größten Wahrscheinlichkeit gefunden werden können; es sind also relativ naheliegende Lösungen. Dagegen gibt es für sehr ernste Herausforderungen, die das Funktionieren von Staat und Gesellschaft infrage stellen, unter Umständen nur solche Lösungen, die mit Hilfe der in der Gesellschaft vorhandenen normierten und allgemein anerkannten Erinnerungen, Gewohnheiten, Präferenzen und Kulturformen nur schwerlich entdeckt werden können. Wenn solche Lösungen überhaupt rechtzeitig genug gefunden werden, um noch von politischer Bedeutung zu sein, dann vielleicht am ehesten von gewissen Außenseitern der Gesellschaft – von Personen also, deren Erinnerungen, Gewohnheiten oder Standpunkte sich wesentlich von ihrer sozialen oder kulturellen Umwelt unterscheiden und die, wenn sie sich mit neuen Ideen oder Verhaltensmustern identifizieren, weniger Gewohnheiten und Interessen opfern müssen als andere Leute." (ebd., 244 f.)

Den letzten Aspekt beansprucht insbesondere Amitai Etzioni (1975) für sein Modell der dynamisch-responsiven oder „aktiven Gesellschaft", indem er davon ausgeht, daß sich politische Innovateure vor allem aus den zwei Schichtungsbasen der Wissensrevolution oder ökonomischen Mobilität her rekrutieren. Es handelt sich zum einen um synthetisierende „Geistesarbeiter", zum anderen um unbalancierte Großgruppen mit normativem Rang (Etzioni 1975, 544 ff.). Um als kohäsive Handlungsträger in Erscheinung zu treten, sind für Etzioni die folgenden Rahmenbedingungen oder Strukturerfordernisse von konstitutiver Bedeutung:

> „Damit eine solche Gruppe als Mobilisierer handeln kann, muß sie (a) so stark entfremdet sein, daß sie eine fundamental kritische Haltung einnimmt; (b) gebildet genug sein, um Gegensymbole und Ideologien zu entwickeln; (c) über ausreichende organisatorische Fähigkeiten verfügen, um die Funktion der Kontrollinstanz einer Transformationsbewegung ausfüllen zu können; (d) hinreichendes gesellschaftliches Wissen akkumulieren, um eine angemessene Theorie der Gesellschaft und eine politische Strategie zu entwerfen; und (e) imstande sein zu verhindern, daß persönliche, apolitische Motive die Überhand gewinnen." (ebd., 546)

Deutsch ist dagegen in der Frage eines „prophetischen Führertums", dem Neuerer allzuleicht verfallen, eher skeptisch, was die Machtaspirationen der „neuen Eliten" anlangt: „Die neuen Ideen sind womöglich so ungewöhnlich, daß schon ungewöhnliche oder ausgefallene Menschentypen nötig sind, um sie überhaupt zu propagieren. Solche Menschen machen sich zu den Propheten oder Agitatoren ihrer eigenen Ideen. Später werden diese Ideen zwar von einflußreichen Gruppen in der Gesellschaft akzeptiert, nicht aber die Personen oder Gruppen, die sie ursprünglich propagiert haben. Am Ende wird das neue Programm dann von den Mächtigen in Kraft gesetzt, die Ohnmächtigen aber bleiben ausgeschlossen, um sich entweder zu zerstreuen oder weiterhin das Leben einer Sekte zu fristen, die über die unvollkommene Verwirklichung ihrer Prinzipien klagt." (Deutsch 1973, 245)

Kreativität ist eher das Ergebnis einer schrittweisen Informationsverarbeitung in bezug auf soziopolitische Wandlungsprozesse, die abgesehen von revolutionären Sprüngen stufenförmig erfolgen. Dagegen ist es aber für Deutsch ein offenes Ärgernis, daß viele deskriptiv und positivistisch verfahrende Politikwissenschaftler dazu neigen, „die bestehenden politischen Einheiten, Staaten, Nationen und Föderationen, als gegeben hinzunehmen." (ebd., 248) Damit wird die Dynamik des sozialen und politischen Wandels ausgeblendet. Seine eigenen politiktheoretischen Anstrengungen richtet Deutsch statt dessen darauf, der Idee der ,,Selbsttransformation" qua immer schon angemessenes Entwicklungsprinzip demokratisch strukturierter Gesellschaften verstärkt Geltung zu verschaffen.

Es ist dies, wie bereits mehrfach herausgestellt, eine Frage des sozialen Lernens, die sich auf Kommunikationsgewohnheiten eines Volkes und auf kulturverträgliche oder wertbezogene Innovationsleistungen bezieht, so daß von einer positiven Rückkopplung (feedback) in bezug auf *tatsächliche* (und nicht nur intendierte) Leistungen gesprochen werden kann. Hierbei kapriziert sich Deutsch nunmehr auf den *Regierungsprozeß* als *Steuerungsvorgang* (ebd., 255 ff.)

Auch − und gerade hier − kommt es ganz wesentlich auf Prozesse der Steuerung, zielstrebigen Bewegung und autonomen Regelung an. Insbesondere der Begriff der Rückkopplung eröffnet in seiner Anwendung auf Politik einen differenzierteren methodischen Zugang als z. B. der traditionelle mechanistische Begriff des Gleichgewichts (ebd., 258).

,,Wenn wir uns ein politisches System im Sinne eines klassischen mechanistischen Gleichgewichts vorstellen, so denken wir unwillkürlich an ein System, das von seiner Umwelt isoliert ist und dem von außen nichts Wesentliches zugefügt wird − ausgenommen Störungsfaktoren. Falls solche Störungen gering sind, wird das Gleichgewicht einfach durch die selbsttätige Reaktion des Systems wiederhergestellt. Falls die Störungen etwas größer sind, werden sie vermutlich desto stärkere Reaktionen auslösen, die abermals dahin wirken, daß der Status quo wiederhergestellt wird. Wenn die Störungen zu groß werden, können wir uns allenfalls vorstellen, daß das System irgendwie umgestürzt oder zerstört wird, aber abgesehen von vagen Andeutungen einer Katastrophe gibt uns der Gleichgewichtsbegriff wenig oder gar keinen Aufschluß darüber, was denn eigentlich von nun an geschehen wird. Kurz gesagt, das Gleichgewichtsmodell ist nicht in der Lage, einen wichtigen Bereich von dynamischen Erscheinungen zu erfassen. Es kennt keinen zeitlichen Ablauf grundlegender Veränderungen." (ebd., 259)

Es ist dagegen in politisch-kybernetischer Sicht von einem dynamischen Wandlungsprozeß bzw. einem zielstrebigen Verhalten auszugehen, wobei System-Umwelt-Relationen die je spezifischen Rückkopplungsvorgänge bestimmen. In bezug auf das Leistungsvermögen von Regierungen stellen sich u. a. folgende Fragen. Wie groß ist die „Belastung" (load) des politischen Entscheidungssystems des Staates (oder auch einzelner Interessengruppen, politischer Organisationen oder sozialer Klassen) aufgrund neuer Informationen? Wie groß ist die „Verzögerung" (lag), mit der eine Regierung (oder Partei etc.) auf neuartige situative Konstellationen antwortet? Welche Regierungsform ermöglicht welche Leistungen? So stellt Deutsch beispielsweise fest und fragt an: „Wenn Armeen und totalitäre Regierungen ihre Verzögerungsrate durch eine rasche Befehlsübermittlung *von oben nach unten* vermindern können, bis zu welchem Grad geht dann dieser Vorteil wieder verloren und wie weit erhöht sich vielmehr das Ausmaß der Verzögerung dadurch, daß in solchen Systemen Schwierigkeiten bei der Weiterleitung neuer Informationen *von unten nach oben* auftreten können?" (ebd., 264) Wie groß ist der „Gewinn" (gain) der Erwiderung vermöge korrigierender Schritte aufgrund neuer Daten? Wie groß ist das Ausmaß der „Führung" (lead), insbesondere seitens der Regierung, Probleme und entsprechende Problemlösungen zu antizipieren? (vgl. ebd., 261 ff.)

Die technische Bewertung politischer Systeme als Steuerungssysteme wäre jedoch, wie Deutsch konzediert, recht einseitig: „Sowohl Perikles wie auch John Stuart Mill könnten uns daran erinnern, daß man Staaten nicht einfach nach ihrer Funktionstüchtigkeit als Staaten beurteilen soll, sondern vielmehr nach der Beschaffenheit der Persönlichkeiten und Charaktere, die sie in den Reihen ihrer Bürger hervorbringen, und nach den Gelegenheiten, die sie allen ihren Bürgern zur Entfaltung ihrer Individualität gewähren." (ebd., 266) An anderer Stelle hat Deutsch im Hinblick auf die normativ gebotene Ausweitung individueller wie kollektiver Partizipationsmöglichkeiten sehr treffend herausgestellt: „Die Zeiten, wo eine Regierung in allen Fragen für das Volk entscheiden konnte und von ihm gebührenden Dank und Passivität erwartete, sind im Schwinden. Immer stärker bricht die Notwendigkeit hervor, eher *mit* den Menschen als *für* sie zu handeln." (Deutsch 1976, 510) Und für Deutsch ist es das „Gefährlichste, was die Welt heute tun kann, . . . weiterhin Politik nach altem Stil zu betreiben" (ebd., 511); denn: „Solche Regierungssysteme, die die Individuen achten, Minderheiten schützen und neue Entdeckungen und die entsprechende Änderung in der Einstellung der Menschen tolerieren, werden für die künftige

Entwicklung der Menschheit notwendig sein." (ebd., 518) Dies alles gehört somit in den Begriffshorizont der „zieländernden Rückkopplung" und des „schöpferischen Lernens" im Rahmen der von Deutsch vorgenommenen politiktheoretischen Konzeptualisierungs- und Klärungsversuche.

In diesem Zusammenhang erhebt sich indessen die Frage: „Inwieweit unterscheiden sich. . . Bewußtsein, Situationsvorstellungen und Entscheidungen eines Ausschusses, eines Expertenstabes oder einer Organisation von denen eines einzelnen Menschen? Inwieweit ist es also möglich, daß sich das ‚Denken' der einen oder anderen Regierung vom Denken der einzelnen Menschen, aus denen sie sich zusammensetzt, unterscheidet?" (Deutsch 1973, 282) Diese Fragestellung ist für Deutsch mit Hilfe der Kommunikationstheorie und allgemeinen Systemtheorie lösbar in bezug auf die Strukturen oder Teilstrukturen und unterscheidbaren Funktionen. So besteht zwischen den Angehörigen oder den Teilen einer Organisation eine schnellere und wirksamere Kommunikation als mit Außenstehenden. Innerhalb der Organisation kann das Kommunikationsgefälle „als meßbares Anzeichen für die Differenz zwischen einem ‚inneren Kreis' und den gewöhnlichen Mitgliedern dienen und von daher die Erforschung von Erscheinungen wie Cliquen, Einfluß und Korruption erleichtern." (ebd., 283) Organisationen verfügen zudem über Speicheranlagen für Informationen primärer und sekundärer Art, die in die aktuelle Entscheidungsbildung einbezogen werden. Organisationen haben daher eine relative und eigenspezifische *Autonomie*: „Autonomie ist nach dieser Auffassung auf den Ausgleich zweier Rückkopplungsströme angewiesen: der eine vermittelt Daten über das gegenwärtige Verhalten des Systems in seiner Umwalt, der andere vermittelt Daten über die Vergangenheit des Systems in Form von Symbolen, die als Erinnerung aus seinem Speicher entnommen werden. . . . Autonomie einer Organisation ist deshalb eine Funktion des gesamten Systems. Sie ist nicht an einer einzelnen Stelle des Systems konzentriert, doch kann es eine oder mehrere Stellen geben, die für sie von besonderer Bedeutung sind. Diese für die Autonomie einer Organisation entscheidenden Stellen sind die Punkte, an denen ein aus der Vergangenheit entnommener Datenstrom mit dem für die laufende Entscheidungsbildung verwendeten Datenstrom zusammentrifft. Die Position der wichtigsten Speicheranlagen in einer Organisation und die Stellen oder Kanalstrukturen, durch welche die Erinnerungen in den Prozeß der Steuerung und Entscheidungsbildung eingeführt werden, können uns viel über die wahrscheinliche Funktionsfähigkeit und mögliche strukturelle Schwächen der Organisation verraten." (ebd., 284 f.) Dahinter steht der Gedanke, daß individuelle Personen wie Organisationen ihre „Eigengesetzlichkeit" dann verlieren, sobald ihnen der Zustrom von Informationen von außerhalb ihres in sich abgeschlossenen Systems und außerhalb ihrer eigenen Zeit verlorengeht. Dies ist bei Organisationen gesamtgesellschaftlich ungleich relevanter als bei einzelnen Personen, die Vorgänge sind im Vergleich zum Individuum zwar differenzierter, aber für sozialwissenschaftliche Analysen zugleich transparenter, so paradox das auch klingen mag.

> „In jedem größeren Entscheidungssystem gibt es im allgemeinen zahlreiche Rückkopplungsvorgänge und entsprechende kreisförmige Kommunikationskanäle. In jedem dieser Regelkreise gibt es einen oder mehrere kritische Punkte oder *Entscheidungsstellen,* an denen entweder das Verhalten des Regelkreises verändert wird oder an denen das Verhalten eines Regelkreises eine entscheidende Veränderung im Verhalten eines anderen bewirkt. . . .Die Gesamtheit der wichtigen Entscheidungsstellen in einem System kann einen mehr oder weniger hohen Konzentrationsgrad und möglicherweise auch eine hierarchische Ordnung aufweisen. Wenn alle wichtigen Entscheidungen an einer Stelle konzentriert sind und wenn die an dieser Stelle getroffenen Entscheidungen in der Lage sind, alle irgendwo sonst im System getroffenen Entscheidungen maßgebend zu beeinflussen oder aufzuheben, dann gleicht das Verhalten des Systems dem Zustand konzentrierter Souveränität, wie er uns aus den absoluten Monarchien im Europa des siebzehnten und achtzehnten Jahrhunderts bekannt ist. . . .Ein noch entscheidenderes Merkmal der Souveränität ist das Fehlen jedes anerkannten Eingabekanals zur Kontrolle oder Verdrängung von außerhalb des Systems kommender Informationen. In der Theorie der Souveränität gibt es keine Organisationen und auch keine Präferenzen oder Werte, die sich von außen her in die Arbeit des Systems einmischen dürften, um die Wahrscheinlichkeiten der internen Entscheidungsbildung zu beeinflussen." (ebd., 287)

Bis heute ist es bei einem relativ kleinen Kreis von Entscheidungsträgern geblieben, darüber hinaus herrscht in den heutigen politischen Entscheidungssystemen ein oft unterschätzter Grad von Komplexität und Unpersönlichkeit vor, aber auch eine Überschätzung der Entscheidungskonzentration und der hiermit gegebenen Wirkungsmöglichkeiten an einer einzigen Stelle: „Je höher der tatsächliche Konzentrationsgrad der Entscheidungsbildung, desto größer wird der tatsächliche Grad der Verwundbarkeit (und Störanfälligkeit, A.W.) sein; und je größer der geglaubte Konzentrationsgrad, desto größer wird die Furcht vor Infiltration oder Zerstörung sein." (ebd., 289)

Und die „Milchmädchenrechnung mit der konzentrierten Souveränität kann in der internationalen Politik noch weniger aufgehen. Die einseitige Orientierung an der Souveränität ist geeignet, von der Tatsache abzulenken, daß die Entscheidungen auch der mächtigsten Nationen sehr reale Grenzen haben. Kein Staat ist allmächtig oder verfügt über unbegrenzte Hilfsmittel, und keine Regierung kann ihrem Volk unbegrenzte Opfer auferlegen" (ebd., 290), so daß Grenznutzenerwägungen in den Blick kommen. Dies führt uns zu den Überlegungen von Deutsch hinsichtlich eines „*pathologischen Lernens*", vor allem durch die „Selbstabschließung politischer Systeme".

Insofern „Autonomie" im Lichte der politischen Kybernetik auf einem besonderen Prinzip der Nachrichtenverarbeitung beruht, wozu bestimmte Methoden der Symbolverarbeitung und -aufbereitung gehören, könnte das Scheitern von Regierungen auch darin gründen, daß sie selbstbezogenen Symbolen vor neuen Informationen aus der Außenwelt den Vorrang gegeben haben (ebd., 292). Eine effektive „Selbststeuerung" nämlich ist nur dann gegeben, wenn neue Ziele gesetzt werden und innere Strukturveränderungen vorgenommen werden können: „Jede selbständig handelnde Organisation muß aus ihrer Umwelt wesentliche Informationen beziehen und ihr äußeres Verhalten entsprechend modifizieren. Zugleich aber muß sie die Auswirkungen ihres eigenen, von der Umwelt modifizierten Verhaltens wieder an sich selbst zurückmelden. . . . Jedes selbständig handelnde System muß deshalb, während es handelt, seine eigenen Erinnerungen und seine innere Struktur laufend umgestalten. Diese internen Veränderungen können bei jedem einzelnen Schritt groß oder klein ausfallen, ihr kumulativer Effekt wird auf jeden Fall beachtlich sein. . . . Ob diese Umgestaltung lebenserhaltend oder pathologisch (funktional/dysfunktional) sein wird, hängt davon ab, ob sie die Wahrscheinlichkeit, daß das System künftig erfolgreich funktionieren wird, erhöht oder vermindert, insbesondere auch davon, ob sie die künftige Lernleistung des Systems steigert oder nicht." (ebd., 299 f.)

Die Funktionsstörungen oder pathologischen Verhaltensweisen, die hierbei eintreten können, lassen sich kategorial wie folgt zusammenfassen: (1) ein Verlust an Macht, (2) ein Verlust an Aufnahmefähigkeit und Leistung, (3) ein Verlust an Steuerungsfähigkeit oder Koordination, (4) ein Verlust an Tiefenwirkung des organisationsspezifischen „Gedächtnisses" im Hinblick auf Erinnerungsvermögen, Vorstellungskraft und Urteilsfähigkeit, (5) ein Verlust der Fähigkeit zur (zumindest teilweisen) internen Neuordnung und zum Erlernen begrenzter neuer Verhaltensmuster, (6) schließlich der Verlust der Fähigkeit zu fundamentaler Neuordnung und damit zu einer umfassenden Verhaltensänderung, wobei Verfestigung und Selbstabschließung des Systems ein „pathologisches Lernen" bewirken (ebd., 300 f.)

Damit (d. h. mit dem Begründungs- und Argumentationszusammenhang) in Einklang stehen die sozialphilosophischen Überlegungen des kritischen Rationalisten Karl R. Popper, wenn er, vor allem in seiner Streitschrift „Die offene Gesellschaft und ihre Feinde" ([3] 1973) und in seinem Traktat „Das Elend des Historizismus" ([3] 1971), ausführt, daß einerseits offene Gesellschaften lernfähiger seien als geschlossene, andererseits das Prinzip der dauernden Fehlerkorrektur (trial and error) auch für die angewandten Sozialwissenschaften sowie für den Bereich unserer sozialen und politischen Handlungen gültig sein sollte, nämlich „die Methode, dauernd nach Fehlern zu suchen, und frühzeitig kleine oder beginnende Fehler zu korrigieren. Diese Methode der rechtzeitigen Fehlerkorrektur zu verfolgen ist nicht nur eine Weisheitsregel, sondern geradezu eine moralische Pflicht: es ist die Pflicht zur dauernden Selbstkritik, zum dauernden Lernen, zu dauernden kleinen Verbesserungen unserer Einstellung, unserer Urteile – auch der moralischen – und unserer Theorien. Hier wird das Können zum Sollen: wir können aus unseren Fehlern lernen; darum ist es unsere Pflicht, aus unseren Fehlern zu lernen." (Popper 1971, IX) Zu ergänzen wäre, daß wir natürlich nicht nur aus Fehlern, sondern auch von unseren Erfolgen lernen können.

Für Deutsch kommen, modern gesprochen, ökologische Perspektiven hinzu, insofern er es für prinzipiell falsch hält, „die Gegenwart höher zu bewerten als die Zukunft, selbst auf Kosten zukünftiger Möglichkeiten."

„Wir geben dieser Neigung unmittelbar nach, wenn wir Wälder zu Holz schlagen, ohne wieder aufzuforsten, oder wenn wir die Erosion des Bodens um sich greifen lassen. Wir geben ihr indirekt nach, wenn wir uns weigern, mit der Wahrscheinlichkeit einer weiteren Bevölkerungsvermehrung in fast allen Teilen der Welt während der nächsten dreißig oder vierzig Jahre zu rechnen, und wenn wir uns um die Verpflichtung drücken, unsere politischen, sozialen und wirtschaftlichen Zukunftsvorstellungen entsprechend zu programmieren. Worauf es hier ankommt, ist nicht so sehr die Bedeutung der einzelnen Fehlleistungen oder Unterlassungssünden, sondern es ist vielmehr die Neigung einzelner Personen, sozialer Gruppen und politischer Organisationen, die Gegenwart überzubewerten und solche Fehler immer wieder von neuem zu begehen, weil keine besonderen Vorkehrungen oder Verfahrensweisen entwickelt wurden, um sie zu vermeiden." (Deutsch 1973, 303)

Überbewertungen dieser Art können ihren Grund ebenso in einem „Ethnozentrismus" haben, sie können aufgrund einer „Übersteuerung" erfolgen, aufgrund eines Verlustes der Koordination zwischen Verhalten und Gedächtnis, eines Verlustes der „Tiefenwirkung" des Gedächtnisses bzw. der Fähigkeit zu teilweise interner Neuordnung oder letzthin auch zu einer umfassenden strukturellen Neuordnung eintreten. Es besteht „für jede selbständig handelnde Organisation und vielleicht auch jeden verantwortlich handelnden Menschen" dabei die Gefahr, „in selbstverschuldeter Stagnation oder in teilweiser oder gänzlicher Selbstzerstörung zu enden." (ebd., 308) Um ein Überschlagen in die Selbstzerstörung zu verhindern, das vor allem auf einer „Überbewertung des Naheliegenden auf Kosten des Fernerliegenden, des Bekannten auf Kosten des Neuen, des Vergangenen auf Kosten des Zukünftigen" (ebd., 309) beruht, fordert Deutsch zu mehr „*Demut*" auf, hier verstanden als „eine bestimmte Haltung gegenüber Tatsachen und Nachrichten, die von außerhalb unser selbst kommen, eine Aufnahmebereitschaft gegenüber Erfahrung und Kritik, ein Feingefühl, eine Empfänglichkeit für die Bedürfnisse und Wünsche anderer." Und in einem erweiterten (religiösen) Sinne „gehört zur Demut vielleicht, nicht allein die Bedeutung des eigenen Selbst, sondern auch die Bedeutung der eigenen unmittelbaren Umgebung nicht zu überschätzen. Diese Umwelt mag für das Selbst die Quelle aller bisherigen Erfahrung und Probleme gewesen sein, aber sie ist winzig in jeder Hinsicht, wenn sie an der Idee Gottes oder an der Idee des Universums gemessen wird." (ebd., 310)

Deutsch verwendet noch weitere, für Politikwissenschaftler eher ungebräuchliche Begriffe – wie die Bindungskraft der „Treue", die „Ehrfurcht" vor der Natur, vor dem Leben und vor Gott, die „Liebe" zum Nächsten im „Dilemma zwischen Weltbürgertum und Nationalismus", die „Gnade" als unvorhergesehene, aber potentielle Hilfsquelle im Prozeß der lernenden Zielsetzung, die (kollektive) „Geisteshaltung" als Gegenpol zum Eklektizismus oder zur Intoleranz –, auf die wir hier jedoch nicht eigens eingehen (vgl. ebd., 311 ff.). Worauf es uns vor allem ankommt, sind die Bezüge zum *politischen System;* denn: „Unter allen autonomen Organisationen nehmen die politischen Systeme einen besonderen Rang ein. In der Politik geht es im wesentlichen um die Manipulierung vorrangiger Präferenzen und Prioritäten des sozialen Lebens durch die Androhung eines Zwanges und durch gewohnheitsmäßige Folgeleistung. In diesem Sinne ist die Politik in modernen Gesellschaften einer der wichtigsten Entscheidungsbereiche." (ebd., 301)

Normativ gefordert ist für Deutsch nach den vorstehenden Darlegungen vor allem ein System, das „in der Lage ist, nicht nur sich selbst ständig zu verändern und neu zu strukturieren, sondern auch Integrationsbeziehungen mit anderen Systemen herzustellen. . . . Die Politik ist demnach ein entscheidendes Instrument zur Erzeugung, Erhaltung oder Veränderung sozialer Zweckbindungen." (ebd., 322 f.)

> „All dies spricht dafür, daß es sinnvoll ist, die Politik unter dem Gesichtspunkt der Autonomie, der Steuerungsleistung, der Kreativität, der Macht, der Lernfähigkeit und Selbsterhaltung zu erforschen. Welche wichtigen Kommunikations- und Speicheranlagen, welche Einrichtungen zur Selbststeuerung, welche Kanäle zur Aufnahme von Informationen aus der Außenwelt, welche Brennpunkte der Aufmerksamkeit, welche operativen Reserven, die zu neuer Zweckbindung freigemacht werden können, und welche entscheidenden Wertmuster sind in einem gegebenen politischen System erkennbar? . . . Welche institutionellen Einrichtungen und welche Anreize sind vorhanden, um Kritik zu ermutigen, sie an die Entscheidungsstellen heranzutragen und die Empfänglichkeit des Systems für jede Art von Kritik zu gewährleisten? Wie sehen die Lernreaktionen des Systems aus? Welche Strategie der Zweckbindung hat das System?" (ebd., 323 f.)

Eine politische Bestandsaufnahme anhand der Gesichtspunkte dieses Fragenkatalogs würde nach Deutsch zu einer politisch-kybernetischen Evaluation der Entscheidungskapazität bestimmter Regierungen besser als bisher beitragen, wenngleich wir gegenwärtig noch immer bestenfalls darangehen, „ganz allmählich ein wenig die Arbeitsweise menschlicher Persönlichkeiten und menschlicher Organisationen zu verstehen." (ebd., 325)

Jedes autonome System weist hiernach „ein internes Wahrscheinlichkeitsgefüge" auf, nach welchem sich sein aktuelles Verhalten wie zukünftiges Handeln ausrichtet:

> „In diesem Sinne handelt jedes autonome System im allgemeinen gemäß seiner Zukunft, wie sie in der Verteilung seiner Erinnerungen und in der Zusammenstellung seiner Kommunikationskanäle vorgeformt ist; und in dem Maße, in dem sein Verhalten die Aufnahme neuer Erinnerungen und die Veränderung einiger interner Kommunikationsmuster durch einen Lernprozeß bewirkt, wird es mit jedem solchen Schritt zugleich sich selbst und seine Zukunft in gewissen Grenzen neu gestalten. Wenn das System ein Bewußtsein hat, wenn es sein eigenes Verhalten überwacht und gewisse Vorstellungen von sich selbst herausbildet, im Gedächtnis behält und wieder auf das eigene Verhalten anwendet, wird es wahrscheinlich auch Vorstellungen entwickeln und verwenden, die sein Verhalten in die Zukunft projizieren. Es wird also Zielvorstellungen benutzen und genau umrissene Aspirationen haben." (ebd., 326)

Die Frage ist, wann sich die Aspirationen zu einem „politischen Willen" verfestigen, der, auf Macht gestützt, eine Politik des „Wachstums" ermöglicht, worunter Deutsch vor allem langfristige Überlebenschancen bzw. einen „evolutionären Fortschritt" von Gesellschaften und Kulturen durch entwickelte Anpassungs- wie Lernpotentiale versteht, die es unter Einschluß operativer Reserven mehr als zuvor ermöglichen, auf verschiedenartige Umweltbedingungen flexibel und systemadäquat zu reagieren; denn: „Eine wachsende Organisation, also auch ein wachsender Staat oder Regierungsapparat, muß in der Lage sein, die eigenen Kommunikations- und Organisationsprinzipien zu verändern, um den Gefahren der Größe. . . entgegenzuwirken. Sie muß der sich verstärkenden Tendenz zur Selbstfaszination und schließlich zur Selbstisolierung gegenüber ihrer Umwelt widerstehen und sich häufig genug reorganisieren, um dadurch der wachsenden Bedrohung durch interne Nachrichtenüberlastung und Verstopfung der Übertragungskanäle entgegenzuwirken." (ebd., 333)

Für „integratives Wachstum" gilt hierbei, daß nicht nur das Entscheidungssystem als ganzes „wächst", sondern in interdependenter Weise mehrere autonome Teilsysteme auf möglichst allen Ebenen. Dahinter steht bei Deutsch alles in allem der Gedanke einer *Innovationsbeschleunigung als Aufgabe der Politik*, die zugleich die Herrschaft der Mehrheit, den Schutz der Minderheiten und die Institutionalisierung von Meinungsverschiedenheiten innerhalb pluralistischer Demokratien bewahrt: „Wie alle Verfahrensweisen, die der Erzeugung und Durchführung von Entscheidungen dienen, ist auch die Politik kein Zweck an sich. . . . Alle Untersuchungen der Politik, alle Verfahrensweisen und Modelle als Instrumente politischer Analysen haben diesen Zweck: die Menschen zu befähigen, mehr als bisher die Politik mit offenen Augen zu betreiben." (ebd., 338)

Wir kommen jetzt zur *Kritik* an den allgemeinen systemtheoretischen Modellvorstellungen von Deutsch, deren ohnedies schon redundanter Charakter in unserer Darstellung bewußt noch einmal „verdoppelt" wurde, um die Hauptargumente herauszustreichen. Zunächst ist kritisch anzumerken, daß Deutsch in überreicher Weise Metaphern verwendet, die nicht ohne weiteres Entsprechungen in der Wirklichkeit haben. Die Analogien zur Kybernetik führen Deutsch zwar zu einer neuen analytischen Modellsprache und vermögen normative wie auch sozialtechnologische Orientierungsleistungen zu erbringen, das Aussagensystem selbst jedoch weist keinen empirischen Informationsgehalt auf und ist der Erklärung oder Prognose im stringenten Sinne unzugänglich, so daß — wissenschaftstheoretisch betrachtet — der „Politischen Kybernetik" von Deutsch der Status einer Theorie wohl nicht zugesprochen werden kann (vgl. Lehner 1971, 815 ff.).

Davon abgesehen, sind die Analogiebildungen zwischen dem individuellen Bewußtsein und Verhalten mit gesamtgesellschaftlichen Prozeßabläufen zumindest problematisch (Naschold [2] 1971, 164). Einerseits ist zu fragen, ob es Sinn macht, sozialen Systemen personenhaft ein „Bewußtsein" und einen „Willen" zuzuschreiben, andererseits sind Gesellschaften als „lernfähig vermaschte Regelsysteme" nur analytisch zu betrachten und ist Herrschaft „eine ganze Menge mehr als eine bloße Emissionsstelle für input-stimulierte

outputs" (Mols 1971, 100). Obschon die Lern- und Innovationsfähigkeit des Systems im Vordergrund steht, wobei Deutsch Machtkämpfe ausspart und sich auf gouvernementale Steuerungskapazitäten und Kontrollprozesse kapriziert, werden die Zielformulierungen
und -veränderungen eigentümlicherweise nicht konkretisiert. Es kann
aber nicht genügen, das Modell nur darauf zu beschränken, mögliche
Disequilibrien auszusteuern, wobei „Demokratie" von vornherein
als eine Systemeigenschaft zu gelten hat (vgl. Gessenharter 1971,
287 ff.).

Im Bereich der Politik, wo es um kontroverse Werte und nicht um
außenbestimmte Organisationsziele wie bei Maschinen geht, ist die
Annahme einer Selbststeuerung eher eine Verschleierung der wertsetzenden Instanzen als die adäquate Beschreibung empirisch feststellbarer Verhältnisse (Greven 1974b, 109). Wie in den Sozialwissenschaften noch immer weithin üblich, „treten menschliche Institutionen in einer verdinglichten Form dem Menschen gegenüber, so
daß er sie nicht mehr als seine Produkte durchschaut und sich ihnen
wie unabwendbaren Naturkräften unterwirft" (ebd., 126), als ob —
erkenntnistheoretisch betrachtet — das System den Menschen mit
seinen interaktiven und kommunikativen Handlungsstrukturen,
seinen Interessen und Bedürfnissen, erst a posteriori *setzt*. Man kann
daher von einer „Vernachlässigung des menschlichen (oder subjektiven) Faktors" (Waschkuhn 1981) zugunsten der vorgängig traktier-
ten Systemebene sprechen.

Es ist somit die Frage, ob die funktionale Ausdifferenzierung und
Spezifizierung eines politischen (Sub-)Systems zur Herstellung allgemeinverbindlicher Entscheidungen als Konstitutionsprinzip überhaupt sinnvoll ist und nicht bereits eine Verengung des Politikbe-
griffs darstellt: „Der Politikbegriff, der in diesem Systemansatz
deutlich wird, ist vordringlich und spezifisch auf das administrative
Verhalten politisch relevanter Systemteile begrenzt. Er setzt allein
auf der Makro- oder Systemebene an. Ihm fehlt die individuelle Dimension der Selbsttätigkeit der Systemmitglieder, deren Verhalten
allenfalls als Residualkategorie Eingang in das System findet, wenn
die Folgen solcher Aktionen als Daten für die Entscheidungsfällung
des Systems relevant werden." (Greven 1974b, 129)

Des weiteren besteht die Gefahr einer Reifikation, d. h. man gerät
aufgrund der metaphorischen Analogien, die Deutsch allerdings

stilistisch glänzend darbietet, sehr leicht in die Versuchung, „den hypothetischen Charakter des Modells zu vergessen und die Eigenschaften des Modells zu Eigenschaften der zu erklärenden Realität zu erheben." (ebd., 131) Empirisch gehaltvolle Aussagen oder Realanalysen aber enthalten die allgemeinen systemtheoretischen Modellvorstellungen von Deutsch gerade nicht, wenngleich ein bestimmtes normatives Politikverständnis deren „Hintergrundsideologie" (oder die dahinterstehende unsichtbare „Kommunikationsausrüstung") bildet, nämlich die pluralistisch strukturierte, arbeitsteilig organisierte, hochkomplexe repräsentative Demokratie westlicher („spätkapitalistischer") Provenienz.

Für eine demokratietheoretische Konzeptualisierung differenzierter legitimer Politik, wie sie uns vorschwebt (Waschkuhn 1984), reichen die Darlegungen von Deutsch jedoch bei weitem nicht aus, wenngleich er durchaus einen neuen Bezugsrahmen in die (vor allem politikwissenschaftliche) Diskussion eingeführt hat, der auch deswegen von heuristischer Bedeutung ist und war, weil er nicht nur — cum grano salis — problemanregend ist, sondern auch die Schwächen des Ansatzes in erwünschter Deutlichkeit offenbart; denn: „Selbstregulierung setzt im strengen Sinne des Wortes vollständige Autonomie, d. h. eigenständige Setzung des Sollwertes voraus, eine Annahme, die in diesem Ausmaß auf kein gesellschaftliches Teilgebiet anwendbar ist. . . . Es werden in diesem Zusammenhang weder ein historischer Bezugsrahmen noch strukturelle sozial-ökonomische Aspekte vorgelegt, noch eine inhaltliche Analyse der Kommunikationsströme wenigstens tendenzhaft angedeutet. Gesellschaftliche Steuerungsprobleme werden dadurch entsubstantialisiert und entproblematisiert, wodurch eine elegante Scheinlösung durch definitorische Postulate ermöglicht wird." (Naschold [2] 1971, 165) Zugespitzt lautet das Argument gegen Deutsch: „Theorie und Empirie fallen immer weiter auseinander. Theorie verflüchtigt sich auf metatheoretischer Ebene in relativ unverbindliche und beliebige, wenn oft auch originelle Erörterungen." (ebd.)

In neueren Arbeiten und Vorträgen widmet sich Deutsch der vergleichenden Politikforschung (Deutsch 1976; Deutsch, Dominguez, Heclo 1981) und behandelt u. a. Fragen der Dezentralisation (Kochen/ Deutsch 1980) sowie der Reduktion von Komplexität in der Datenverarbeitung für Weltmodelle (Deutsch/Fritsch 1980). Im Vordergrund steht dabei nach wie vor die Frage nach der Fähigkeit von Gesellschaften zur *Selbsttransformation*, und zwar ohne Gewalt und großen Identitätsverlust. Es ist keine Frage, daß er hierbei das westliche Gesellschaftsmodell als kompetenter und leistungsfähiger, da offener und flexibler, einschätzt (Deutsch 1979b).

Die westliche Ausrichtung ist für Deutsch insbesondere durch folgende Merkmale zu charakterisieren: (1) eine besondere Offenheit, kulturelle Lernfähigkeit und -leistung; (2) eine Pluralität der Machtzentren und Ideen, die Individualität und damit Freiheit ermöglichen; (3) eine „Tradition der kritischen Dissoziation des Wissens und seiner freien Rekombination der durch Kritik freigesetzten Wissenselemente und die Anwendung dieser neuen kombinatorischen Schöpfungen auf das tatsächliche Verhalten der Menschen, also das, was wir die Innovation nennen" (ebd., 3 f.); (4) die Restrukturierung durch Revolutionen, d. h. der Westen „hat, ohne seine Kontinuität und seine Identität zu verlieren, ohne die Bedeutung seines Erinnerungsschatzes zu zerstören, sich dennoch immer wieder grundlegend geändert" (ebd., 4); (5) eine „Neigung zur materiellen Transzendenz", nämlich „keine materielle Schranke als endgültig gegeben hinzunehmen, sondern immer wieder zu versuchen, über jede Grenze hinauszugreifen" (ebd.); (6) schließlich die Fähigkeit des Westens, „andere Menschen, Familien, Völker und Länder zu seiner Kultur zu bekehren, sie anzulocken, ohne sie völlig zu bekehren", also eine Anziehungskraft ohne totale Bekehrung, gepaart mit Toleranz (ebd.).

Für Deutsch vermag nur der Westen, Länder zu bekehren, ohne ihnen völlig ihre Eigenart zu nehmen – und „keine andere Weltkultur hat so viel, so oft, so lange und so gründlich gelernt" und dabei an der Pluralität festgehalten (ebd., 5 ff.). Die Innovationen sind heute jedoch ambivalent zu beurteilen im Hinblick auf die Wertkategorien von „gut" und „böse"; denn: „Wir können mit ihnen unsere Umwelt und Kultur zerstören. Wir können die neuen Mittel als Massenvernichtungsmittel im Krieg einsetzen und versuchen, mit unserer neuen Technologie die Menschen klein zu machen und zu unterdrücken. Wir können aber auch diese Mittel zur Befreiung und Selbstentfaltung des Menschen einsetzen. Das macht unser Jahrhundert zu Jahrzehnten der Entscheidung." (ebd., 8)

Wenngleich Deutsch sicherlich keine stringente Theorie der Politik vorgelegt hat, sondern vielfach nur Aphorismen anbietet, ist an seinem Grundverständnis unbedingt festzuhalten. Sein Plädoyer für eine „neue Politik", die sich zugespitzt in seinem bereits angeführten legitimationstheoretischen Axiom ausdrückt, daß es heute mehr denn je darauf ankomme, „eher *mit* den Menschen als *für* sie zu handeln", so daß in Abraham Lincolns Diktum der „Regierung des Volkes für das Volk und durch das Volk" das Wort „*durch*" besonders betont werden müsse (Deutsch 1976, 510 f.), ist daher geeignet, zumindest von intentionaler Seite her, möglichen ideologiekritischen Anwürfen den Boden zu entziehen.

2.2 David Eastons allgemeines Politikmodell

David Easton geht es in seiner Trilogie, bestehend aus den Bänden „The Political System" ([2]1964), „A Framework for Political Analysis" (1965) und „A Systems Analysis of Political Life" ([3]1979), um eine empirisch informierte politische Grundlagentheorie. Seine systemtheoretischen Modellvorstellungen sind vor allem im dritten Band niedergelegt, auf den wir uns im folgenden konzentrieren wollen.

Für den „Lebensprozeß politischer Systeme" — und zwar unabhängig gesehen von Raum und Zeit, von den Regierungsformen, vom wirtschaftlichen Entwicklungsstand und dem der politischen Kultur (Easton 1979, 14 ff.) — ist vor allem die folgende Frage konstitutiv oder erkenntnisleitend: „Wie erreichen es politische Systeme, sich in einer Welt, die zugleich Stabilität und Wandel aufweist, zu behaupten? Die Suche nach einer Antwort wird schließlich aufdecken, was ich den Lebensprozeß politischer Systeme genannt habe — d. h. jene fundamentalen Funktionen, ohne die kein System existieren kann sowie jene typischen Reaktionsweisen, durch die Systeme diese Prozesse in Gang halten. Die Untersuchung dieser Prozesse sowie die Beschaffenheit und die Bedingungen dieser Reaktionen halte ich für das zentrale Problem der politischen Theorie." (Easton 1978, 258; 1979, 17).

Eastons „theoretische Analyse" zentraler politischer Kategorien läuft dabei auf die Feststellung hinaus, daß es sinnvoll sei, den politischen Bereich (political life) als eine komplexe Menge von Prozessen zu interpretieren, durch die bestimmte „inputs" in bestimmte „outputs" transformiert werden, die wir bindende Strategien, Entscheidungen oder erfüllende Handlungen (implementierende Aktionen) nennen können. Er geht jedoch davon aus und hält es für nötig, zu Beginn auf einer etwas einfacheren Stufe anzusetzen. Hiernach ist der politische Lebensprozeß, so Easton, als ein Handlungssystem zu verstehen, „das in eine Umwelt eingebettet ist, deren Einflüssen das politische System ausgesetzt ist und auf die es reagiert." (Easton 1978, 258; 1979, 17 f.)

Politische Interaktionen in der Gesellschaft also konstituieren ein Handlungssystem, das „im Zusammenhang mit seinen physikalischen, biologischen, sozialen und psychologischen Umwelten gesehen werden" muß. Ferner wird angenommen, daß der politische Bereich ein *offenes* und *adaptives* System ist, d. h. für Easton, daß Systeme (in Sonderheit das politische System) „Fähigkeiten besitzen müssen, auf Störungen zu reagieren, um sich den Bedingungen, unter denen sie sich (jeweils, A. W.) befinden, anpassen zu können." Eine entscheidende Eigenschaft politischer Systeme ist demnach die „außerordentlich hohe Flexibilität in ihrer internen Organisation, auf Umweltbedingungen zu reagieren. Durch diese Mechanismen ... regeln sie ihr eigenes Verhalten, verändern sie ihre interne Struktur oder können sogar ihre fundamentalen Ziele umdefinieren." (Easton 1978, 259; 1979, 18 f.)

Gegenüber der Gleichgewichtsannahme, die zumindest in latenter Weise noch zahlreiche Konzepte der Politikwissenschaft beeinflußt, hält es Easton für fruchtbarer, „einen Ansatz zu entwickeln, der erfaßt, daß manchmal Systemmitglieder auch wünschen können, Gleichgewicht zu zerstören oder sogar einen Punkt ständigen Ungleichgewichts zu erreichen. Dies ist z. B. typischerweise dann der Fall, wenn die politische Herrschaft, um sich selbst an der Macht zu halten, interne Unruhe oder externe Gefahren fördert und begünstigt." Im Hinblick auf variable Ziele sei es ein „Hauptmerkmal aller Systeme, daß sie in der Lage sind, ein Handlungspotential positiver, konstruktiver und innovativer Art zur Abwehr und Absorption von Kräften, die sie erschüttern wollen, zu entwickeln." Den Systemen wird von Easton daher prinzipiell die „Fähigkeit zur kreativen und konstruktiven Regulierung von Störungen" zugesprochen (Easton 1978, 261; 1979, 20 f.) Adaptation in diesem Sinne ist somit mehr als eine „bloße Anpassung" an situative Ereignisse: „Sie besteht in den Anstrengungen, die nur begrenzt sind durch die verschiedenen menschlichen Fähigkeiten, Ressourcen und die Intelligenz, entweder die Umwelt oder das System zu kontrollieren, zu modifizieren oder fundamental zu verändern. Im Ergebnis kann (oder sollte, A. W.) das System dann erfolgreich in der Abwehr oder (aber) strukturellen Einbeziehung belastender Einflüsse sein." (Easton 1978, 262; 1979, 21) Festzuhalten ist, daß alle gesellschaftlichen Systeme diese innovativ-schöpferischen Anpassungsleistungen permanent zu erbringen haben — ja, das macht ihren Systemstatus in dynamischer Perspektive eigentlich erst aus.

Als *politisches System* bezeichnet Easton „solche Interaktionen, durch die in bindender Weise Werte für eine Gesellschaft gesetzt werden" (im Original: „a political system can be designated as those interactions through which values are authoritatively allocated for a society"). Die inner-gesellschaftliche Umwelt besteht aus Systemen bzw. aufeinander bezogenen und systemisch gebündelten Verhaltensweisen, Attitüden oder Ideen, „die wir Ökonomie, Kultur, Sozialstruktur oder Persönlichkeit nennen können"; sie sind alle funktionale Segmente der sog. Gesamtgesellschaft, der auch das politische System angehört. Die außer-gesellschaftliche Umwelt enthält alle Systeme außerhalb dieser Gesamtgesellschaft: „Sie sind funktionale Komponenten einer internationalen Gesellschaft oder das, was wir die Supra-Gesellschaft ... nennen können." Und „beide Klassen von Systemen zusammengenommen können als die gesamte Umwelt eines politischen Systems bezeichnet werden. Von diesen gehen Einflußnahmen auf das politische System aus, die für dieses eine Belastung (stress) darstellen können." Diese spezifischen Störungen oder Belastungen können einen Stimulus-Charakter insofern haben, daß „das System nach dem Empfangen eines solchen Stimulus (durch ‚response‘, A. W.) gegenüber der vorherigen Situation verändert ist." Alle politischen Systeme müssen daher, wollen sie in zumindest relativer Weise „überdauern", in der Erfüllung zweier Hauptfunktionen erfolgreich sein: „Sie müssen die Allokation von Werten für die Gesellschaft vornehmen können; sie müssen weiterhin die meisten Gesellschaftsmitglieder dazu bringen können, diese Allokation als bindend anzuerkennen — wenigstens für längere Zeit." (Easton 1978, 263; 1979, 21 f., 24)

Es sind dies für Easton die „essential variables" des politischen Bereichs. Diese grundlegenden Variablen sind zugleich die Schlüsselkomponenten seines systemtheoretischen Politikmodells. Hauptaufgabe eines jeden Systems nämlich ist es, „daß es die Kapazität hat, mit Belastungen (seiner) grundlegenden Variablen fertig zu werden." Die systemische „Existenz eines Reaktionspotentials auf Stress" ist in diesem Sinne systemfunktional (oder „eufunktional", wie es — im Gegensatz zu „dysfunktional" — auch genannt wird). (Easton 1978, 266; 1979, 25)

Dieser Problemsachverhalt wird von Easton anhand der Unterscheidung von „*inputs*" und „*outputs*" erörtert. Als Input-Indikatoren kommen vor allem Forderungen (demands) und Unterstützungsleistungen (supports) in Betracht. Durch diese werden über einen systemischen Umsetzungsprozeß (conversion process) die Wirkungen von Umweltsystemen in das politische System transmittiert (Easton 1978, 268; 1979, 26 f.). In analoger Weise fungiert bei Easton das Konzept der outputs als Rückkoppelungsschleife oder „feedback loop": den „Eingaben" in das politische System korrespondieren gefilterte oder selektive „Ausstöße" des politischen Systems, die (als Reaktion hierauf) zu neuen inputs führen können. Dieser Vorgang ist bei Easton jedoch zentriert in den Entscheidungen und Aktionen der jeweils Herrschenden, also der „authorities", in der Rolle als „gate-keeper" und „Entscheidungsveranlasser" (Easton 1978, 269 f.; 1979, 27 ff.).

Wir fassen zunächst und im Vorgriff auf die Kritik zusammen: Konstitutionsmerkmal des politischen Systems ist die autoritative und gesamtgesellschaftlich verbindliche Allokation von Werten und Gütern sowie die Mobilisierung von Ressourcen seitens politisch-administrativer Entscheidungseliten als „decision makers". In diesem Ansatz ist das politische System ein ausdifferenziertes gesellschaftliches Teilsystem, das funktional spezifiziert ist auf die Persistenz (oder „Überlebensfähigkeit") des Gesamtsystems, insofern es Entscheidungen (outputs) erbringt, die für die Gesellschaft in toto von existentieller Bedeutung und daher bindend/seinsollend sind. Es ist dies eingespannt in ein „Flußmodell" (Easton 1978, 270 ff.; 1979, 29 ff., vgl. auch die entsprechenden Diagramme) von „inputs" (in Form von „demands" — ihnen latent zugeordnet sind die „wants" — sowie „supports") und „outputs", die zusammen einen Rückkoppelungsprozeß darstellen, wobei in der funktionalistischen Konzeption Eastons die „Ausstöße" gegenüber den „Eingaben" weithin überwiegen bzw. asymmetrisch sind (auch aufgrund der „withinputs", das sind „inputs", die von den Entscheidungsträgern selbst ausgehen). Dadurch wird der Allgemeinheitscharakter des „environment-input-output-feedback"-Modells problematisch, zumal die Ereignis- und Prozeßabläufe „im Inneren" des „gouvernementalen" Entscheidungsbereiches — gleichsam als „arcana imperii" — abgedunkelt werden: der „conversion process" ist demnach Ausfluß eines (kybernetischen) „black boxism", und eine herrschaftskritische Fragestellung fehlt bei Easton nahezu völlig.

Nach dieser grundsätzlichen Charakterisierung des Ansatzes von

Input-Output-Schema

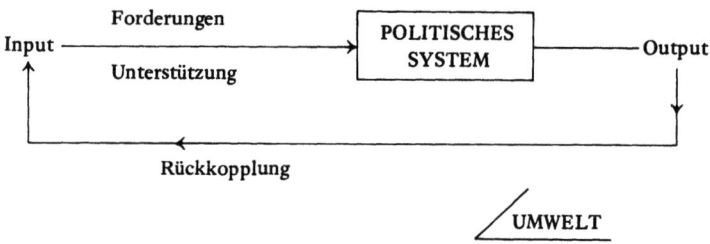

Input ——— Forderungen ——————→ **POLITISCHES SYSTEM** ——— Output

Unterstützung

Rückkopplung

UMWELT

Diagram 1 A Dynamic Response Model of a Political System

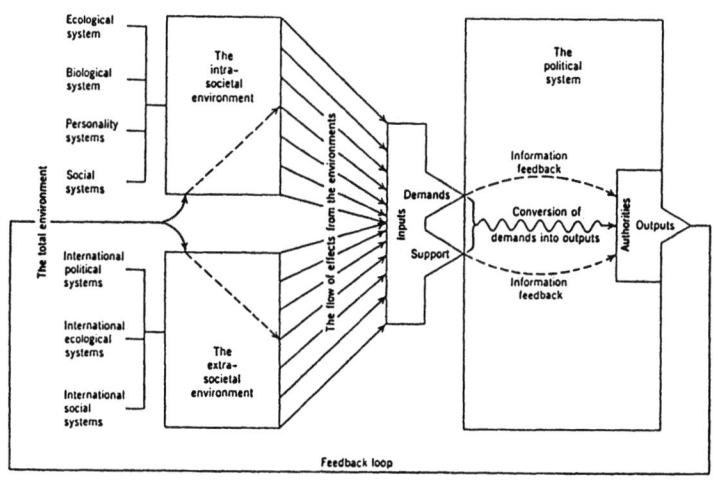

aus: David Easton, A Systems Analysis of Political Life, S. 30

Easton wollen wir noch einige Aspekte herausgreifen, bevor wir zur Kritik kommen. *„Forderungen"* (oder auch Erwartungen und Wünsche, Bedürfnisse und Interessen) sind Störungs- oder Stressfaktoren, falls sie die Persistenz des Systems gefährden, ihnen muß eine „Systemantwort" als „stimulus-system-response-outcome" entsprechen, sofern sie nicht in „privater" Weise von den betreffenden Personen erledigt werden können. Um tatsächlich als systembedrohend angesehen zu werden, müssen sie kollektiv, vor allem von sozialrelevanten Gruppen, artikuliert werden, sie müssen einen signifikanten Einstieg finden in den Prozeß der öffentlichen Meinungsbildung und Interessenvermittlung. *„Unterstützung"* als eine „explanatorische Summenvariable" in bezug auf das Vorhandensein einer politischen Gemeinschaft (Easton 1979, 154 ff.), mithin als eine induktive Vertrauens- und Legitimationskomponente in Rücksicht auf das politische System, impliziert dagegen die Aufhebung einer systemischen Entfremdung und politischen Apathie, die langfristig als „dysfunktional" einzuschätzen wären.

In diesem Zusammenhang, der von Easton „politische Solidarität" genannt wird (ebd., 157), ist darauf abzustellen, daß die offene Unterstützung handlungsbezogen ist, die latente oder „versteckte" Unterstützung den Bereich der Attitüden oder Gefühle betrifft, wobei es sich um eine rein analytische Unterscheidung handelt, insofern beide Formen in der Praxis weniger bis stark ausgeprägt miteinander verbunden sind. Als Adressaten können die „politische Gemeinschaft", die konkrete Regierung und die jeweiligen Autoritäten angesehen werden, zusammengezogen handelt es sich um Fragen der Legitimation von Herrschaft und um die Manifestationsformen „politischer Kultur", die hier von der „input"-Seite her in Rede stehen.

Diese von Easton auf einen „Wertkonsens", auf die „Herschaftsgewährleistung" oder „Regierbarkeit" bezogenen Aspekte indes vereinseitigen in dieser Gewichtung den soziopolitischen Interessenvermittlungsprozeß, so daß die Kategorie der „Forderungen", die ja den Konfliktcharakter von Politik erst ausmachen, im weiteren Argumentationsgang unterbilanziert bleibt, insofern die „output"-Seite vornehmlich unter dem Gesichtspunkt der Regulierung von entscheidungsspezifischem „support" in Betracht kommt. Darüber hinaus konzipiert Easton den gesamtgesellschaftlichen Vorgang des „feedback loop" überwiegend vom Blickwinkel der Autoritäten her, die für ihre Entscheidungen in trivialer Weise mehr Beifall als Protest erwarten dürfen und sollen. Es wird demnach ein effektiver „bargaining"-Prozeß von Easton bereits in seinen allgemeinen systemtheoretischen Modellannahmen funktional *vorausgesetzt* (ebd., 366 ff.).

Die Autoritäten als „output"-Einheiten stellen daher in der Tat „a critical part of the feedback loop" dar, wenngleich dies auch anders akzentuiert werden kann oder anders zu interpretieren ist als ihre „Wesensbestimmung" bei Easton: „The nature of their continuing reactions will help to determine the flow of outputs available to mobilize specific support." (ebd., 432) Dabei geht es Easton in systemtheoretischer Sicht nicht um die subjektiven Handlungsmotive und Intentionen, die hinter politischen Entscheidungen stehen, sondern vor allem um die Konsequenzen für die systemische Unterstützungsgewinnung. Allerdings wird die „Bedürfnissensibilität" (responsiveness) der Autoritäten auch von Easton als ein wichtiger Gradmesser anerkannt (ebd., 433 ff.).

Die politische Entscheidungsfindung als „feedback response" hängt auch ab von den politisch relevanten Systemmitgliedern in den gesellschaftlichen, wirtschaftlichen und politischen Interessengruppen oder Parteien sowie von den situativ gegebenen Sanktionsmöglichkeiten positiver und negativer Art, wobei die inhaltlich besonderten „inputs" großer Gruppen am wahrscheinlichsten befriedigt bzw. auch am ehesten behandelt werden. Es ist dies in pluralistisch strukturierten Gesellschaften der „Normalfall" selektiver Interessenberücksichtigung. In der Sicht Eastons kommt es den politischen Amtsinhabern dabei immer wieder darauf an, für ihre politischen Aktivitäten und rahmenbildenden Wertsetzungen Unterstützungsleistungen zu mobilisieren und hier (im weitesten Sinne) „Ressourcen" zu erschließen bzw. einzusetzen.

Die autoritative Wertverteilung sowie die Um- und Durchsetzungsstrategien von Politik („implementation") bilden sonach das tragende Handlungsgerüst des Systemmodells von Easton. Er will damit gewissermaßen das Prinzip „Ordnung" in das „politische Leben" einbringen. Sein präskriptiver Ansatz eines konzeptuellen Bezugsrahmens von Politik ist über Gebühr status quo-orientiert, wenngleich er dies nicht wahrhaben will. Aber die eingebauten Wappnungen gegen den grundlegenden Systemwandel, die Betonung von „Überlebensfähigkeit" gegenüber „stress"-Situationen sprechen dagegen. Es ist politiktheoretisch zudem wenig hilfreich oder sinnvoll, wenn eine allgemeine Systemtheorie unterschiedslos *jedes* konkrete System aufrechterhalten will, zumal der Anspruch erhoben wird, mit dieser Theorie sowohl eine Schar von „fünfzig Buschmännern" wie das internationale System analytisch umfassen zu können (ebd., 16). Das „Systemüberlebensmodell" von Easton ist daher bewußt vage in bezug auf System*ziele*, es sei denn, man hält die generelle Ausrichtung auf „support"-Gewinnung schon dafür. Diese zentrale Variable im Ansatz von Easton ist eben nicht „dynamisch" für sozialen und politischen Wandel eingesetzt, sondern „statisch" in bezug auf Persistenzprobleme verwendbar: der „revolutionäre Mißbrauch" von neuen Regelsetzungen ist aufgrund gouvernementaler Bevorzugungen ausgeschlossen; das „Netzwerk" des Systems ändert sich allenfalls „von oben", nicht „von unten". Das „Überleben in der Zeit" von Systemen ist an „lernfähige" Eliten gebunden, deren Hauptzweck es ist, stets aufs neue für die Aktualisierung von „support" zu sorgen, was zwar prinzipiell an Mehrheiten gebunden ist, aber auch manipulativ erreicht werden kann. Eine systemkritische Perspektive jedenfalls fehlt, wie bereits betont, bei Easton völlig, sie ist in seiner Systematik überhaupt nicht vorgesehen.

Vorausgesetzt wird statt dessen eine perfekte „Handlungsfähigkeit" auf der politischen Systemebene, die allen Widerständen und Umweltherausforderungen wirkungsvoll begegnet. Daß die hierfür notwendigen Umsetzungsprozesse (von „inputs" in „outputs") undurchsichtig sind, stellt für Easton kein Problem dar. Die Frage nach der Hierarchisierung von Entscheidungsabläufen und der Legitimation der Entscheidungsträger entfällt, wenn von allen Systemteilen angenommen wird, daß sie sich in dieser harmonistischen Weise als interdependent verhalten: „They form a continous flow of action and reaction, from production of outputs as stimuli to feedback response, to information feedback about the response, and to output reactions on the part of the authorities in a truly seamless web of activities." (ebd., 478)

Die *Kritik* an diesem elitenfixierten Modell Eastons liegt auf der Hand, insofern es sich eben nicht mehr nur um eine forschungsbezogene „Vereinfachung der Realität" handelt (ebd., 489), vielmehr

Easton demokratietheoretisch in eine zumindest problematische Richtung geht. Die Kritikpunkte können anhand anderer Autoren wie folgt zusammengefaßt werden:

Wolf-Dieter Narr legt u. a. dar, daß

— der politische Willensbildungsprozeß in engem Sinn — wie kommen die Entscheidungen zustande, welche Institutionen dienen hierzu? — außerhalb des Blickwinkels im Funktionsmodell des politischen Systems bei Easton bleibt (Narr 1969 b, 128).

Michael Th. Greven kritisiert im Anschluß hieran, daß

— „der Bereich, den D. Easton mit seinem konzeptuellen Schema als ‚politisch' erfaßt, begrenzt ist auf Handlungen von administrativen oder ex officio politischen Handlungsträgern" (Greven 1974 b, 84);

— ferner sei zu fragen, „ob das Überleben des politischen Systems, also jenes Subsystems einer Gesellschaft, das für die Zuweisungen von materiellen und immateriellen Werten zuständig ist, ob diese Weiterexistenz eines Systems — und das muß in der geschichtlichen Anwendung immer heißen: eines ganz bestimmten Systems — tatsächlich einem Bedürfnis aller oder auch nur der meisten Systemmitglieder entspricht. Diese Frage stellen heißt sogleich auch erkennen, daß sie nicht beantwortet werden kann, ohne daß empirische, inhaltliche Aussagen über Charakter und Funktionieren dieses politischen Systems vorhanden sind", insofern „Überleben" ja immer die Aufrechterhaltung einer spezifischen inhaltlichen Identität bedeute (ebd., 89);

— darüber hinaus sei Easton zu sehr auf Systemaspekte bezogen: „Die Herrschaftsproblematik kann von D. Easton in diesem Sinne gar nicht erfaßt werden, da er allein auf der Systemebene argumentiert; das gesellschaftliche Individuum mit seinen Ansprüchen, bei der ‚allocation of values' berücksichtigt zu werden, ist aus seiner Analyse vollständig ausgeblendet. Seine Artikulation von Bedürfnissen und Interessen tritt nur in bezug auf die Entscheidungskapazitäten des politischen Systems in Erscheinung und wird demzufolge nicht im Hinblick auf seine Legitimität aus der Sicht der Individuen, sondern nur im Hinblick auf die Belastungen für die Kapazitäten des Systems thematisiert." (ebd., 97)

Ulrich Buczylowski schließlich stellt fest:

— Eastons Erklärungsansätze sind bestenfalls Plausibilitätsbegründungen, die begriffliche Unbestimmtheit und die logische Inkohärenz der einzelnen Variablen (z. B. kann kein Schwellenwert im Hinblick auf „support" angegeben werden) sowie insgesamt der große „Allgemeinheitscharakter" aller Elemente des Systems verhindern sowohl deren qualifizierende als auch quantifizierende Bestimmung (Buczylowski 1975, 118, 121).

Festzuhalten ist allerdings auch, daß die Kritik einerseits Gefahr läuft, Modellvorstellungen als Realanalysen mißzuverstehen (wie umgekehrt auch die Systemtheoretiker), andererseits die Möglichkeiten einer Weiterentwicklung der Systemtheorie, die nur ihres Universalitätsanspruchs wegen „allgemein" gehalten wurde, zu konkreten und komparativen Systemanalysen (durch spezifischere Theorieansätze und Formalisierungsversuche ergänzt) aber durchaus erweiterungsfähig ist oder wäre, hier bei weitem unterschätzt werden. Dies gilt auch für den großangelegten Theorieansatz von Talcott Parsons, dem wir uns jetzt zuwenden und dessen „Wiederentdeckung" in der zukünftigen sozialwissenschaftlichen Diskussion ich für sehr wahrscheinlich halte (bereits der Ansatz von Easton verdankt ihm viel).

2.3 Talcott Parsons' Struktur-Funktionalismus

Talcott Parsons' epistemologischer Standpunkt ist (in Anlehnung an Alfred North Whitehead) gegenüber einem „theorieblinden Empirismus" der „*analytische Realismus*", d. h. dem formalanalytischen hat ein empirisches System, dem logischen der faktische Zusammenhang zu entsprechen. In dem zu erstellenden konzeptionellen Bezugsrahmen (conceptual frame of reference) sollen mithin die Abstraktions- und Realitätsebene aufeinander bezogen sein. Damit ist zugleich ausgesagt, daß die Begriffe der Theorie trotz ihrer empirischen Orientierung nicht einfach mit konkreten Phänomenen, sondern mit der Realität inhärenten, universell gültigen und raum-zeitlosen Einheiten allgemeinster Art korrespondieren.

In einem „ersten Schritt" („The Structure of Social Action", 1937, ^{5}1967) wird durch Synthetisierung der Ansätze von Alfred Marshall, Vilfredo Pareto, Emile Durkheim und Max Weber von Parsons ein *allgemeiner Handlungsbezugsrahmen* entwickelt. Es geschieht dies in Rücksicht auf eine „voluntaristische Handlungstheorie", die als Fundament einer sozialwissenschaftlichen „general theory" begriffen wird, Hiernach sind Zwecke (Ziele), Mittel, Bedingungen und Normen irreduzible Bestandteile des Handelns: sie sind Strukturelemente der Handlungseinheit (*unit act*). Dem interessegeleiteten, zielgerichteten Handlungssubjekt wird gelegentlich seiner Situationseinschätzung und Zweck-Mittel-Orientierung zugleich ein Wahlverhalten unterstellt, das sich nach Eigenprämissen und bestimmten normativen Standards richtet.

Die Verbindlichkeit des Normensystems soll auf einer „moralischen Verpflichtung" (moral obligation) beruhen, die laut Parsons eine aktive, intentionale Durchsetzung von Werthaltungen in der je konkreten Handlungssituation wie generell den Gesamtzusammenhalt von Individuum und Gesellschaft verbürgen soll. Das antideterministische Postulat der analytischen Unabhängigkeit von Zielen und Normen wird — insofern die Annahme einer naturgegebenen Interessenidentität fiktiv ist, Interessen- und Zielkonflikte von Parsons aber nicht thematisiert werden — zur Crux der Ordnungsproblematik, die Parsons später mit Hilfe eines „normativen Integrationsansatzes" zu klären sich vornimmt.

Insbesondere wird der Begriff des „effort" gleich „Handlungsenergie", Anstrengung, Motivation oder auch „Wille" des Handelnden zum Fixpunkt normativer Integration, insofern dieser aktpsychologische Restfaktor qua „Handlungsspontaneität" konditionale und normative Elemente miteinander verbinden soll.

Es kann — cum grano salis — festgehalten werden, daß der frühe, mehr phänomenologische Anriß eines allgemeingültigen Aktionsschemas maßgeblich auf das *voluntaristische* Handlungssubjekt bezogen ist. Der „erste", im „unit act" zentrierte Handlungsbegriff Parsons' meint daher überwiegend noch das subjektiv eingefärbte Handeln eines hypothetischen Akteurs, der sein für sich zielbetontes Handeln an den situativen Umständen der Außenlage irgendwie auszurichten gehalten ist. Unklar jedoch bleibt in diesem Zusammenhang, auf welche bestimmte Weise die Aktormonaden schließlich Orientierung gewinnen und inwieweit gesellschaftliche Normen sich mit Richtung und Vollzug des voluntaristischen Handelns integrativ verklammern. Es erwächst Parsons überdies das Dilemma, daß eine genuin voluntaristische Theorie des Handelns Normen als freie Kreationen menschlich-gesellschaftlichen Handelns beansprucht, demgegenüber eine Theorie der normativen Integration sie wenngleich funktionalisiert, so letzthin doch auf die bloße Faktizität des alltäglichen Sinnprozessierens im Rahmen des Bestehenden zu reduzieren versucht ist.

Daß Parsons letzterem zuneigt, wird anhand der von ihm wesentlich mitbegründeten „*strukturell-funktionalen* Systemtheorie" deutlich. Hiernach differenzieren sich, etwas verkürzt gesagt (man könnte auch noch eine organische bzw. physiko-chemische sowie eine telische Systemebene unterscheiden), die Konfigurationen menschlichen Handelns in ein *personales, soziales* und *kulturelles* System, wobei letzteres gegenüber den beiden ersten ausdrücklich nicht selbst als ein Handlungssystem organisiert ist, vielmehr als Resonanzboden soziopolitischer „Selbstverständlichkeiten" (man könnte in marxistischer Terminologie auch von einem „Überbau" bzw. in einem anderen Kontext von der „Ziviltheologie" oder dem „pluralistischen Minimalkonsens" sprechen) in normativ-legitimatorischer Weise sowohl als Objekt der Orientierung wie auch als ein der Aktion von vornherein inhärentes Element oder ihre Komponente wirkt und durch Sozialisations- und Enkulturationsprozesse aufrechterhalten wird.

Aufgrund dieser „gedoppelten" Signifikanz schreibt Parsons der „Orientierung" nunmehr einen Primat gegenüber der eigentlichen Handlung zu: die tragenden Kulturmuster werden über werthafte Handlungsorientierungen schließlich zu Konstituanten von personalen wie sozialen Systemen. Der Bezugsrahmen hat sich demnach vom „unit act" auf das Begriffspaar oder Wechselverhältnis von „Akteur — Situation (Objekt)" verschoben, und die dyadische Interaktion von ego — alter verschränkt sich in der Folge zu einem System neuer Ordnung, das nicht einfach aus „Personen" besteht, sondern aus sozialen Beziehungsmustern und typisierten Verhaltensformen, die den interaktiven Handlungszusammenhang strukturell ausmachen.

Um den gesamtgesellschaftlichen Zusammenhang zu befestigen, gründet sich die Komplementarität in den Verhaltenserwartungen koagierender Handlungspartner auf ein ihnen gemeinsames (common) Wert- und Normensystem. Zur Integration bedarf es daher wesentlich der *Internalisierung* wie *Institutionalisierung* von wertbezogenen Handlungs- und Orientierungsmustern, die zudem so konjugiert zu sein haben, daß der Fortbestand selbstgenügsamer oder (relativ) autarker Sozialsysteme abgesichert ist durch funktionale Vorbedingungen oder „Prärequisiten" des Handelns.

Mit dieser Funktionszuweisung oder Handlungsvorgabe aufgrund von Systemerfordernissen, welche die Relationengefüge gesellschaftlichen Handelns im Sinne normativer Gebote nach Maßgabe des *kulturellen Wertsystems* auf Funktionsnotwendigkeiten reduzieren, schließt sich modellhaft der reziprok-integrative Kreis von „personality", „social system" und „culture", die allesamt vom konkreten Sozialverhalten abstrahiert sein sollen. Verdeutlicht wird dieser „Zwischenschritt" durch die „*pattern variables*" als Strukturmuster-Variablen oder Handlungsmöglichkeiten, die nach Parsons grundlegende Wahldilemmata, nicht aber Kontinua darstellen (Parsons, Shils 1951, [5]1962). Die situative oder konstellationsbedingte Objektorientierung zerfällt hiernach in fünf alternative Muster der Interaktion zwischen Handelnden, die analog der Unterscheidung von „Gemeinschaft — Gesellschaft" von F. Tönnies resp. der „mechanischen" und „organischen Solidarität" bei E. Durkheim bezeichnet werden als:

„affectivity vs. affective neutrality;

self-orientation vs. collectivity-orientation;
universalism vs. particularism;
ascription vs. achievement;
specificity vs. diffuseness" (ebd., 77).

Der „zweite (große) Schritt" erfolgt in Parsons' wohl bekanntester Arbeit „*The Social System*" (1951, [4]1968). Zunächst stellt Parsons erneut den handlungstheoretischen Bezugsrahmen und seinen Systembegriff vor. Das auf die Einheiten der Aktion und Interaktion bezogene Schema gilt ihm als ein relationales Beziehungsgeflecht, insofern ein Teil der Erwartungen von ego aus der vermuteten oder wahrscheinlichen Reaktion von alter auf die möglichen Aktionen von ego besteht, die seitens ego schließlich so antizipiert wird, daß sie auf seine eigenen Handlungsoptionen entscheidend ein- oder zurückwirkt (Prinzip der „double contingency of interaction"). Die verschiedenen Situationselemente erlangen hierdurch eine expressiv-symbolhafte Bedeutung für die Organisation von Erwartungssystemen, sie sind als kommunikative Zeichen oder Ausdrucksformen möglicher Reziprozität die Anfänge einer gemeinsamen „Kultur", die an den personalen und sozialen Aktionsformen wesentlich teilhat.

Um es noch einmal zu verdeutlichen: personales und soziales System sind Aktionssysteme, das kulturelle hingegen ist ein das Insgesamt aller Orientierungen und Artefakte verkörperndes symbolisches System. Außerhalb relativ stabiler, kulturell tradierter und gesellschaftlich befestigter Symbolsysteme ist eine Vervollkommnung menschlicher Handlungssysteme für Parsons nicht möglich. Ihre Elaboration steht in engem Zusammenhang mit normativen Handlungsorientierungen, die wie die sie flankierenden Erwartungen und Sanktionen (positiv/negativ) für soziales Handeln als unabdingbar betrachtet werden und schon deshalb in den Aktionsbezugsrahmen eingelassen sind.

Parsons weist das „kulturelle System" sonach als ein gleichermaßen überliefertes, erlerntes und weithin einverständlich geltendes Wertgefüge aus, das sowohl die Resultante als auch eine Determinante sozialer Interaktionen darstellt. Die überkommenen, durch Lernprozesse in den einzelnen Sozialisations- und Enkulturationsphasen erst anzueignenden und kraft ihrer von den gesellschaftlich Handelnden überwiegend geteilten (shared) oder ihnen gemeinsamen (common) Kulturmuster aber sind allein in den Aktionssystemen wirklich.

Idealtypus eines sozialen Handlungssystems nun wäre nach Parsons jenes aus Interaktionsprozessen sich verdankende Gesellschaftsgefüge oder Sozialgebilde, das alle wesentlichen Voraussetzungen seiner Persistenz aus sich heraus erbringt und ansonsten in funktionsspezifische Teilbereiche oder Subsysteme zerfällt. Wir verfolgen daher im weiteren, wie Parsons im Lichte der vorläufigen oder (gegenüber einer axiomatisch-deduktiven) „zweitbesten" strukturell-funktionalen Theorie die Hauptbezugspunkte, strukturellen Komponenten und Bestandserfordernisse des *sozialen Systems* im Funktionszusammenhang mit dem Persönlichkeits- und dem kulturellen System herausarbeitet. Das „soziale System" bildet demgemäß die Kristallisationsebene sowohl der Theorieentfaltung als auch des Praxisbezuges Parsons'.

Im Zusammenhang hiermit ist eine *Schwerpunktverlagerung* oder Verkehrung des analytischen Blickwinkels herauszustellen, insofern Parsons den „ersten" Handlungsbegriff unter Einschluß der *voluntaristischen* Subjektivität nunmehr aufzugeben bereit ist zugunsten eines „zweiten" Begriffs des *generalisierten* oder auch „*Systemhandelns*" — und zwar unter Aussparung der personalen Ich-Autonomie (Individuation) oder zumindest einer Bedeutungsminderung subjektiver Momente. Diese Verkürzung oder Substanzverschiebung äußert sich vor allem in der systemischen Verschränkung des Rollenbegriffs mit dem des Handlungssubjektes.

Parsons' Theorie des „Social System" zentriert im Phänomen der Institutionalisierung von Wertorientierungsmustern in Rollen. Die „*Rolle*" (oder auch „Status-Rolle") wird zu einer dem einfachen Handeln übergeordneten Struktureinheit des sozialen Systems erklärt (Parsons [4]1968, 25), deren vermöge die auf Normkonformität gerichteten „Bedürfnisdispositionen" des Persönlichkeitssystems in die individuelle Motivation von Verhaltensweisen übernommen und durch die Verinnerlichung „institutionalisierter Rollenerwartungen" sowohl mit den sie umgreifenden Wertmustern des kulturellen Systems zusammengebracht als auch in das soziale System einbezogen oder „vereinnahmt" werden. Darüber hinaus wird ein *hierarchischer Aufbau der Systeme* untereinander sichtbar: das kulturelle Wertsystem als semantisch-symbolischer Kom-

plex ist maßgeblich an der Prägung oder Bestimmung der sozialrelevanten Normenstrukturen beteiligt, auf die hin sich wiederum
(aufgrund der vertikalen Differenzierung) die Bedürfnisdispositionen
personaler Systeme zu beziehen haben.

Die wechselseitige Durchdringung (interpenetration) und Hierarchisierung personaler, sozialer und kultureller Systeme wird vornehmlich begrifflich-taxonomisch geleistet. So hat der Prozeß, den
Parsons bei sozialen Systemen „Institutionalisierung" nennt, nahezu ausschließlich dem Vorgang der „Internalisierung" von Werten
(des kulturellen Systems) und Normen (des sozialen Systems) zu entsprechen (Parsons 1973, 226). Es folgt hieraus das grundlegende
„*dynamische Theorem*" der institutionellen Integration von Hand-
lungselementen in das soziale System: „Diese Integration eines Sat-
zes gemeinsamer Wertmuster mit der Struktur einer internalisierten
Bedürfnisdisposition der konstituierenden Persönlichkeiten ist das
zentrale Phänomen der Dynamik sozialer Systeme. Daß die Stabilität jedes sozialen Systems mit Ausnahme des flüchtigsten Interak-
tionsprozesses von einem Grad solcher Integration abhängig ist,
kann als das grundlegende Theorem der Soziologie gelten." (Parsons [4]1968, 42, zit. nach Tjaden 1971, 188)

Schließlich sei noch das bekannte AGIL-Schema von Parsons
(zuerst entwickelt in Parsons, Bales 1953, siehe dazu weiter unten
die Rekonstruktion von R. Münch, 1982 b) angeführt, das seitdem
vielfach variiert und mit jeweils anderen Phasenfolgen (z. B. LIGA)
„durchgespielt" wurde. Nach dem AGIL-Schema (gebildet aus den
Anfangsbuchstaben der englischen Begriffe) hat jedes System vier
Grundprobleme zu lösen:

(A) die Anpassung des Systems an seine äußere Umgebung (adaptation);

(G) die Verwirklichung von Systemzielen und Zielselektion (goal-
attainment, goal-selection);

(I) die Integration der Systemelemente (integration);

(L) die Aufrechterhaltung der systemeigenen Handlungs- und Wert-
strukturen sowie eine erfolgreiche Spannungsbewältigung (latent pattern maintenance and tension management).

Die Prozeßfunktionen (A) und (G) sichern die Leistungsfähigkeit des
Systems gegenüber seiner Umwelt, während (I) und (L) funktionale
Strukturerfordernisse im Innern darstellen, die nicht direkt umwelt-

bezogen sind. Die strukturelle Differenzierung der Gesamtgesellschaft richtet sich nach diesen vier „Systemproblemen", d. h. es bilden sich bestimmte Subsysteme aus (ökonomisches und politisches System, „Gemeinschafts-" und sozial-kulturelles System), die auf jeweils einen Funktionsbereich schwerpunktartig spezialisiert sind, zueinander aber in einem Verhältnis der Interdependenz stehen (auf die Interpenetrationszonen in bezug auf die je spezifischen Umwelten und die generalisierten Medien: Geld, politische Macht, Einfluß sowie Wertcommitments und Argumente kommen wir weiter unten noch zu sprechen). So ist z. B. der A-Quadrant des Vierfelderschemas dem Subsystem „Wirtschaft", die G-Funktion dem politischen Bereich („polity") zugewiesen. Das Modell im ganzen ist – wie schon bei Deutsch und Easton – deutlich auf die Eigensteuerung, relative Selbstgenügsamkeit oder größtmögliche Autarkie sozialer Systeme qua bestands- und leistungssichernde Aktionsgebilde abgestellt.

Wir kommen jetzt zu einer *Zwischenbilanz*, die wir an Parsons' Konzeption der *Institutionen* festmachen und verdeutlichen wollen. Daß Parsons sowohl von „Institutionen" als auch von „Institutionalisierung" spricht, brauchen wir in diesem Zusammenhang nicht weiter zu beachten; denn damit ist (wie auch bei den Begriffen „Struktur" und „Funktion" bzw. „Status" und „Rolle") zum einen der mehr statische, zum anderen der prozessual-dynamische Aspekt gemeint, die beide aufeinander verwiesen sind. Da Parsons dazu neigt, diese analytische Unterscheidung zu verwischen, kann von einer systematischen Distinktion mithin nicht gesprochen werden. Wie wir gesehen haben, sind Status-Rollen-Bündel dem einfachen Handeln überstellte Struktureinheiten des sozialen Systems; auf einer etwas höher angesetzten Ebene sind es die Institutionen. Sie sind hierin mit institutionalisierten Rollenerwartungen verknüpft, die normengerechtes Verhalten definieren: „Wenn derartige Systeme von Erwartungsmustern so fest in das Handeln eingegangen sind, daß sie ganz selbstverständlich als legitim betrachtet werden, so bezeichnet man sie, im Hinblick auf ihren Platz in dem gesamten sozialen System, zweckmäßigerweise als ‚Institutionen'. Das grundlegende, stabile Strukturelement der sozialen Systeme ist also die Struktur jener institutionellen Muster, durch die die Rollen der Handelnden in den jeweiligen Systemen definiert werden." (Parsons [2]1968, 56)

Institutionen als Komplexe von institutionalisierten Rollenintegraten oder Statusgefügen sind für soziale Systeme von „strategischer" Bedeutung und haben eine *relationale, regulative* und *kulturelle Funktion*, insofern sie das Geflecht sozialer Beziehungen ordnen, durch Ziel- und Mittelbegrenzung die Verteilung von sozialen Belohnungen sowie die Zuordnung gesellschaftlicher Positionen regeln und aufgrund ihres Vermitteltseins über Werte den Sinnzusammenhang des sozialen Systems repräsentieren (Parsons [4]1968, 51 ff.). Allgemeiner betrachtet, verbinden sich *Handlungskonzept* und *Systemmodell* bei Parsons nahezu problemlos zu einer Einheit, die durch die Überbetonung normativer Komponenten abgesichert ist. Hierbei ist „Institution" der *Brückenbegriff*, welcher seiner Gewichtung nach die Kongruenz von „Motivation" und „Wertsystem" fordert und am Basisaxiom der normativen Integration wie der Stabilisierung von Systemstrukturen festgemacht ist. Soziale Normen verdanken ihre Persistenz daher zugleich der *Internalisierung* im *personalen* wie der *Institutionalisierung* im *sozialen* System und sind beiderseits vom *kulturellen* Wertsystem abgenommen.

Indem Parsons sich auf die normative Integration der Gesellschaft kapriziert, sprengt er seinen *voluntaristischen* Handlungsrahmen. Manfred Clemenz stellt in diesem Zusammenhang fest: „Parsons kann entweder eine genuin voluntaristische Handlungstheorie entwickeln, in der Normen eine Rolle als autonome Elemente der Orientierung menschlichen Handelns spielen, oder aber eine systematische Theorie der normativen gesellschaftlichen Integration, in der Normen allerdings funktionalisiert und faktiziert werden — nicht aber beides zugleich." (Clemenz 1970, 53)

Werte und Normen allein aber erklären noch nicht den spezifischen Charakter gesellschaftlicher Funktionszusammenhänge. So sind auch die „überhistorischen" Systematisierungsversuche Parsons' wie z. B. die „pattern-variables" und das AGIL-Schema lediglich formal-klassifikatorischer Art. Es finden sich bei Parsons jedoch — wenn überhaupt — nur spärlich Kategorien, die das materielle Substrat von Gesellschaft einzufangen vermögen (Lockwood 1971, 176 ff.). Die zuerst handlungsorientierte, später systemtheoretisch ausgerichtete Gesamtkonzeption Parsons' krankt mithin an Formalbestimmungen, die ex post facto mit jedwedem Inhalt aufgefüllt werden können. Soziale Beziehungen erscheinen aufgrund des Fehlens echter Ableitungen als bloße Derivate vorgegebener Wertmuster. Demzufolge wird das sog. hobbesische Problem der Möglichkeit/Notwendigkeit gesamtgesellschaftlicher Ordnung tautologisch formuliert und vorgängig entschieden als postuliertes Vorhandensein eines verbindlichen Wert- und Normensystems, das den „Flucht- und Angelpunkt" aller Theorieansätze Parsons' bildet (siehe auch den Begriff „conscience collective" bei E. Durkheim, vgl. Bergmann 1967).

Indem Parsons vom „voluntaristischen Handlungsakt" („e r s t e r" Handlungsbegriff) über das „Orientierungshandeln" zum „verallgemeinerten Systemhandeln" („z w e i t e r" Handlungsbegriff) übergeht, wobei dieser „zweite" Handlungsbegriff auf Institutionen hingeordnet ist, die als mehr oder weniger verdinglicht aufscheinen, erlischt im gleichen Maße auch die Bedeutung des „ersten", noch subjektnahen Handlungsverständnisses, das fortan als hierin aufgehoben gilt: Handeln wird zu weithin rezeptivem oder adaptivem Verhalten. So interessiert Parsons vornehmlich die systemadäquate Motivierung der Individuen zur Erfüllung institutionalisierter Erwartungen. Er entwirft das Strukturmodell einer „übersozialisierten" (Wrong 1974) und der Tendenz nach entsubjektivierten Persönlichkeit mit Über-Ich, aber ohne Es (Kunze 1972, Nolte 1970); denn allein rollenkonforme Verhaltensmuster werden bei gelungener Internalisierung zu Bedürfnisdispositionen, da zudem auf sozialer Ebene Normkonformität positiv, Abweichung dagegen negativ sanktioniert wird. Aufgrund der Entmaterialisierung der psychischen Konstitution aber wird Parsons auch der verselbständigte Charakter gesellschaftlicher Institutionen nicht zum Problem. Die gleichsam in sich legitimierten kulturellen Werte sowie die mit ihnen und untereinander verbundenen sozialen Normen und individuellen Bedürfnisdispositionen sollen zugleich der Ausdruck einer konsensuellen Basis des Gesamtsystems sein, in welchem Herrschafts- und Machtphänomene per se mit dem Charakter des „Rechtmäßig-Institutionalisierten" ausgestattet sind, indem sie Stabilität garantieren (Messelken [2]1970, 23 ff., 72 ff.). Damit verkürzt sich die strukturell-funktionale Theorie Parsons' der Tendenz nach zu einer „Apologie des status quo" im Zeichen drohender Entropie.

Unser *Zwischenfazit* lautet: Die harmonistische Annahme einer prinzipiellen Identität von Einzelnem und Allgemeinem in einem vorwiegend über Werte und Normen (sowie deren Verinnerlichung resp. Anerkennung und Befolgung) integrierten, institutionell-rollenmäßig befestigten und sanktionell gestützten sozialen System ist wegen der Ausschaltung von sozialer Phantasie und Handlungskreativität individuell/kollektiv handelnder konkreter Menschen für die *politische Praxis* nicht schlüssig; denn einerseits wird auf verändernde politische Motivationen nicht zu verzichten sein, zum anderen können die Emanzipationsbestrebungen des Menschen von gesellschaftlich nicht mehr erforderten Zwängen zumindest langfristig auch repressiv nicht verhindert werden. Dies geht jedoch über Parsons hinaus, nach dessen Verständnis individuell-kollektive Interessenlagen, Bedürfnisdispositionen, soziale Normen und Wertpräferenzen notwendig zusammenfallen, also *koinzidieren*. Es ist dies seiner theoretischen Perspektive insgesamt verschuldet, insofern von Parsons „das Persönlichkeitssystem primär nach seiner Bedeutung für das Funktionieren sozialer Systeme und nicht nach den gesellschaftlichen Bedingungen seiner Selbstverwirklichung untersucht wird." (Brandenburg 1971, 170)

In einem weiteren („dritten") Schritt wendet sich Parsons in universalhistorischer Perspektive den Problemen des *evolutionären Wandels* zu (vgl. u. a. Parsons 1975 a, Parsons 1972). Selbstredend werden die systemtheoretischen Grundmuster von Parsons beibehalten.

> „Der Kern eines Gesellschaftssystems bildet die normative Ordnung, durch die das Leben einer Bevölkerung kollektiv organisiert wird. ... Die Legitimation der normativen Gesellschaftsordnung ist das zentrale Funktionsproblem der Wechselbeziehungen zwischen Gesellschaft und Kultursystem. Legitimationssysteme definieren den Begründungszusammenhang für die Rechte und Pflichten der Mitglieder. Vor allem, wenn auch nicht ausschließlich, bedarf der Gebrauch von Macht der Legitimation. Dem hier verwendeten Begriff von ‚Legitimation' muß nicht unbedingt das Adjektiv ‚moralisch' im modernen Sinne zukommen. Er impliziert jedoch, daß es ‚richtig' ist, in Übereinstimmung mit der institutionalisierten Gesellschaftsordnung zu handeln." (Parsons 1976, 127 f.)

Für eine politikwissenschaftliche Orientierung, der hier vor allem nachgegangen werden soll, führt Parsons in Sonderheit aus, daß eine Gesellschaft in erster Linie „politisch organisiert" ist: „Sie muß Loyalität gegenüber einem Gemeinschaftsgefühl sowie gegenüber einer ‚korporativen Agentur' der Art, die wir üblicherweise als Regierung bezeichnen, aufweisen, und sie muß auf einem bestimmten Territorium eine relativ effektive normative Ordnung etablieren." (Parsons 1975 a, 10)

Wir wollen die allgemeinen Herleitungen von Parsons auf dieser Stufe noch etwas besser in den Blick nehmen. Dies gilt insbesondere für den *politischen* Aspekt in den Beziehungen zwischen dem personalen und dem Sozialsystem:

„Politische Strukturen betreffen den Prozeß der Organisation kollektiven Handelns zur Erreichung kollektiv wichtiger Ziele sowohl auf gesamtgesellschaftlicher Ebene als auch auf territorial oder funktional engeren Ebenen. Die Entfaltung des politischen Bereichs erfordert eine Status-Differenzierung innerhalb der Erwachsenen-Bevölkerung durch Kombination folgender zwei Aspekte: 1. Umfang der Verantwortung im kollektiven Handeln; dies begründet die Institutionen Führung und Autorität. 2. Grad an Kompetenz hinsichtlich Wissen, Fertigkeiten usw.; dadurch wird dem jeweils Kompetenteren größerer Einfluß in kollektiven Beratungen zugewiesen. Die Ausdifferenzierung eines politischen Systems aus dem ursprünglichen Zusammenhang des gesellschaftlichen Gemeinwesens führt zur Institutionalisierung von neuen Statuspositionen mit höherem Ansehen in beiden Bereichen – und häufig bestehen *komplexe* Beziehungen zwischen ihnen.

Die Beziehungen solcher Status-Positionen zur religiösen Führungsspitze, insbesondere der Grad der Differenzierung zwischen Führungspositionen im religiösen und im politischen Bereich, kann große Schwierigkeiten aufwerfen.

Den Schlüssel dazu liefert der Hinweis auf die Notwendigkeit von Legitimation – nicht nur der gesellschaftlichen Ordnung, sondern insbesondere auch der politischen Herrschaft. Eine weitere Quelle von Schwierigkeiten entspringt auf einer unteren Ebene der kybernetischen Hierarchie. Erhaltung von normativer Ordnung erfordert, ... daß sie prinzipiell und überall durchgesetzt werden kann und wird – die durch Normen und Werte geschaffenen Verhaltenserwartungen müssen im wesentlichen erfüllt werden, auch wenn dies oft nur in Ansätzen geschieht. Grundlegende Bedingung dafür ist die Internalisierung der gesellschaftlichen Werte und Normen durch die Gesellschaftsmitglieder, weil diese Sozialisation die Konsensus-Basis eines gesellschaftlichen Gemeinwesens darstellt. Umgekehrt wird Sozialisation in Hinblick auf Konsensus an verschiedenen Stellen durch ineinandergreifende Interessenzusammenhänge, insbesondere ökonomischer und politischer Art, verstärkt. Keine Gesellschaft kann jedoch angesichts der vielfältigen Erfordernisse und Belastungen Stabilität bewahren, wenn die Interessenkonstellationen ihrer Mitglieder nicht in Solidarität und internalisierten Gefühlen von Loyalität und Verpflichtung begründet sind." (Parsons 1976, 133 f.)

Kurzum: „Funktionalistisch gesehen verlangt also eine Gesellschaft von ihren Mitgliedern — als Persönlichkeitssystemen — in erster Linie folgendes: Ihre hinreichende Motivation, einschließlich der Bereitschaft, die Gebote der normativen Gesellschaftsordnung zu befolgen." (ebd., 135) Damit wird erneut der Primat des kulturellen Wertsystems als *normativ-legitimatorische* Instanz bekräftigt: „Das gesellschaftliche Gemeinwesen beruht auf einem übergeordneten System *kultureller* Grundorientierungen, das vor allem die Ursprungsquelle der Legitimation seiner normativen Ordnung ist. Diese Ordnung bildet folglich den wichtigsten Gesamtbezugsrahmen für das politische und ökonomische Subsystem, die jeweils die direkte Verbindung zur Persönlichkeit und zur organisch-physischen Umwelt herstellen." (ebd., 137 f.) Anders ausgedrückt (im Sinne kybernetischer Kontrollbeziehungen): „Das Persönlichkeitssystem ... ist ein Steuerungssystem für den Verhaltensorganismus, das Sozialsystem steuert die Persönlichkeiten seiner beteiligten Mitglieder, und das kulturelle System ist ein Steuerungssystem für Sozialsysteme." (ebd., 171)

Für das *Paradigma evolutionären Wandels* ist der systemische Prozeß der Steigerung adaptiver Kapazitäten (adaptive upgrading) entscheidend, der durch Differenzierung (funktionale Spezifizierung) und Integration verursacht wird und auf einem jeweils neuen Systemniveau zu befestigen ist. In *politischer* Perspektive kann festgehalten werden: „Den prototypischen Fall bilden Systeme, die in Ober- und Unterklassen geteilt sind und in denen die Oberklasse den Status ‚echter' Mitgliedschaft monopolisiert hat, wobei Angehörige der Unterklasse, sofern sie überhaupt zur Gesellschaft gerechnet werden, Bürger zweiter Klasse sind, Prozesse der Differenzierung und des adaptiven Aufschwungs machen es zunehmend schwieriger, eine derartig einfache Zweiteilung aufrechtzuerhalten." (ebd., 146) Vor allem müssen die Wertmuster politischer Kultur „in eine Form gebracht werden, die dem sich neu entwickelnden Systemtypus angemessen ist. ... Dieser Prozeß der Generalisierung trifft jedoch oft auf erheblichen Widerstand, weil die Bindung (commitment) an das allgemeine Wertmuster einer Gesellschaft von vielen Gruppen als Festlegung auf seinen besonderen Inhalt auf der vorigen niedrigeren Allgemeinheitsstufe erlebt wird. Ein solcher Widerstand soll als ‚Fundamentalismus' bezeichnet werden." (ebd., 146 f.)

Parsons, der allgemein zwischen primitiven, intermediären und modernen gesellschaftlichen Stadien unterscheidet, wobei die Stufen durch das Aufkommen der Schriftsprache einerseits bzw. durch die Institutionalisierung universalistischen und hochgeneralisierten Rechts mit festen Verfahrensabläufen andererseits vermittelt sind, benennt schließlich vier Möglichkeiten oder Relationen von Systemen, die einen „Entwicklungsdurchbruch" erzielen, im Vergleich zu anderen Systemen:

> „Ein solcher Durchbruch gibt der Gesellschaft in entscheidender Hinsicht einen neuen Grad an adaptiver Kapazität und verändert damit ihre Konkurrenzbedingungen zu den anderen Gesellschaften. Allgemein eröffnet diese Situation vier Möglichkeiten für diejenigen Gesellschaften, die nicht unmittelbar an der Innovation teilhaben. Die Innovation kann einfach von mächtigeren, wenn auch weniger fortgeschrittenen Rivalen zerstört werden. Ist die Innovation allerdings kultureller Art, so ist es schwierig, sie völlig zu zerstören. Sie kann sogar dann noch große Bedeutung erlangen, wenn ihre Ursprungsgesellschaft zerstört ist. Zum zweiten können die Konkurrenzbedingungen durch die Übernahme der Innovation einander angeglichen werden. Der gegenwärtige Drang zur ‚Modernisierung' in den unterentwickelten Gesellschaften bietet ein offensichtliches und wichtiges Beispiel. Eine dritte Alternative ist das Entstehen einer isolierten ‚Nische', in der die Gesellschaft ihre alte Struktur relativ ungestört aufrechterhalten kann. Die letzte Möglichkeit ist Verlust gesellschaftlicher Identität aufgrund von Desintegration oder Absorption durch ein größeres gesellschaftliches System. Diese Möglichkeiten bezeichnen Typen und können in vielen komplexen Verbindungen und Abschattungen auftreten." (ebd., 147 f.)

Wir wollen jetzt die Gesamttheorie von Parsons durch Einbringung der letzten („vierten") Stufe komplettieren, die sich vor allem auf die *generalisierten Interaktionsmedien* (Geld, Macht, Einfluß und Wertbindungen) bezieht (Parsons 1980). Wir werden dabei auch bislang vernachlässigte Aspekte einbringen, um damit Parsons' Systemphilosophie von der Spätphase her in unserer Darstellung abzurunden. Auch die funktional-strukturelle Theorie Niklas Luhmanns, die wir weiter unten behandeln, verdankt dem großangelegten Theorie-(ent)wurf von Parsons vieles (wenn nicht alles), sie ist gleichsam die „reflexive" Form des Struktur-Funktionalismus (vgl. Schmid 1974, 135), indem Luhmann in eigenwilliger Weise vom Gesamtentwurf Parsons' abstrahiert, ohne jedoch dessen *Theoriekomplexität* zu erreichen.

Medien sind als kommunikative Strukturen Zusatzeinrichtungen zur Sprache, die Selektionen übertragen und damit den prozessualen Charakter von Systemen im Austausch mit anderen sicherstellen. Die Interaktions- oder Austauschmedien sind als Kommunikationsmittel darüber hinaus „Sondersprachen" für den Selektionstransfer von evolutionär wichtigen Handlungsmustern. Sie sind als Selektionsmechanismen „gesellschaftliche Kapazitäten" (vgl. Jensen 1980a, 15 ff.), die in eine normative Rahmenstruktur eingebettet sind, und ihre Steuerungsleistungen beziehen sich auf die Re-Integration funktional ausdifferenzierter Systeme als gesamtgesellschaftlichen Kommunikationszusammenhang. Medien dienen, ein für die anthropologisch akzentuierte Institutionenlehre Arnold Gehlens zentraler Begriff, der „*Entlastung*"; denn: „Niemand kann alle Selektionen für das notwendige Handeln in der Welt allein treffen ..., wenn er überhaupt ein ‚normales' Leben in der Gesellschaft führen will, so muß er bereit sein, die Selektionen anderer zu übernehmen und die Illusion der Autarkie preiszugeben." (ebd., 37)

Nach diesen eher allgemeinen Hinweisen und Erläuterungen wollen wir uns jetzt den Explikationen von Parsons zuwenden. Wir vernachlässigen dabei die zahlreichen Versuche einer Schematisierung unter Einschluß von Bereichsfeldern und Verlaufsrichtungen, sondern wollen die „Theorie der sozialen Interaktionsmedien" von Parsons statt dessen (in komprimierter Weise) *verbalisieren*.

Im *politischen Prozeß* ist für Parsons *Macht* ein generalisiertes Interaktionsmedium, „das in gewisser Weise in seiner logischen Struktur — wenn auch durchaus nicht in seiner substantiellen Bedeutung — dem Geld als generalisiertem Medium des ökonomischen Prozesses entspricht." (Parsons 1980, 63) *Macht* wird analog zum *Geld* als ein *zirkulierendes Medium* begriffen, das innerhalb des politischen Systems umläuft, aber über die subsystemischen Grenzen hinweg auch in alle angrenzenden Teilsysteme hinausgreift und hineinreicht. Macht als politische Steuerungssprache ist dabei auf das Problem der Legitimität verwiesen, so daß auch *Herrschaft* in den Blick kommt als ein *institutioneller Code*, „in dem die Verwendung der Macht als Medium organisiert und legitimiert ist." (ebd., 83) Demgegenüber ist *Autorität* „bezogen auf den Status in einem Kollektiv, einschließlich insbesondere des Rechts, aufgrund dieses Status Macht zu erwerben und einzusetzen." (ebd., 84) Auch Autorität muß daher für Parsons institutionalisiert sein, was den Gesichtspunkt von Macht- und Autoritätshierarchien miteinschließt. Es sei dies generell „nur möglich kraft einer institutionalisierten normativen Ordnung, die das einzelne Kollektiv transzendiert – etwa in Form vertraglicher Vereinbarungen oder durch andere Typen wechselseitig bindender Verpflichtungen." (ebd., 85)

Der Status im Kollektiv definiert die Autorität, der durch den vergleichsweise „freien" Einsatz von *Einfluß* aufgebrochen oder relativiert werden kann, insofern er nicht auf „Amtsautorität" angewiesen oder gestellt ist. Wird „Gesellschaft" als ein ineinander verschränktes System von Kollektiven verstanden, erhebt sich die Frage nach einem „zentralen Focus der *kollektiven Autorität*" und damit auch der *Machtkontrolle*. Daneben besteht das Problem, daß monopolisierte oder als legitim angesehene Macht durch Gewalt übermächtigt und damit das Verpflichtungssystem aufgebrochen und zerstört werden kann (sowohl unter dem Innen- als auch dem Außenaspekt). Aber auch das *gleiche Wahlrecht* ist für Parsons eine Form von Macht. Vor allem „gegenüber dem Druck von Statusgleichen" ist das Grundprinzip „one man, one vote" für Parsons von „überwältigender empirischer Bedeutung" (ebd., 89), insofern damit eine *universalistische* Komponente in bezug auf die Musterbildung normativer Ordnung manifestiert wird. Dem entspricht juridisch das Prinzip der „Gleichheit vor dem Gesetz" (ebenso der Grundsatz des „gleichen Schutzes vor den Gesetzen"), so daß insgesamt ein verfassungsrechtlicher Rahmen für anspruchsvollere und fortgeschrittenere Kollektivorganisationen gegeben ist.

Voraussetzung ist indes die „Mitgliedschaft" in einem Kollektivkörper, wofür die Kriterien unterschiedlich definiert sein können (wenn nicht gar müssen), so daß die Variationsregeln u. U. nicht sehr weit greifen. Daneben wird im Bereich der Politik „auch die ‚Tonlage' der politischen Gesamtrichtung durch den Typus der Spitzenpolitiker beeinflußt, die bereit sind, die Führungspositionen zu übernehmen und – im typischen Fall durch einen Wahlprozeß – mit der Amtsautorität zur Wahrnehmung dieser Funktionen ausgestattet werden." (ebd., 91) Hier erfolgt in der Regel eine Konzentration auf den erfolgreichen Kandidaten mit der Hoffnung auf Führungseffektivität und politische Verantwortlichkeit, und es spielt der Gedanke eines Konsenses für gemeinsame, wenngleich begrenzte Zeithorizonte herein, welche Solidarität ermöglichen oder stiften. Hierauf beruht für Parsons ein *effektives Kollektivhandeln* mit *integrativen* Vorteilen in Richtung zunehmender Gleichheit.

Macht wird in diesem Argumentations- und Begründungszusammenhang als ein „generalisiertes Medium zur Mobilisierung von Commitments oder Verpflichtungen zu effektivem Kollektivhandeln verstanden." (ebd., 96) Dabei bildet Hierarchie nur einen (wenngleich konstitutiven) Teil der Strukturen von Machtsystemen, insofern kein Kollektiv (nicht einmal der Nationalstaat) weder für sich als totales Sozialsystem alleinsteht noch absolut bzw. autark sein kann, sondern stets vor „Grenzproblemen" steht, was diverse Unterstützungsleistungen und Funktionsgarantien „von außen" betrifft, die zu berücksichtigen sind. Macht ist daher nicht immer ein „Null-Summen-Problem", sondern differenzierter zu betrachten im Hinblick auf das Spannungsverhältnis zwischen *bindenden Verpflichtungen* und *Vertrauen*, das parallel steht zu der ideengeschichtlich und politiktheoretisch bestens eingeführten Beziehung zwischen *Zwang* und *Konsens* (ebd., 100).

Mit dem Begriff der „bindenden Verpflichtung" (obligation) ist daher keine gleichsam „bedingungslose Machtübertragung" impliziert, vielmehr ist davon auszugehen, daß das politische Kreislaufsystem (in bezug auf mitgemeinte „Bürgerpflichten" oder voluntaristisch zurückgebundene gesellschaftsvertragliche Individualerfordernisse) eine Effektivität und politische Legitimation anderer Art anstrebt, die darin besteht (und bestehen muß), durch *Kombinationssteigerungsmöglichkeiten* so etwas wie eine „bestandssichernde Kontinuität" zu erzielen. Nicht „Überleben", sondern „Kontinuität" ist daher das Hauptanliegen der Systemtheorie.

Ohne uns hier in Einzelheiten zu verlieren, insbesondere was die Parallelkonstruktionen zu wirtschaftlichen bzw. monetären Abläufen anlangt, wie sie die analytischen Modelle der ökonomischen Theorie vorsehen, bleibt festzuhalten, daß *Macht* die Effektivität kollektiven Handelns symbolisiert sowie gemeinsame Leistungspflichten von Mitgliedseinheiten aktiviert — „und zwar im Interesse einer Durchsetzung von zielgerichteten Entscheidungen, die das betreffende Kollektiv binden." (ebd., 187)

Einfluß nun ist für Parsons ein generalisierter Mechanismus, durch den Einstellungen oder Meinungen bestimmt werden und der einen

Meinungswandel bewirken kann: „Einfluß ist eine Art, auf die Einstellungen und Meinungen anderer durch intentionales (wenn auch nicht unbedingt rationales) Handeln einzuwirken – mit der möglichen Folge, die Meinungen zu ändern oder eine Änderung zu verhindern." (ebd., 139) Einfluß ist ein symbolisches Medium der Überredung (persuasion) und steht unter Rechtfertigungszwang: „Wer Einfluß nutzt, steht unter dem Druck, seine Aussagen zu rechtfertigen, mit denen er *Alters* Handeln beeinflussen will, indem er sie zu Normen in Beziehung setzt, die für beide verbindlich sind." (ebd., 152) Eine Rechtfertigungskategorie für Einfluß besteht in der Reputation: „Dieselbe Aussage hat mehr ,Gewicht', wenn sie jemand mit hoher Reputation für Kompetenz, Zuverlässigkeit, Urteilsvermögen etc. äußert, als wenn sie von jemandem ohne Reputation oder gar mit einem Ruf der Unzuverlässigkeit stammt." Die angesprochene „gemeinsame Komponente" wird von Parsons als „moralische Verantwortung" (fiduciary responsibility) bezeichnet (ebd., 153), die zu einem bestimmten Handeln im Interesse einer integralen Solidarität appellativ anleitet.

Als *politischer Einfluß* wird „die Art von Einfluß aufgefaßt, die im Kontext kollektiver Zielerreichung angesiedelt ist und die Form generalisierter Überredung ohne Macht annimmt, d. h. vom Einsatz von Macht oder direkter Drohung unabhängig ist, und die einerseits von der Führungsspitze oder Führungsbewerbern eingesetzt sowie andererseits von Einheiten außerhalb der Führungsspitze benutzt wird, um die Entscheidungen der Führung zu beeinflussen." (ebd., 156 f.) Auf die weiteren Einflußtypen – wie die Treuhand (fiduciary)-Funktion, Einfluß mittels Appell an unterschiedliche Loyalitäten sowie ein auf die Normeninterpretation gerichteter Einfluß – gehen wir hier nicht eigens ein.

Wertbindungen (value commitments) (auch Wertübereinstimmungen) sind „moralische Verpflichtungen der Aktoren eines sozialen Interaktionssystems, die die Integrität einer Wertstruktur erhalten und zusammen mit anderen Faktoren zu ihrer Verwirklichung im Handeln führen." (ebd., 183) Werte als Strukturkomponenten oder „Muster" (patterns) der kulturellen Systemebene können, um es hier zu wiederholen, durch ihre Institutionalisierung zu Determinanten des empirischen Sozialprozesses werden. „Wenn wir jedoch von *gesellschaftlichen* Werten sprechen, meinen wir die

Spezifizierung des Musters für einen bestimmten abgegrenzten Bereich von Commitments innerhalb der ,conditio humana', nämlich den der Konzeption einer wünschenswerten Gesellschaft — oder eines anderen Sozialsystems — für die Mitglieder dieser Gesellschaft." (ebd., 186) Die Commitments generalisieren von daher bestimmte moralische Verpflichtungen und stellen unter den symbolischen Medien im Sozialsystem die „oberste Kontrolle" dar (ebd., 199), nämlich als „generalisierte Fähigkeit und glaubwürdiges Versprechen, die Implementation von Werten zu bewirken". Und: „Ihre Code-Komponente ist die *moralische Autorität* in ihrem gesellschaftlichen Bezug." (ebd., 203)

Den Medienkomplex abschließend, ist festzuhalten, daß Parsons in Analogie zum ökonomischen Kreislaufmodell (mit dem Interaktionsmedium des Geldes) als dem Paradigma sozietaler Austauschprozesse zu den zuvor skizzierten Einsichten und Zuordnungen gekommen ist, wobei Differenzierung und Integration als Selektionstransferleistungen kongruieren und „kognitive Rationalität" begründen sollen, wenngleich eine allgemeine Theorie der symbolischen Medien fehlt bzw. nur ansatzweise ausgearbeitet werden konnte. Es ist daher eine „vollkommen offene Frage, ob und wie dieses Programm (der Spätphase Parsons', A. W.) je weitergeführt werden wird" (Jensen 1980b, 193).

Entscheidend für Parsons ist der „raumzeitliche Transfer der kulturellen Musterbildungen" (Jensen 1984, 145) in Rücksicht auf Funktionszusammenhänge unserer Lebenswelt. Medien sind generalisiert und ubiquitär, dennoch vergleichsweise knapp resp. nicht immer in systemisch erwünschter Weise verfügbar. Es gibt mithin Interdependenz-Unterbrechungen, die eine Handlungskonformität unwahrscheinlich machen und des Medieneinsatzes bedürfen, um Handlungskontinuität(en) und Systemidentität(en) aufrechtzuerhalten oder herstellen zu können. Anders formuliert: Sinnhafte Kommunikations- und Interaktionsprozesse zwischen handelnden und erlebenden Menschen im Rahmen einer „action world", die von ihnen konstituiert und prolongiert wird, wobei sich auch eine „politische Kultur" herausbildet, an der sich Anschlußhandeln orientiert, sind auf Symbole gestellt — und damit auf Medien, die diese transportieren. Der „gemeinte Sinn" ist dabei höher zu bewerten als der rein technische Vorgang einer störungsfreien Übertragung von Informationen; denn: „wenn einmal ein semantisches Symbolsystem zur Verfügung steht, dann übernimmt dieses Symbolsystem, infolge seiner größeren Beweglichkeit, seiner Losgelöstheit von den konditionalen Bedingungen der physischen Realität, die Führung im Prozeß der Konstitution von Sinn." (ebd., 152)

Medien als selektive Verstärkungs- und Transfermechanismen, die über biologische Codierungen hinausgehen, insofern sie „kulturelle Treuhänder" sind, haben daher auch sinngestaltende Funktionen; sie sind Bedingungs- und Möglichkeitsformen soziopolitischer Kreativität unter Beachtung von Kontinuität. Sie institutionalisieren in prozeßhafter Weise die Möglichkeit „kunstvollerer Lebensgestaltung" durch Potentialität. Sinnreferenzen sind einerseits nicht willkürlich, andererseits auch nicht beliebig. Sie stellen strukturelle Rahmenbedingungen her, die inhaltlich wie situativ-kontextuell variieren im „Fluß" soziopolitischer Meinungs-, Willensbildungs- und Entscheidungsfindungsprozesse, wobei ihre Themen und Handlungsprogramme natürlich nicht „einfach vom Himmel fallen", sondern gesellschaftlich determiniert sind, wenn auch nicht völlig, sofern wir pluralistische, d. h. konkurrierende Werte, Bedürfnisse und Interessen voraussetzen können.

Die „Einheit in der Vielfalt" kultureller Deutungsmuster und Orientierungsleistungen kommt in der operativen Phase durch die *Aufprägung einer bestimmten Kommunikationsstruktur* (ebd., 158) zustande, die regelgeleitet ist. In Rücksicht auf den bei Parsons vorrangigen *kulturellen Code* geht es darum, „Erlebens- und Handlungszusammenhänge immer erneut aufbauen zu können, ohne aber — und das ist nun entscheidend — dabei immer wieder in alte Fehler zurückzufallen, schon durchgespielte Lösungen erneut von Anbeginn zu durchlaufen, auf ausgetretenen Pfaden in alte Gruben zu fallen oder seine Zeit für die Sache nach einem Ziel zu verschwenden, das von einem anderen schon längst gefunden wurde. Kultursysteme stellen evolutionär unwahrscheinliche, risikoreiche und entropisch höchst gefährdete Lösungen von Sinnproblemen dar, und wie alle Lösungen, die von einer Gruppe von interagierenden Aktoren zu einem bestimmten Zeitpunkt in einer bestimmten Situation gefunden werden, wären sie im nächsten Augenblick verloren, wenn es nicht gelänge, sie auf irgendeine Weise zu erhalten und über Zeit und Raum zu tragen." (ebd., 158 f.) Medien haben daher, wie bereits mehrfach hervorgehoben, „zwischen der physischen und der symbolischen Struktur des Erlebens und Handelns zu vermitteln." (ebd., 159)

Die *Medientheorie* von Parsons, „die unglücklicherweise nur angefangen, aber niemals fertiggestellt wurde" (ebd., 160), bedarf insgesamt einer gründlicheren Ausarbeitung. Wir kommen bei den Konzeptualisierungsversuchen von Richard Münch hierauf vor allem unter dem Gesichtspunkt der *Interpenetration* noch zurück. Hier ist fürs erste in bewertender Weise festzuhalten, daß auf der *Handlungsebene* die Situationsdefinition, affirmative und Performanz-Kapazitäten und „Bewußtsein" grundlegend sind, auf der *Systemebene* die medialen Instanzen politische Macht, sozietaler Einfluß und Wertbindungen für die kulturellen Treuhandsysteme (ebd., 162). Das Medium *par excellence*, das der Grund ist für die Analogiebildungen Parsons', aber bleibt das ökonomische („rational kalkulierte") Medium *Geld*. Die „sozialaffektiven" Medien Geld, Macht, Einfluß und Wertbindungen, die zugleich *Sanktionsfunktionen* haben, können ergänzt werden durch die Medien „Recht" und „Wahrheit" (für das wissenschaftliche Teilsystem der grundlegende Sprachcode), für die keine detaillierten Ausarbeitungen mehr vorliegen. Weitere symbolisch generalisierte Kommunikationsmedien wären z. B. Glauben, Liebe, Freundschaft und Vertrauen (vgl. Luhmann 1975 a, 170 ff.; ders. 1982 a; [2]1973). Das Medienkonzept Parsons' wird sonach in seiner theoretischen Brauchbarkeit nur auf Teilzusammenhänge der Systemtheorie zu beziehen sein, nämlich im wesentlichen auf den Transfer von Sinnstrukturen im Kulturbereich, die Sanktionierung von Kommunikation/Interaktion und ihre Verknüpfung im allgemeinen Handlungssystem (Jensen 1984, 162 f.) – und auch das ist keine gering einzuschätzende Leistung.

Wir können jetzt zu einer *Gesamtkritik* der vielfältigen Theorieansätze von Parsons übergehen, wobei es von vornherein problematisch ist, daß Parsons bei seiner Frage nach den Bedingungen gesellschaftlicher Ordnung, die für uns eine Frage nach den Bedingungen einer offenen Gesellschaft ist, letztlich von normativ garantierten Strukturzusammenhängen ausgeht. Der (von Luhmann aufgegriffene) Haupteinwand lautet: „Darf man alle soziale Wirklichkeit als immer schon strukturell integriert, also in den Grundzügen als harmonisch, ansehen?" (Luhmann [4]1974, 114) Wird nicht von

Parsons die integrative Sozialfigur des „menschlichen Zusammenlebens" (Tönnies 1975, 55) überbetont? Kann eine Konsensbasis der Gesellschaft angenommen werden? Besteht nicht Anlaß zu der Vermutung, „daß die systematische Synthesis die Einbeziehung der Elemente ins Ganze theoretisch restloser besorgt, als sie in der Wirklichkeit stattfindet" (ebd., 62)? Die Kodifikation theoretischer Modellvorstellungen und empirischer Einsichten scheint somit auf einem spezifischen „Vorurteil" (bias) zu beruhen, abgestützt durch einen unverhohlenen Fortschrittsoptimismus (darüber hinaus hat Parsons ein ausschließlich positives Verhältnis zur Technik), einen seinen Modernisierungskonzeptionen innewohnenden westlichen Ethnozentrismus (jedenfalls der Tendenz nach) sowie eine durchgängige Neigung zu politisch-praktischen Harmonisierungen und zur system- wie theoriekonstruktiven Symmetrisierung.

Richard Münch, dessen Rekonstruktions- und Innovationsversuche wir weiter unten (Kap. 2.5) noch eingehend behandeln werden, stellt aus Abgrenzungsgründen fest, daß die Vorgehensweise von Parsons zur Folge habe, daß „die Untersuchung sozialer Zusammenhänge häufig auf begrifflichen und logischen Konstruktionen beruht, die in der Realität keine Entsprechung finden." (Münch 1976 a, 147). Parsons' Theorie beziehe sich fast durchgehend auf analytische und nicht (anders als Münch und Luhmann, so die Behauptung) auf empirische Systeme: „Das gilt insbesondere für seine begriffliche Konstruktion der Differenzierung des allgemeinen Handlungssystems und des sozialen Systems in vier Subsysteme und für die Analyse der Austauschprozesse ihrer Leistungen untereinander, die durch die Verwendung systemspezifischer generalisierter Medien der Kommunikation geregelt werden. Dabei ist nicht nur die Differenzierung der Subsysteme und ihre weitere interne Differenzierung nach dem (AGIL-)Schema der vier Grundfunktionen eine begriffliche Konstruktion, der keine tatsächliche Differenzierung entspricht, sondern notwendigerweise auch die Zuordnung generalisierter Medien der Kommunikation zu spezifischen Systemen und die Analyse der Austauschprozesse zwischen den Systemen." (ebd., 148) Die Einteilung gesellschaftlicher Phänomene in Vierfelderschematismen sowie die entsprechenden Differenzierungen/Unterdifferenzierungen mitsamt ihren zugeordneten generalisierten Medien führen dazu, daß „imaginäre Austauschprozesse" zwischen Systemen analysiert werden, „die gar nicht als ausdifferenzierte Systeme bestehen und mit Hilfe von generalisierten Kommunikationsmedien, die ebenfalls nicht als solche existieren" (ebd., 148 f.). Insofern könne von einer Begriffsmetaphysik, von einer apriorischen Einteilung der Welt in vier ontologische Bereiche, gesprochen werden, von der eine empirisch orientierte Theorie sozialer Systeme (auf der Grundlage einer voluntaristischen Ordnung moderner Institutionen aufgrund der Interpenetration distinkter Handlungssphären) theoretisch wie praktisch sich lösen, d. h. in systematisch-theoretischer Weise einen gewissen, empirisch angeleiteten Handlungsabstand gewinnen bzw. theorieninnovativ auch erreichen muß.

Eine umfassende theoretische Kritik des Ansatzes von Talcott Parsons im Hinblick auf grundlegende „Konstruktionsprobleme der Gesellschaftstheorie" hat inzwischen *Jürgen Habermas* in Bd. 2 („Zur Kritik der funktionalistischen Vernunft") seiner „Theorie des kommunikativen Handelns" vorgelegt (Habermas 1981b II, 295—444). Sie soll hier in den Grundzügen angeführt und erörtert werden, da sie in der Zuspitzung auf Parsons zahlreiche Momente enthält, die auch die *allgemeine Systemtheorie* insgesamt betreffen.

Habermas stellt zum Gesamtwerk Parsons' fest, daß es konkurrenzlos ist „im Hinblick auf Abstraktionshöhe und Differenziertheit, gesellschaftstheoretische Spannweite und Systematik bei gleichzeitigem Anschluß an die Literatur einzelner Forschungsgebiete", so daß „heute keine Gesellschaftstheorie mehr ernstgenommen werden" könne, „die sich nicht zu der von Parsons wenigstens in Beziehung setzt." (ebd., 297) Parsons ist darüber hinaus für Habermas schon deswegen von größtem Interesse, weil er aufgrund seiner Werkgeschichte im Gegensatz zu vielen Systemtheoretikern der jüngeren Generation nicht sogleich in Versuchung kommen konnte, „die *Konstituierung* des Gegenstandsbereichs ,Handlung' oder ,Gesellschaft' über der *Anwendung* des Systemmodells auf diesen Gegenstandsbereich zu vergessen." (ebd., 299)

Die Paradigmenkonkurrenz bzw. die eigentümliche Spannung zwischen *Handlungs*- und *System*theorie ist das Hauptthema der Auseinandersetzung Habermas' mit Parsons; sie ist eines seiner Grundthemen überhaupt. Hinsichtlich der Theorieentwicklung bei Parsons werden *drei Themen* entwickelt und zu begründen versucht:

„(1) Der handlungstheoretische Rahmen ist zu eng, als daß Parsons aus der Handlungsperspektive ein Gesellschaftskonzept hätte entwickeln können; deshalb muß er Handlungszusammenhänge unvermittelt als Systeme vorstellen und die Gesellschaftstheorie vom grundbegrifflichen Primat der Handlungstheorie auf den der Systemtheorie umstellen.

(2) Im Zuge dieser systemtheoretischen Wende wird die Handlungstheorie allerdings nicht ohne Vorbehalt umgedeutet und assimiliert. Die Parsonianische Variante des Systemfunktionalismus bleibt an das Sperrgut einer aus der Erbmasse von Durkheim, Freud und vor allem Max Weber mitgeführten Kulturtheorie rückgekoppelt.

(3) Die Theorie der Moderne, die Parsons in diesem Rahmen entwickelt, suggeriert ein im ganzen harmonistisches Bild, weil sie über die Mittel für eine plausible Erklärung pathologischer Entwicklungsmuster nicht verfügt." (ebd., 303)

Ad (1) („Von der normativistischen Theorie des Handelns zur Systemtheorie der Gesellschaft", ebd., 304—351): Die Basis der Handlungstheorie von Parsons ist laut Habermas „zu schmal, um aus dem Handlungskonzept ein Gesellschaftskonzept zu entwickeln. So muß Parsons Handlungszusammenhänge *unvermittelt* als Systeme begreiflich machen, ohne sich des Einstellungswechsels bewußt zu werden, mit dem der Begriff des Handlungs*systems* auf dem Wege *der Vergegenständlichung der Lebenswelt* methodisch erst erzeugt wird. Wohl geht Parsons vom Primat der Handlungstheorie aus; da er diese aber nicht radikal durchführt, bleibt der methodisch abgeleitete Stellenwert der systemtheoretischen Grundbegriffe im Dunkeln. Nach dem Scheitern des Versuchs, einen konzeptuellen Übergang von der Handlungseinheit zum Handlungszusammenhang herzustellen, verzichtet Parsons auf eine *handlungstheoretische Einführung des Systembegriffs*. Das kulturelle System erhält als Statthalter des fehlenden Konzepts der Lebenswelt den unhaltbar zweideutigen Status einer den Handlungssystemen übergeordneten und zugleich internen Umwelt, die gleichwohl aller empirischen Eigenschaften einer Systemumwelt beraubt ist. Parsons entledigt sich der Schwierigkeiten, die sich aus seiner dualistischen Auffassung kulturell strukturierter Handlungssysteme ergeben, indem er kurzerhand der Systemtheorie den grundbegrifflichen Primat einräumt." (ebd., 351)

Ad (2) („Entfaltung der Systemtheorie", ebd., 352—419): Parsons „unterscheidet zwischen dem Aktor, als Einheit eines Handlungssystems, und diesem selbst; ein Handlungssystem handelt nicht, sondern funktioniert. ... Mit dem Konzept des Handlungssystems verschwinden die Aktoren als handelnde Subjekte; sie werden zu Einheiten abstrahiert" und kommen als „abstrakte Platzhalter" in den Blick (ebd., 352 f.). Der einst zentrale Unterschied zwischen funktionaler und sozialer Integration wird nivelliert: „Damit wird die Nahtstelle, die durch die Zusammenfügung der beiden Paradigmen ‚Handlung' und ‚System' entstanden war, *unkenntlich gemacht.*" (ebd., 361) Parsons gelangt zu Schemata von (stets vier) Grundfunktionen, die handlungstheoretisch *entwurzelt* sind, insofern Handlungen nunmehr „im Abglanz der Systemdynamik aufscheinen" (ebd., 367). Die „Subsumtion der Handlungstheorie unter die inzwischen in Führung gegangene Systemtheorie" bzw. die „systemtheoretische Einschmelzung der handlungstheoretischen Grundbegriffe" (ebd., 370) hat zur Folge, daß das kulturelle System „als Statthalter des fehlenden Konzepts der Lebenswelt den unhaltbar zweideutigen Status einer den Handlungssystemen übergeordneten und zugleich internen Umwelt" erhält (ebd., 351). Und: „Der Formalismus der Kreuztabellierung gibt sein Geheimnis vollends in der Parsonianischen Spätphilosophie preis, wo das allgemeine Handlungssystem einer zum ‚telic system' verdinglichten Transzendenz untergeordnet wird." (ebd., 374) Dieses telische System als überempirische Umwelt des „Systems der menschlichen Grundverfassung" (human condition) in der Spätphilosophie Parsons' ist als ein „supranaturales Gegenstück zur physikalisch-chemischen Natur und zum genetischen Bestand der menschlichen Spezies" ein äußerst spekulativer Schritt und stellt eine „Verdoppelung der kulturellen Komponente des Handlungssystems" dar (ebd., 374 f., 383). Hinsichtlich der Interaktionsmedien führt Habermas im Kontext seiner bisher geübten Kritik aus:

> „Die Brüchigkeit des grundbegrifflichen Kompromisses zwischen Handlungs- und Systemtheorie zeigt sich aber nicht nur an den Paradoxien, die sich aus den Konstruktionszwängen der Kreuztabellierung ergeben. Ebenso problematisch ist der Zwang, die Formen der sozialen, letztlich über Konsens hergestellten Integration auf Fälle von Systemintegration zurückzuführen. Die Strukturen der sprachlich erzeugten Intersubjektivität, die dem gemeinsamen Besitz einer Kultur ebenso zugrunde liegen wie der so-

zialen Geltung von Normen, muß Parsons auf Mechanismen wie Tausch und Organisation, die den Zusammenhalt eines Systems über die Köpfe der Aktoren hinweg sicherstellen, *reduzieren*. Das theorietechnisch eindrucksvollste Beispiel für diese Reduktion ist die Vorstellung der intersystemischen Austauschbeziehungen und die Einführung von Kommunikationsmedien, die diesen Austausch regulieren. Mit diesen beiden Konstruktionsmitteln dringt nämlich die systemtheoretische Kunst der Reformulierung in die inneren Bezirke der Theorie des kommunikativen Handelns ein. Parsons möchte damit die Integrationsleistungen der sprachlichen Kommunikation selber auf *Austauschmechanismen* zurückführen, *die die Strukturen sprachlicher Intersubjektivität unterlaufen, und so die Unterscheidung zwischen Sozial- und Subsystemen endgültig einziehen.*" (ebd., 384)

In bezug auf „Macht" übergeht Parsons, so Habermas, „die Asymmetrie, die darin besteht, daß das Vertrauen in das Machtsystem *auf einer höheren Stufe* gesichert werden muß als das Vertrauen in das Geldsystem." (ebd., 405) Die Frage nach der Institutionalisierungsfähigkeit von Medien ist für Habermas erst durch den Bezug auf legitimationsfähige kollektive Ziele und die Bindung an eine sprachliche Konsensbildung aufgrund kommunikativen Handelns sinnvoll zu beantworten (ebd., 405 f.). Insofern Parsons die *sprachlichen Konsensbildungsprozesse als Formen rationalen Vertrauens* tendenziell ausspart, „wird der lebensweltliche Kontext, in den Verständigungsprozesse stets eingebettet sind, für mediengesteuerte Interaktionen *entwertet*: die Lebenswelt wird für die Koordinierungen von Handlungen nicht länger benötigt. Gesellschaftliche Subsysteme, die über solche Medien ausdifferenziert werden, können sich gegenüber einer in die Systemumwelt abgedrängten Lebenswelt selbständig machen. Darum erscheint aus der Lebensweltperspektive die Umstellung des Handelns auf Medien sowohl als eine Entlastung von Kommunikationsaufwand und -risiko, wie auch als eine Konditionierung von Entscheidungen in erweiterten Kontingenzspielräumen – und in diesem Sinne als eine *Technisierung der Lebenswelt*." (ebd., 418) Die weitgehende Entkoppelung von „System" und „Lebenswelt" habe zur Folge, daß „die aus der Innenperspektive zugängliche Reproduktion der Lebenswelt zur Außenansicht der Systemerhaltung verfremdet" wird (ebd., 420).

Ad (3) („Theorie der Moderne", ebd., 420–444): Wie die Theorie im ganzen, so biete auch Parsons' Theorie der Moderne ein „Janusgesicht". Allerdings könne Parsons — im Unterschied zu Luhmann — immerhin „den von außen, aus der Beobachtung moderner Gesellschaften erfaßten Zuwachs an Systemkomplexität in das an die Innenperspektive der Lebenswelt gebundene Selbstverständnis der Systemmitglieder *übersetzen*"; denn: „Er (Parsons) kann die wachsende Systemautonomie mit fortschreitender Autonomie im moralisch-praktischen Verstande zusammenbringen und zunehmende Inklusion und Wertgeneralisierung im Sinne einer Annäherung an universalistische Gerechtigkeitsideale deuten." (ebd., 421) Allerdings fehlt für Habermas „ein aus der Handlungsperspektive entworfenes Gesellschaftskonzept" und: „Was die Moderne anbetrifft, so hält Parsons lediglich daran fest, neue Niveaus der Systemdifferenzierung, und die entsprechend wachsende Systemautonomie, mit Stichworten wie institutioneller Individualismus und Säkularisierung an das Selbstverständnis der modernen Kultur anzuschließen und im Sinne Webers auch als erweiterte Institutionalisierung von wert-, norm- und zweckrationalen Handlungsorientierungen zu *deuten*. Weil er die Paradigmenkonkurrenz zwischen Lebenswelt und System nicht auflöst, sondern durch Kompromiß stillstellt, muß Parsons jedoch die Rationalisierung der Lebenswelt grundbegrifflich mit der Steigerung von Systemkomplexität *gleichschalten*." (ebd., 422) Ohne hierauf vom Begründungszusammenhang her detaillierter eingehen zu können, läßt sich festhalten, daß Habermas zufolge bei Parsons eine Angleichung der Rationalisierung der Lebenswelt an Prozesse der Systemdifferenzierung zu konstatieren ist, ferner die komplementären Muster der sozialen Integration und Sozialisation zu einem „institutionalisierten Individualismus" führen, der aufgrund von analytisch überfrachteten „Harmonisierungen" fragwürdig oder problemunangemessen ist (ebd., 426 ff.); denn: „Die in den Grundbegriffen vollzogene *Gleichschaltung der Rationalisierung der Lebenswelt mit Komplexitätssteigerungen des Gesellschaftssytems* verhindert genau die Unterscheidungen, die wir vornehmen müssen, wenn wir die in der Moderne auftretenden Pathologien erfassen wollen." (ebd., 433)

Im Hinblick auf den von Habermas selbst vertretenen Ansatz einer „*Theorie des kommunikativen Handelns*" können in diesem Zusammenhang die folgenden Sentenzen festgehalten werden:

– Gesellschaften sind als systemisch stabilisierte Handlungszusammenhänge sozial integrierter Gruppen zu begreifen (ebd., 301);

– kommunikatives Handeln wird als ein Medium verstanden, über das sich die symbolischen Strukturen der Lebenswelt reproduzieren (ebd., 304);

– die Struktur verständigungsorientierten Handelns wird als ein Modell angesehen, „an dem sich studieren läßt, wie Kultur, Gesellschaft und Persönlichkeit bei der Determinierung von Handlungsorientierungen zusammenwirken. An den formalen Eigenschaften der Interpretationsleistungen von Aktoren, die ihr Handeln über kommunikative Akte aufeinander abstimmen, läßt sich zeigen, wie kulturelle Überlieferungen, institutionelle Ordnungen und persönliche Kompetenzen in Form diffuser lebensweltlicher Selbstverständlichkeiten eine kommunikative Vernetzung und Stabilisierung von Handlungssystemen ermöglichen" (ebd., 330 f.);

– „Die Kompetenzen des vergesellschafteten Individuums und die Solidaritäten der über Werte und Normen integrierten Gruppen stellen ähnlich wie die kulturelle Überlieferung Ressourcen für den Hintergrund lebensweltlicher Gewißheiten dar; wie diese bilden sie den Kontext von Handlungssituationen. ... Denn der Hintergrund, vor dem sich Interaktionsszenen abspielen, und aus dem die Situationen verständigungsorientierten Handelns gleichsam hervorkommen, besteht nicht nur aus kulturellen Gewißheiten, d. h. aus fraglos akzeptierten Deutungs-, Wert- und Ausdrucksmustern, aus Hintergrund*annahmen*; der Hintergrund besteht ... ebensosehr aus individuellen *Fertigkeiten*, dem intuitiven *Wissen*, *wie* man mit einer Situation fertig wird, und aus sozial eingelebten *Praktiken*, dem gleichermaßen intuitiven *Wissen*, *worauf* man sich in einer Situation verlassen kann" (ebd., 331);

– für Habermas fallen „ohne die Klammer einer im kommunikativen Handeln zentrierten Lebenswelt ... Kultur, Gesellschaft und Persönlichkeit auseinander" (ebd., 338), und er hält (gegen Parsons) an dem „*Widerstand eigensinniger kultureller Muster gegen funktionale Imperative*" der Bestandserhaltung fest, indem er „Konsensbildung als Mechanismus der Handlungsorientierung" ansetzt und des weiteren annimmt, „daß sich die symbolischen Strukturen der Lebenswelt ihrerseits durch das Medium verständigungsorientierten Handelns reproduzieren"; damit ist auch „der Eigensinn der kulturellen Wertsphären in die Geltungsbasis der Rede" und demnach „in den Reproduktionsmechanismus von Zusammenhängen kommunikativen Handelns eingebaut" (ebd., 346 f.);

– und es ist „eher die *Handlungssituation* als die *Umwelt eines Systems*, die für die *Umgebung einer soziokulturellen Lebenswelt* das Modell abgibt, und „mit ihrem materiellen Substrat steht die Lebenswelt unter kontingenten Bedingungen, die aus der Perspektive ihrer Angehörigen eher als Schranken für die Realisierung von Handlungsplänen denn als Restriktionen der Selbststeuerung (von Systemen, A. W.) erscheinen" (ebd., 347 f.);

– für Zwecke einer gesellschaftstheoretischen Grundlegung sei das „kommunikationstheoretische Modell des sprach- und handlungsfähigen Subjekts" vergleichsweise am besten geeignet (ebd., 381); denn es bleibt dabei: „Die symbolischen Strukturen der Lebenswelt können sich allein über das Grundmedium verständigungsorientierten Handelns reproduzieren; die auf kulturelle Reproduktion, soziale Integration und Sozialisation abgestellten Handlungssysteme bleiben den Strukturen der Lebenswelt und des kommunikativen Handelns verhaftet." (ebd., 391)

Habermas besteht also gegenüber einem der Tendenz nach „subjektlosen Funktionalismus" auf der Ressource intersubjektiver *Verständigung* vermittels kommunikativ vernetzter Interaktionen. Dahinter steht das Modell des *theoretischen Diskurses*, verstanden als „die Form der Argumentation, in der kontroverse Wahrheitsansprüche zum Thema gemacht werden". Ähnlich verhalte es sich im moralisch-praktischen Bereich; denn:

> „Rational nennen wir eine Person, die ihre Handlungen mit Bezugnahme auf bestehende normative Kontexte rechtfertigen kann. Erst recht gilt das aber für denjenigen, der im Falle eines normativen Handlungskonfliktes einsichtig handelt, also weder seinen Affekten nachgibt noch den unmittelbaren Interessen folgt, sondern bemüht ist, den Streit unter moralischen Gesichtspunkten unparteiisch zu beurteilen und konsensuell beizulegen. Das Medium, in dem hypothetisch geprüft werden kann, ob eine Handlungsnorm, sei sie nun faktisch anerkannt oder nicht, unparteiisch gerechtfertigt werden kann, ist der *praktische Diskurs*, also die Form der Argumentation, in der Ansprüche auf normative Richtigkeit zum Thema gemacht werden." (Habermas 1981 b I, 39)

Es hat dies entsprechende Konsequenzen für die Ausformung der „Theorie des kommunikativen Handelns", die für uns einen interessanten Gegenpol zur allgemeinen Systemtheorie darstellt, wie oben dargetan. Ohne hier auf weitere Details eingehen zu können, läßt sich festhalten:

> „Unter dem funktionalen *Aspekt der Verständigung* dient kommunikatives Handeln der Tradition und der Erneuerung kulturellen Wissens; unter dem Aspekt der *Handlungskoordinierung* dient es der sozialen Integration und der Herstellung von Solidarität; unter dem *Aspekt der Sozialisation* schließlich dient kommunikatives Handeln der Ausbildung von personalen Identitäten. ... Diesen Vorgängen der *kulturellen Reproduktion*, der *sozialen Integration* und der *Sozialisation* entsprechen als die *strukturellen Komponenten* der Lebenswelt Kultur, Gesellschaft und Person." (Habermas 1981b II, 208 f.) Und: „Die zum Netz kommunikativer Alltagspraxis verwobenen Interaktionen bilden das Medium, durch das sich Kultur, Gesellschaft und Person reproduzieren." (ebd., 209)

Von diesen Reproduktionsvorgängen, die sich auf die *symbolischen* Strukturen der Lebenswelt beziehen, muß die Erhaltung des materiellen Substrats der Lebenswelt unterschieden werden: „Die *materielle Reproduktion* vollzieht sich durch das Medium der Zwecktätigkeit, mit der die vergesellschafteten Individuen in die Welt intervenieren, um ihre Ziele zu verwirklichen." (ebd.)

Der letzte Aspekt muß mitberücksichtigt werden, um einen „kulturalistisch verkürzten Begriff der Lebenswelt" zu vermeiden; denn:

> „Kommunikative Handlungen sind nicht nur Interpretationsvorgänge ...; sie bedeuten zugleich Vorgänge der sozialen Integration und der Vergesellschaftung. Dabei wird die Lebenswelt in einer ganz anderen Weise ‚getestet': diese Prüfungen bemessen sich nicht *unmittelbar* an Geltungsansprüchen, die kritisiert werden können, nicht an Rationalitätsmaßstäben also, sondern an Maßstäben für die Solidarität der Angehörigen und für die Identität des vergesellschafteten Individuums. Während die Interaktionsteilnehmer ... das kulturelle Wissen, aus dem sie schöpfen, durch ihre Verständigungsleistungen hindurch reproduzieren, reproduzieren sie zugleich ihre Zugehörigkeit zu Kollektiven und ihre eigene Identität. Sobald einer dieser beiden Aspekte in den Vordergrund rückt, erhält der Lebensweltbegriff wiederum eine einseitige, nämlich entweder *institutionalistisch* oder *sozialisationstheoretisch verengte* Fassung." (ebd., 211)

Hier greift die Unterscheidung zwischen der *Sozial-* und einer *Systemintegration* ein: „Im einen Fall wird das Handlungssystem durch einen, sei es normativ gesicherten oder kommunikativ erzielten Konsens, im anderen Fall durch die nicht-normative Steuerung von subjektiv unkoordinierten Einzelentscheidungen integriert." (ebd., 226)

Die Vermittlung von „Lebenswelt" und „System" ist daher ein für jede Gesellschaftstheorie grundlegendes Problem, wobei vorläufig festgehalten werden kann, so Habermas, daß Gesellschaften — allgemein verstanden als „legitime Ordnungen, über die die Kommunikationsteilnehmer ihre Zugehörigkeit zu sozialen Gruppen regeln und damit Solidarität sichern" (ebd., 209) — *systemisch stabilisierte* Handlungszusammenhänge *sozial integrierter* Gruppen darstellen, ferner unter „Gesellschaft" eine Entität zu begreifen ist, „die sich im Verlaufe der Evolution sowohl als System wie als Lebenswelt ausdifferenziert." (ebd., 228)

Die evolutionsgeschichtliche „Entkoppelung von System und Lebenswelt" sei heute besonders prekär. Es zeige sich eine „unaufhaltsame Ironie des weltgeschichtlichen Aufklärungsprozesses:

die Rationalisierung der Lebenswelt ermöglicht eine Steigerung der Systemkomplexität, die so hypertrophiert, daß die losgelassenen Systemimperative die Fassungskraft der Lebenswelt, die von ihnen instrumentalisiert wird, sprengen." (ebd., 232 f.) In uns inzwischen vertrauter Terminologie ausgedrückt: „Mit den über Steuerungsmedien ausdifferenzierten Subsystemen schaffen sich die systemischen Mechanismen ihre eigenen, normfreien, über die Lebenswelt hinausragenden Sozialstrukturen" (ebd., 275) und können als „sich selbst strukturierende Handlungssysteme" (ebd., 356) begriffen werden. Dieser Verdinglichungs- und Entfremdungszusammenhang, die Mediatisierung der Lebenswelt, werde vom Systemfunktionalismus in szientifischer Weise verdoppelt: „Die Systemtheorie behandelt sozial- und systemintegrative Leistungen als funktionale Äquivalente und begibt sich des Maßstabs kommunikativer Rationalität." Es stelle sich die Frage (im Sinne einer „Dialektik der Aufklärung"), „ob nicht die Rationalisierung der Lebenswelt mit dem Übergang zur modernen Gesellschaft paradox wird: die rationalisierte Lebenswelt ermöglicht die Entstehung und das Wachstum der Subsysteme, deren verselbständigte Imperative auf sie selbst destruktiv zurückschlagen." (ebd., 277)

Für hochkulturelle Gesellschaften gilt daher nach Habermas, daß die „subjektive Unauffälligkeit von systemischen Zwängen, die eine kommunikativ strukturierte Lebenswelt *instrumentalisieren*", den „Charakter der Täuschung" bzw. „eines objektiv falschen Bewußtseins" gewinnt. Und: „Daraus entsteht eine *strukturelle Gewalt*, die sich, ohne als solche manifest zu werden, der Form der Intersubjektivität bemächtigt" (ebd., 278) und die Zwecktätigkeit, die materielle Reproduktion der Lebenswelt, von normativen Kontexten (aufgrund von „Sachzwängen") freisetzt: „Dieses strategische (zuerst über das Geldmedium erreichte), vom Verständigungsmechanismus abgehängte Handeln, das eine objektivierende Einstellung auch gegenüber interpersonalen Beziehungen verlangt, avanciert zum Muster für den methodischen Umgang mit einer wissenschaftlich objektivierten Natur." (ebd., 292) Dieser Sachverhalt erlaubt für Habermas den Schluß: „Am Ende verdrängen systemische Mechanismen Formen der sozialen Integration auch in jenen Bereichen, wo die konsensabhängige Handlungskoordinierung nicht substituiert werden kann: also dort, wo die *symbolische* Reproduktion (Hervorhebung A. W.) der Lebenswelt auf dem Spiel steht. Dann nimmt die *Mediatisierung* der Lebenswelt die Gestalt einer *Kolonialisierung* an" und die *Verdinglichung* wird in *systemisch induzierten Lebensweltpathologien* sichtbar (ebd., 293), für die sozialwissenschaftlich die *systemtheoretischen Modellvorstellungen* parat stehen.

Zu dieser Kritik von Habermas an Parsons ist allerdings anzuführen, daß sie ihr Thema weithin verfehlt, d. h. die Kritik geht insgesamt daneben. Richard Münch, dessen Rekonstruktion der Theorie Parsons' wir weiter unten behandeln (Kap. 2.5), hebt mit Recht hervor: „Parsons hat zeitlebens darauf bestanden, daß jede soziale Ordnung, wenn sie auch noch so nahe an der unteren Ebene des instrumentellen Handelns lokalisiert ist, der Verankerung in einem Wertkonsens bedarf. Und diese Verankerung erfordert eine zweifache Beziehung: erstens die Verklammerung des Wertsystems als symbolische Struktur über sozial-kulturelle diskursive Prozesse mit der gemeinschaftlichen Lebenswelt, zweitens die Verklammerung des Wertsystems über diskursive Prozesse mit der instrumentellen Ebene des Handelns." (Münch 1982 b, 200 f.) Bei Habermas fänden sich weit mehr *eigene Konstruktionen denn Textinterpretationen*: „Er liest die Systemtheorie Parsons' mit der systemfunktionalistischen Brille Luhmanns." (ebd., 202) Die „theoretischen Unzulänglichkeiten", die Habermas aufdeckt, sind für Münch demnach „weit mehr eigene Konstruktionen, als daß sie eine reale Entsprechung in Parsons' Werk besäßen." (ebd., 194)

Gleichwohl ist die „Paradigmenkonkurrenz" von oder zwischen *Handlungs-* und *System*theorie, die Frage nach der *Vermittlung* zwischen dem „*ersten*" und dem „*zweiten*" Handlungsbegriff, nach wie vor das Grundproblem der allgemeinen Systemtheorie und/oder ihrer Kritik. Wir werden dieser Problemstellung bei Niklas Luhmann im nächsten Kapitel (2.4) erneut begegnen, der weit mehr als Parsons (bei dem ja „harmonistische" Annahmen überwiegen und vor allem dadurch eine systemtheoretische Engführung seiner Überlegungen bewirkt haben) einer *Vernachlässigung des „menschlichen Faktors"* (vgl. Waschkuhn 1981) geziehen werden kann. Luhmanns Konzeption jedenfalls ist das weitaus bessere Beispiel für einen „*subjektlosen Funktionalismus*"; in dieser Hinsicht ist Luhmanns Betrachtungsperspektive rigoroser, in den Implikationen zynischer (sobald sie explizit gemacht werden, insbesondere auch in *politiktheoreti-scher* Hinsicht), neigt Luhmann bei der argumentativen Affirmation seines systemtheoretischen Verständnisses und Theoriegebäudes eher (und heute mehr denn je) der Polemik zu.

Aber auch die Verteidiger, Erneuerer und Bewahrer der Theorie Parsons' sind um große Worte mit Beschwörungs- und Diffamierungs-formeln nicht gerade verlegen, wenn zum Beispiel Stefan Jensen, der sich sehr stark für die „richtige" Rezeption und Interpretation der Lehre Parsons' eingesetzt hat, ausführt:

> „Es ist zu vermuten – zu befürchten –, daß Parsons' Theorie nicht auf dem höchstmöglichen Niveau erhalten und fortgeführt wird, sondern auf dem gemeinsamen Nenner des allgemeinen Wissens. Bereits die ersten vorsichtigen Stellungnahmen nach dem Tode Parsons', die sich mit der Zukunft seines Theorieprogramms auseinandersetzen, deuten dies an. Als Anhänger Parsons' wird man daran verzweifeln, die verfügbaren Einsichten Parsons' zu retten, bevor sein Werk, von der breiten Mittelmäßigkeit der Kritik unterspült, im öffentlichen Bewußtsein zusammenfällt zu einem Konglomerat einiger Vierfelder-Schematismen. Mit dem Ende der Ära Parsons' haben wir erneut eine Periode flacher theorieloser Zeit vor uns. Auf dieser planen Geistesebene mag sich dann jeder Kathederkrümel als Geistesriese fühlen, der Parsons beckmessern kann. Vor uns liegt der lange Abschied von Parsons . . ." (Jensen 1980b, 194)

Luhmann wird man wohl kaum als „Kathederkrümel" bezeichnen können, der sich dem Urteil von Jensen – wenngleich anders akzentuiert – durchaus anschließen würde, daß seit dem Tode (1979) von Parsons zwar die „theorielose" Zeit drohe, die Theoriekrise aber mittlerweile überwunden sei – selbstverständlich durch seine, die Luhmannsche Version einer allgemeinen Systemtheorie, die sich erklärtermaßen als eine Universal- oder „Supertheorie", zumindest aber als eine facheinheitliche Theorie der Soziologie, versteht, die wir auch in politikwissenschaftlicher Perspektive in angemessener Weise zu beachten haben.

2.4 Niklas Luhmann: Komplexität und Funktionalität

Niklas Luhmann verlegt den ursprünglich von der Einzelhandlung her konzipierten Zweckbegriff auf die Systemebene (Luhmann 1968) und besteht gegenüber dem Requisitenfunktionalismus Parsons' auf einem Äquivalenzfunktionalismus (Luhmann[4] 1974, 9—30), seine sodann entfaltete „funktional-strukturelle" Systemtheorie bedeutet ferner eine Umkehrung oder (vermeintliche) „Radikalisierung" der „strukturell-funktionalen" Konzeption. Die prominent von Parsons vertretene strukturell-funktionale Theorie „ordnet den Strukturbegriff dem Funktionsbegriff vor. Sie setzt soziale Systeme mit bestimmten Strukturen voraus und fragt nach den funktionalen Leistungen, die erbracht werden müssen, damit die Systeme erhalten bleiben." (ebd., 113) Luhmann übt hieran konstruktive Kritik: „Dadurch nimmt die strukturell-funktionale Theorie sich die Möglichkeit, Strukturen schlechthin zu problematisieren und nach dem Sinn von Systembildung überhaupt zu fragen. Eine solche Möglichkeit ergibt sich jedoch, wenn man das Verhältnis dieser Grundbegriffe umkehrt, also den Funktionsbegriff dem Strukturbegriff vorordnet. Eine funktional-strukturelle Theorie vermag nach der Funktion von Systemstrukturen zu fragen, ohne dabei eine umfassende Systemstruktur als Bezugspunkt der Frage voraussetzen zu müssen." (ebd., 114)

Da jedoch alle funktionale Analyse einen Bezugspunkt voraussetzt, auf den hin eine Funktion erfüllt wird, stellt sich für die *funktional-strukturelle* Theorie Luhmanns die Frage nach einem Bezugsproblem, das keine systemstrukturellen Voraussetzungen mehr impliziert. Es ist dies „die Welt" unter dem Gesichtspunkt ihrer *Komplexität* als Gesamtheit möglicher Ereignisse. *Weltkomplexität* als das erschlossene Bezugsproblem funktionaler Analysen wird zum Problem der Relation zwischen System und Welt als dessen „letzter" Umwelt, insofern sie auf ein Ausmaß zu reduzieren ist, in dem menschliches Erleben und Handeln sich orientieren kann, und nur durch sinnvermittelte Selektion können Systeme sich eine Welt konstituieren; denn: „Sinn dient der Erfassung und Reduktion von Weltkomplexität und erst dadurch der Orientierung des Erlebens und Handelns." (ebd., 116) Der von Luhmann in Ansatz gebrachte Sinnbegriff wird als ein Medium verstanden und bleibt inhaltlich unbestimmt, insofern letzthin nicht die Entstehung, sondern die Funktion von Sinn zur Orientierung des Erlebens und Handelns in Rücksicht auf die Erhaltung reduktionsfähiger Komplexität von Belang ist, ohne die jeweils geltenden Kommunikations-, Selektions- und (stabilisierenden) Retentionsregeln darüber hinaus auch nur ansatzweise zu problematisieren. Die Sinnfrage wird daher von Luhmann *funktionalistisch überspielt.*

Hieraus folgt auf der Systemebene: „Soziale Systeme haben die Funktion der Erfassung und Reduktion von Komplexität. Sie dienen der Vermittlung zwischen der äußersten Komplexität der Welt und der sehr geringen, aus anthropologischen Gründen kaum veränderbaren Fähigkeit des Menschen zu bewußter Erlebnisverarbeitung." (ebd.) Und „Gesellschaft ist ... jenes Sozialsystem, das letzte, grundlegende Reduktionen institutionalisiert." (Habermas/Luhmann 1971, 16) Die *Eigenkomplexität der Systeme* aber schließt mehr Möglichkeiten aus als die Komplexität der Welt (Komplexitätsgefälle) und die Grenzen ihrer Welt sind Sinngrenzen: die Reduktion von Komplexität erfolgt durch Sinn- resp. Systembildung.

Soziale Systeme also sind sinnhaft identifizierbare Systeme und dienen der Reduktion von Komplexität durch Stabilisierung einer Innen/Außen-Differenz. (ebd., 11) Die *„Erfassung und Reduktion von Komplexität"* ist ständige Systemaufgabe auf allen Ebenen der Gesellschaft. Sie ist die „Zauberformel" und der „mystische Schleier" aller weiteren Überlegungen und Untersuchungen Luhmanns, so daß der diagnostizierende Vorwurf einer offenbaren „Monomanie" nicht ganz unberechtigt ist (Bühl 1973, 54, 57 f.).

Soziale Systeme gewinnen ihre gegen die Umwelt abgrenzbare Einheit (Innen/Außen-Differenz) vor allem durch Sinnbeziehungen zwischen Handlungen. „Sinn ermöglicht Konstitution der Welt als eines permanent vergegenwärtigten ‚Woraus' der Selektion von Erleben und Handeln — als reduzierbare Komplexität, die in der Reduktion als Reservoir von Möglichkeiten zugleich erhalten wird. Sinn impliziert daher stets mehr Möglichkeiten weiteren Erlebens und Handelns, als bewußt aktualisiert werden können und steuert das menschliche Verhalten von daher durch Überforderung und Selektionszwang." (Luhmann 1970, 29) Hier stellt sich das Doppelproblem der *Komplexität* und *Kontingenz*, von Luhmann wie folgt umschrieben: „Unter Komplexität wollen wir verstehen, daß es stets mehr Möglichkeiten gibt, als aktualisiert werden können. Unter Kontingenz wollen wir verstehen, daß die angezeigten Möglichkeiten weiteren Erlebens auch anders ausfallen können, als erwartet wurde ... Komplexität heißt also praktisch Selektionszwang und Notwendigkeit des Sicheinlassens auf Risiken." (Luhmann 1972a, I, 31) Die reziproke Verhaltensabstimmung innerhalb einer sinnhaft konstituierten und deswegen hochkomplexen wie kontingenten Welt jedoch wird angesichts der Überfülle und des Reichtums der weiter angezeigten anderen Möglichkeiten problematisch, da die „Erwartungserwartungen" in der zwischenmenschlichen Interaktion allenthalben einem hierdurch „potenzierten Enttäuschungsrisiko" ausgesetzt sind. Es ist daher für Luhmann die Frage, ob über Sinn ein gesellschaftlicher Konsensus überhaupt herzustellen ist, wenn das Aktualisierungspotential oder die Fassungskraft des Einzelbewußtseins derart und permanent überfordert wird.

Hier greift für die allgemeine Attributionsproblematik der Mechanismus der Institutionalisierung von Verhaltenserwartungen ein: „Durch Institutionalisierung werden die minimalen, natürlich-begrenzten Chancen zu aktuellem Konsens ausgeweitet: Ähnlich wie schon durch die Sprache, die bei Bejahung gleicher Werte Konsens suggeriert, wird durch Institutionalisierung der Konsenswert aktuellen Erlebens im Hinblick auf Erwartung von Verhaltenserwartungen überzogen. Man könnte auch formulieren: Institutionalisierung dient dazu, Konsens erfolgreich zu überschätzen." (Luhmann 1970, 30)

Der generelle Konsens in Gestalt oftmals unartikulierter oder kommunikationslos angenommener „Selbstverständlichkeiten" dient als Grundlage der Erwartungsbildung: „Diese Verfestigung unterstellten Konsenses läuft über das Erwarten von Erwartungen." (ebd., 31) Die *Erwartbarkeit von Erwartungen* ist das unabdingbare Erfordernis einer jeden sinnhaft gesteuerten Interaktion und hier ist der Fokus „regulativer Sinnsynthesen". In diesem Zusammenhang überrascht zunächst die Aussage Luhmanns: „Eine formulierte idée directrice — das ist schon der Anfang vom Ende einer Institution." (ebd., 32) Das Problem liegt laut Luhmann in der Ausdehnung oder Übertragung der in situativen Kontakten unterstellten Selbstverständlichkeiten und Selbstfestlegungen auf relevante, potentielle resp. anonyme Dritte bis hin zu „jedermann", wodurch die Konsensgeneralisierung aufgrund ungleicher Verteilung strittig wird. Die Institutionalisierung bedarf daher eines Prozesses der Institutionalisierung selbst, d. h. sie wird reflexiv (vgl. Luhmann [4] 1974, 92–112).

Institutionen – das sind die Produkte von Institutionalisierungen – müssen auf einige wenige realisierbare Problemlösungen heruntergestuft werden, insofern nicht alles möglich ist. Der Abstand des Möglichen vom Wirklichen, die Differenz von Entscheidungsbedarf und Enttäuschungslast ist nur zu überwinden, wenn man sich auf *Bindungen der Freiheit* einläßt: „Nicht das Recht auf Selbstbestimmung, sondern das Faktum konkret festlegender Selbstverstrickung in den sozialen Prozeß ist die ‚Natur' des Menschen – das von selbst ihm Zuwachsende." (Luhmann 1970, 37) Und erst im Laufe der ge-geschichtlich-gesellschaftlichen Entwicklung kommt es dazu, weiterreichende Freiheiten in Institutionen einzubauen, die eingespielten Selbstverständlichkeiten des alltäglichen Lebens durch den Entwurf neuer Normierungen zu übergreifen. Extrapoliert heißt das, daß Strukturen prinzipiell variabel und daher vom (mehr oder weniger konkret apperzipierten) „Möglichkeitshorizont" (= „Selektion aus einer Komplexität des noch immer Möglichen") her offenzuhalten sind. Diese Freiheit zur künftigen Disposition präsent gehaltener, zukunftsoffener Unbestimmtheiten und/oder heutiger Vorläufigkeiten gegenüber dem gesellschaftlichen Darstellungszwang als Bewertungsstütze in der perennierenden Gegenwart liegt für Luhmann hierin beschlossen: „institutionalisierbar muß sein die Erwartung der Kontinuität Komplexität reduzierender Systeme." (ebd., 39) Es ist dies ein gesellschaftliches Evolutionsprogramm und nach Luhmann zugleich die Chance der Selbststabilisierung sozialer Systeme in der Zeit (ebd., 40 f.).

Was das *politische* System angeht, so ist dieses ein Subsystem der Gesamtgesellschaft. Es erwächst und/oder stellt sich dar als gesellschaftliche Ausdifferenzierung bestimmter Handlungsbereiche (auf der Rollenebene durch Träger politisch-administrativer Funktionen) und ist hierin autonom: *das politische System ist funktional auf die Herstellung bindender Entscheidungen spezifiziert* und von seiner systemischen Leistung her auf die *Erzeugung gesellschaftlicher Macht* bezogen. In Anlehnung an Talcott Parsons und David Easton heißt es bei Luhmann: „Das politische System wird ... durch Ausdifferenzierung und durch die Bedingungen hoher Systemautonomie in die Lage versetzt, entscheiden zu können, und die spezifisch politische Funktion wird auf der Ebene konkreter Interaktion dadurch erfüllt, daß diesen Entscheidungen bindende Wirkung verschafft wird." (Luhmann [4]1974, 158 f.) Zur Stabilisierung des ausdifferenzierten und funktional spezifizierten politischen (Sub-)Systems ist zugleich die (reflexive und/oder selbstreferentielle) Erhaltung einer „Eigenkomplexität" auf einem Niveau erfordert, das der Komplexität seiner gesellschaftlichen Umwelt entspricht oder ihr zumindest nahekommt: „Unter Komplexität soll die Gesamtheit möglicher Ereignisse verstanden werden — als *Weltkomplexität* die Ereignisse der Welt, als *Systemkomplexität* die Ereignisse, die mit der Struktur eines Systems vereinbar sind. Hohe Eigenkomplexität bedeutet demnach Zulassung von Alternativen, Variationsmöglichkeiten, Dissens und Konflikt im System. Dazu muß die Systemstruktur in gewissen Grenzen unbestimmt, widerspruchsreich und änderbar institutionalisiert sein. Sie muß gegen die natürliche Tendenz zur Sinnverdichtung und zur Beseitigung aller Ungewißheiten künstlich offengehalten werden und unterspezifiziert bleiben." (ebd., 160, Hervorhebungen A.W.)

Für das politische System ist zudem die eigenen Komplexität i.d.R. geringer als die des umgebenden Gesellschaftssystems: „Diese Lage zwingt das politische System zu einem selektiven Verhalten in der Gesellschaft, und zwar zu einer Selektivität eigenen Stils. Das politische System kompensiert seine geringere Komplexität durch Macht." (ebd., 169) Kurzum: „Das politische System der Gesellschaft übernimmt die Erzeugung, Verwaltung und Kontrolle der Macht für die Gesellschaft." (Luhmann 1975c, 49) Es steht dies vor dem Hintergrund pauschaler Anerkennung und Entscheidungsermächtigung: „Ein politisches System muß in seiner gesellschaftlichen Umwelt relativ generell anerkannt sein, als System gleichsam politischen Kredit genießen, der nicht auf spezifischen Entscheidungsaussagen beruht, also nicht jeweils tauschförmig zustande kommt, und auch nicht bei jedem Mißerfolg zurückgezogen wird." (Luhmann [4]1974, 157) Und: „Macht ist die Möglichkeit, durch eigene Entscheidung für andere eine Alternative auszuwählen, für andere Komplexität zu reduzieren." (ebd., 162) Hieraus folgt: Legitimität ist Systemvertrauen in die Rationalität des politischen Systems; denn: „Legitim ist eine verbindliche Entscheidung des politischen Systems, deren kritiklose Anerkennung institutionalisiert ist, das heißt sozial erwartet und nicht persönlich zugerechnet wird." (Luhmann [2]1975b, 61) Den Individuen, die *komplementäre Publikumsrollen* einnehmen, verbleibt dann nur „ein nahezu motivloses, selbstverständliches Akzeptieren bindender Entscheidungen." (Luhmann [4]1974, 159)

Für Luhmann geht es darüber hinaus im Hinblick auf das politische System nicht um „Wahrheiten" — dies wäre eine „alteuropäische" Sichtweise —, sondern um (die Vermittlung von) Interessen. Es sind daher Verfahren einzurichten für funktional spezifizierte Subsysteme, die Komplexität abarbeiten und Entscheidungen legitimieren; insbesondere sind die „Normierung der Normsetzung" und das „Bewerten von Werten" zu institutionalisieren (ebd., 167).

> „Ein Bewerten von Werten kann auf verschiedene Weise institutionalisiert werden — in Einparteiensystemen zum Beispiel mit Hilfe einer undogmatisch gehandhabten Ideologie, die einem privilegierten Teilnehmerkreis als Diskussions- und Konsensgrundlage dient; in Mehrparteiensystemen mit Hilfe eines Systems politischer Konkurrenz, das es einem Teilsystem ermöglicht, Werte auf Erfolge (vor allem Wahlerfolge) hin zu instrumentalisieren. In jedem Falle wird dann *Opportunismus* bestandswesentlich. Werte können nicht mehr durch starre Rangprioritäten in ein System gebracht werden. Sie müssen Geltung und Vordringlichkeit aus einem Vergleich mit dem relativen Erfüllungsstand anderer Werte von Situation zu Situation neu gewinnen. Das ist auf hinreichend breiter Basis nur möglich, wenn hinreichend viele Werte im System Sprecher finden und wenn die relativen Präferenzen hinreichend rasch wechseln. Auch in dieser Hinsicht ist so hohe Komplexität nur zu bewältigen, wenn ein Status quo vorausgesetzt werden kann, der verbessert, nicht aber verschlechtert werden darf. Die Fixierung eines Status quo scheint sich als eine neuartige, planungsgünstigere Form der Übernahme von Geschichte herauszubilden. Für den Status quo spricht die Vermutung des Konsensus. Er wirkt insofern wie eine Institution: Wer Änderungen wünscht, hat die Last und das Risiko der Initiative." (ebd., 168)

Die Geschichte „verpflichtet nicht mehr als bindende Tradition, die beweist, was gut und richtig ist. Sie wird nur noch in ihrer spezifischen Funktion als reduzierte Komplexität, als Eliminierung anderer Möglichkeiten herangezogen, weil die Rechenkapazitäten nicht ausreichen, um bessere Zustände ab ovo durchzukalkulieren. Sie wird daher nur noch mit Widerrufsvorbehalt akzeptiert in dem Sinne, daß alle Planung zwar an gegebene Zustände und Befriedigungslagen anknüpfen muß, diese aber ändern kann, wenn und soweit sie imstande ist, das Vorhandene in all seinen Funktionen zu ersetzen. Aller Fortschritt muß dann die Form der Substitution *funktionaler Äquivalente*, des Abtauschens vorhandener Bestände gegen bessere annehmen. Die Zukunft ergibt sich nun nicht mehr unmittelbar, sondern nur noch durch Entscheidungsprozesse gebrochen aus der Vergangenheit. Die Sicherheit, die eine unverrückbare Vergangenheit bot, muß daher zum Teil aus der Zukunft selbst bezogen, zum Teil durch Garantien des Status quo geschaffen werden." (ebd., unsere Hervorhebung, A.W.)

Gerade für das *politische* System kommt es darauf an, eine hohe (Eigen-) Komplexität — ausgewiesen durch „Ausdifferenzierung, Autonomisierung, funktionale Spezifikation und Selektivitätsverstärkung" (ebd.) — zu halten, insofern „komplexere politische Systeme bessere Chancen der Anpassung an eine zunehmend komplexere Umwelt haben und daher auch bessere Aussichten, sich in ihrer Komplexität zu erhalten" (ebd., 171). Gerade bei hoher Komplexität wird die *Demokratie zur Norm*, von Luhmann verstanden als „Erhaltung der Komplexität trotz laufender Entscheidungsarbeit, Erhaltung eines möglichst weiten Selektionsbereichs für immer wieder neue und andere Entscheidungen." (Luhmann [2]1975, 35, 40)

Wir kommen jetzt zu einer *Zwischenbilanz*. Für Luhmann, so kann vorläufig resümiert werden, gilt das Motivations- und Interessensubstrat interagierender Subjekte als peripher (Horn/Schülein 1976). Sein Theoriesubjekt ist allerwegen das System, „der Mensch" eine (alteuropäische?) Residualkategorie. Dieser „Subjektivierung des System(begriff)s" entspricht „eine nahezu totale Entsubjektivierung konkreter Subjekte" (Narr/Runze 1974, 58). Der eigentümliche Ausfall des *konstitutiven Reflexionssubjektes* kommt insbesondere darin zum Ausdruck, wenn Luhmann in zugespitzter Weise ausführt, die soziologische Theorie sozialer Systeme wolle „den Menschen nicht mehr als Teil des sozialen Systems, sondern als dessen problematische Umwelt" (Luhmann [2]1975b, 36) erfassen. Dagegen ist darauf zu bestehen, daß der Mensch sowohl Teil des sozialen Systems als auch dessen Umwelt oder Bezugseinheit als Person-System ist. Es ist daher die entscheidende Schwäche des Ansatzes von Luhmann, „das personale System als Bedürfnissystem nicht explizit als Bezugseinheit für die Konstruktion sozialer Systeme eingesetzt zu haben." (Hondrich 1973, 98) Dieser oftmals erhobenen Kritik ist Luhmann lange Zeit im wesentlichen ausgewichen bzw. er hat das Problem einfach systemtheoretisch umformuliert. Seine zahlreichen Modifikationen und stets aufs neue eingebrachten Anmerkungen haben a limine am grundsätzlichen Ansatz nichts geändert. Erst in jüngster Zeit werden seine Angriffe gegen den Tenor der Kritik heftiger und in erwünschter Weise eindeutiger, worauf wir gleich zurückkommen.

Es geht mir dabei, um Mißverständnissen vorzubeugen, nicht darum, *Handlungs-* und *Systemtheorie* gegeneinander auszuspielen, vielmehr sind beide Ausrichtungen (ebenso wie wissenschaftstheoretisch „individualistische" und „kollektivistische" Erklärungsansätze als komplementäre Anschlußtheorien zu begreifen sind, vgl. M. Schmid 1982, 210 ff.) miteinander zu verknüpfen; denn, so Luhmann, „soziale Ordnung kann nicht handlungsfrei, Individualität nicht unsystematisch aufgefaßt werden." (Luhmann 1981c, 52) Dem soll hier auch gar nicht widersprochen werden. Allerdings ist es doch sehr die Frage, ob einfach behauptet werden kann, daß Systeme Handlungen konstituieren (und nicht auch umgekehrt bzw. wechselseitig, wenn man an der Steigerungsbedingung und Anschlußfähigkeit von „Sinn" festhält). Warum ist für Luhmann der Subjektbegriff kein Grundbegriff mehr (und die „alteuropäische Handlungslehre" eine „gefallene Theorie"), sondern nur noch ein „Problemhinweis" (ebd., 59) hinsichtlich systemischer Zurechnungsregeln (unter Vernachlässigung des subjektiven Bewußtseins, gibt es denn ein − auch noch emergentes − „Systembewußtsein")? Luhmann hat alles in allem kein großes Interesse mehr an der „(inter)subjektiven Relevanz" politischer Entscheidungen.

Heute reagiert Luhmann, wie bereits angeführt, auf die Kritik allergischer. Wer heute noch von „Individualität", „Subjekt" etc. spreche, verwende, „wie jedermann", undurchdachte Trivialbegriffe einer heruntergekommenen philosophischen Terminologie; denn: „Nicht die Individuen konstituieren die Gesellschaft, indem sie sich − sei es vertragsförmig, sei es historisch-faktisch − zum Zusammenleben entschließen, sondern die Gesellschaft konstituiert (über Institutionen, A.W.) die Individuen, indem sie es ihnen ermöglicht, sich wechselseitig als Individuen zu behandeln, Verträge zu schließen, sich wechselseitig freiwillig zu binden, sich verantwortlich zu machen, sich zu sanktionieren." (Luhmann 1984a, 5)

Luhmanns Einlassungen enthalten des weiteren eine polemische Spitze gegen bestimmte sozialwissenschaftliche Ausprägungen und/oder politische Emanzipationsbestrebungen. Wenn von der „Dialektik von personaler und sozialer Identität" die Rede sei, handele es sich fast immer um einen „Appell an Magie". Außerdem wisse man wohl nicht, was dem Menschen als Subjekt durch seine Individualisierung *zugemutet* werde:

> „Kann das Individuum seine Freiheit ertragen? Kann es sich, der Autonomie ausgesetzt, darin zurechtfinden? Kann es sich selbst bestimmen, wenn ihm nicht einmal ein dafür gültiges Kriterium zur Verfügung gestellt wird? Wie macht sich kriterienlose Selbstreferenz bemerkbar, wenn sie zum Schicksal wird, an dem niemand mehr Anteil nimmt?
>
> Die alte Wunschliste der Individualität: Freiheit, Gleichheit, Selbstbestimmung, Selbstverwirklichung, Autonomie, Emanzipation, rückt mit solchen Fragen in ein anderes Licht. Folgt man der soziologischen Gesellschaftstheorie, sind dies nur Korrelate zunehmender gesellschaftlicher Differenzierung. Das Individuum wird zwangsläufig in die Individualität abgeschoben, und dazu wird ihm noch souffliert, daß dies seinen eigensten Wünschen entspreche. Fast fühlt man sich an Adam und Eva erinnert: keine Wohnung, keine Kleidung, keine Arbeit, nur einen Apfel für beide — und dann mußten sie es noch Paradies nennen.
>
> Traum, Trauma, Traumatik der Emanzipation müßten demnach selbst einer Ideologiekritik unterzogen werden. Sie haben in den letzten beiden Jahrzehnten fast nur Befürworter gefunden, die als *Partisanen des Subjekts* sich die Frage gar nicht stellten, wie das Individuum seine Individualität handhaben könne, wenn dies ihm überlassen bleibe. Inzwischen sieht man freilich: Die Tempel der Emanzipation werden kaum noch betreten, und in den Ritzen wuchert das Unkraut. Aber man hat sich nur auf Ambitionen kleinerer Art zurückgezogen. Für den *Theoriedefekt* selbst fehlt noch jedes Verständnis." (ebd., 6 f., unsere Hervorhebungen, A.W.)

Darüber hinaus sollte man nach Luhmann einsehen oder gewärtigen, „daß Volloriginalität genau so wenig erreichbar ist wie Reflexionsidentität", so daß Individualität nicht an Genialität zu messen oder auf sie hin zu steigern ist (ebd., 10). Die „traditionelle Gegenüberstellung individueller und sozialer, eigennütziger und gemeinnütziger Aspekte" produziere nur noch „folgenlose Appelle": „Man kann nur versuchen, eine Theorie der Gesellschaft zu entwickeln, die derart einfache Kontrastierungen hinter sich läßt und stattdessen der

Frage nachgeht, welche Beschränkungen in der soziokulturellen Evolution zu erwarten sind, wenn das Gesellschaftssystem mit der Struktur seiner eigenen Reproduktion so hohe Varianz für individuelle Selbstkontinuierung freigibt." (ebd., 11)

Unser *Fazit* lautet, daß Luhmann (im übrigen in vielen Punkten der Institutionenlehre Arnold Gehlens nicht unähnlich, vgl. Waschkuhn 1981) den *zweiten* Handlungsbegriff, wie wir ihn oben eingeführt haben, überbetont und den „menschlich-subjektiven Faktor" vernachlässigt. Bereits der verstorbene Soziologe Helmut Schelsky, der Luhmanns wissenschaftliche Karriere gefördert, teilweise erst ermöglicht hat (vgl. Käsler 1984), sprach von einer *antipersonalen systemfunktionalen Analyse* und hielt an der kritisch-reflektierenden Subjektivität und damit an dem *ersten* Handlungsbegriff fest in Richtung auf eine „Intersubjektivität der Verständigung" (Schelsky 1973; 1980, 95 ff.). Jürgen Habermas stellte in seiner Diskussion mit Luhmann in den siebziger Jahren die ideologiekritische Frage, „ob diese Theorie (Luhmanns, A.W.) nicht geeignet ist, in einem auf Entpolitisierung einer mobilisierten Bevölkerung angewiesenen politischen System die herrschaftslegitimierenden Funktionen zu übernehmen, die bisher von einem positivistischen Gemeinbewußtsein erfüllt worden sind." (Habermas/Luhmann 1971, 144) Helga Gripp, die den systemtheoretischen Ansatz von Luhmann wie den kritisch-dialektischen und legitimationstheoretischen Ansatz von Habermas danach befragt, welche Bedeutung „dem Menschen als intersubjektiv handelndem und sich verständigendem Wesen für die Aufrechterhaltung, die Weiterentwicklung oder auch die Stagnation gesellschaftlicher Prozesse" (Gripp 1978, 253) in diesen Konzeptionen jeweils zukommt, gelangt zu dem Urteil, daß bei Luhmann „Sinn" als ein „Selektionsmechanismus" rein funktionalistisch definiert sei, losgelöst von jeglichem Bezug auf ein Subjekt (ebd., 255). Es ist für sie evident, daß in Luhmanns „Soziologie", die ja eine „soziologische Aufklärung" sein will, die Gesellschaft dem Zugriff des Menschen letztlich (und paradoxerweise) verschlossen bleibt. Es ist dies darüber hinaus wohl von Luhmann auch politisch erwünscht, so daß im Hinblick auf sein Demokratieverständnis und die von ihm theoretisch intendierte „Systemrationalität" mit Recht festgehalten werden kann:

„Eine Theorie, die das Individuum als eigenständig handelndes Subjekt aus ihrem Objektbereich hinauskatapultiert, in der statt dessen der Selektionszwang von komplexen Handlungssystemen an die Stelle von im Individuum zu verortenden motivationsbildenden Wertsystemen tritt, eine solche Theorie kennt im Grunde kein gesamtgesellschaftliches Dilemma. Sie kennt nur Steuerungsdefizite, für die sie allerdings ‚Heilmittel‘ anzubieten weiß. Da die Existenz hochkomplexer Gesellschaften von dem ausdifferenzierten Steuerungssystem, dem politischen Teilsystem abhängt, ist es wichtig, daß dieses System seine Entscheidungen autonom treffen kann, vor der allgemeinen Krisenbildung also weitgehend abgesichert ist. Partizipation, Demokratisierung über diskursive Willensbildung sind diesem Konzept zufolge nur Störfaktoren, die es zu eliminieren gilt." (ebd., 260)

Es paßt zu dieser „reifizierenden" Kritik, wenn Cornelius Castoriadis in seiner Arbeit „Gesellschaft als imaginäre Institution" (wenngleich in einem anderen Zusammenhang) allgemein ausführt: „Die Ersetzung des Menschen ... durch ein Ensemble von Teilfunktionen, die willkürlich nach einem willkürlichen System von Zwecken unter Rekurs auf eine nicht minder willkürliche Pseudo-Begriffsbildung ausgewählt wurden, sowie die dementsprechende Behandlung des Menschen in der Praxis verrät eine Vorherrschaft des Imaginären, die sich trotz aller ‚Systemeffizienz‘ von derjenigen in den ‚fremdartigsten‘ archaischen Gesellschaften in nichts unterscheidet. Die Behandlung eines Menschen als Ding oder rein mechanisches System ist nicht weniger, sondern in höherem Maße imaginär, als wenn man ihn als Käuzchen betrachtet." (Castoriadis 1984, 270 f.) Daß der Mensch kein „Käuzchen" ist, sollte (um diese Metaphorik noch weiter zu überziehen) auch von Luhmann anerkannt werden, der in seine *Systemtheorie* offenbar derart viel Phantasie investiert hat, daß er alles Schöpferische nur noch *von dieser selbst* erwartet. Seine neuesten Ausrichtungen bestätigen diese Interpretation nur noch.

Die Theorieentwürfe Luhmanns abschließend ist daher insbesondere noch seine neueste große Untersuchung „Soziale Systeme. Grundriß einer allgemeinen Theorie" (1984b) zu erörtern, die vielfach als seine „*summa sociologica*" gepriesen wird (vgl. u. a. Podak 1984, Wyborski 1984). Daneben ist wohl bereits der spezifische Sprachstil Luhmanns deutlich geworden, seine Formulierungskünste sind in der Tat beachtlich und für den „Eingeweihten" von großer Faszinationskraft (das gilt vice versa auch für den „Jargon" von Habermas). Luhmann liebt es geradezu, flapsige und neckische Ne-

benbemerkungen einzustreuen, überraschende Zusammenhänge herzustellen, Metaphern zu überziehen, neue Begriffe und Begriffsketten
zu bilden, unvermutete Assoziationen herzustellen, Arabesken zu
Sentenzen (unter Einschluß von Zynismen) zu stilisieren und vieles
mehr. Kurz: Luhmann versteht es stets aufs neue, die ihm gewoge-
nen Leser zu entzücken, die anderen zumindest zu interessieren, ansonsten aber bleibt es natürlich eine durchaus mühsame Lektüre. Zur
Auflockerung greife ich hier ein paar in dieser Hinsicht besonders
schön gelungene Textpassagen heraus:

> „Dabei fassen Identitäten, und darauf beruht ihre Ordnungsleistung, nicht
> etwa gleiche oder gleichartige Erwartungen zusammen, sondern verschie-
> dene; und sie unterscheiden sich durch deren Kombination. Bücher kön-
> nen versehentlich zuklappen, vom Tisch fallen, vergilben, aber nicht zer-
> brechen wie Gläser oder vom Kopf fliegen wie Mützen. Die Identität ist
> mithin kein kategorialer Ordnungsgesichtspunkt, sondern ein punktuali-
> sierter, hochselektiver Ordnungsaspekt von Welt. Die Erwartung, ‚daß auch
> die nächste Seite bedruckt ist und den Text fortsetzt‘, könnte man gar
> nicht an Liegestühle richten, und das ‚unerwartete‘ (aber auf Grund einiger
> Erfahrungen sehr wohl erwartbare) Zusammenklappen von Liegestühlen
> ist in ganz anderer Weise gefährlich als das Zusammenklappen von Büchern.
> Die Identität des Wortes „Zusammenklappen‘ und die Ähnlichkeit der Er-
> eignisse bietet überhaupt keinen praktisch relevanten Ordnungsgesichts-
> punkt für Erfahrungen. Wer lernt schon an Hand von Liegestühlen etwas
> über Bücher!“ (Luhmann 1984b, 427)

> „Die Gemengelage von kognitiven und normativen Erwartungskompo-
> nenten ist ein alltagsweltlich normaler Sachverhalt und erfordert hohe
> Kunstfertigkeit (mit entsprechenden Abstimmungsproblemen für sozia-
> les Verhalten), wenn es gilt, Reaktionen auf Enttäuschungen zu dosie-
> ren. Nur mit solchen Mischformen können sich Erwartungsbereitschaf-
> ten auf Sinnfelder und Verhaltensweisen ausdehnen, die so komplex
> sind, daß man dem angenommenen Verlauf nicht blind vertrauen kann.
> — Es kommt hinzu, daß eine Festlegung auf Modalformen des Erwar-
> tens oft erst im Enttäuschungsfall nötig wird. Man hatte unbedacht
> in die Situation hineingelebt. Die Enttäuschung passiert. Der Bundes-
> kanzler raucht wieder.“ (ebd., 438, gemeint ist Helmut Schmidt, A.W.)

> „Jede Weltsicht ist komplett. Auch Erwerb von Wissen, wo vorher nichts
> war, erfordert deshalb die Umstrukturierung einer vorhandenen Wissens-
> lage. Man wußte vorher nicht, daß es Avocados gibt. Jetzt ist der Hori-
> zont des Eßbaren entsprechend erweitert, und man kann lernen, daß es
> sie sogar bei Karstadt gibt. ... Lernbereitschaft kann auf extrem unwahr-
> scheinliche, aber auch auf mehr oder weniger wahrscheinliche, ja selbst

auf absichtsvoll herbeigeführte (experimentelle) Bedingungen bezogen sein. Soweit Lernen an das Dingschema gebunden ist, erfolgt es im allgemeinen kumulativ. Würde man erfahren, daß es sich bei Avocados um indianische Wurfgeschosse handelt, würde dies das Wissen der Eßbarkeit von Avocados nicht löschen, sondern nur ergänzen. Die Welt wird durch Lernvorgänge komplexer. Und Vergessen ist, besonders in Gesellschaften ohne Schrift, das dazugehörige Korrektiv." (ebd., 448)

„Auf Handlung muß Handlung folgen – oder eben gar nichts! Die autopoietische Reproduktion setzt Strukturmuster voraus, aber sie kann auch aus der Situation heraus innovativ oder abweichend erfolgen, sofern nur das Handeln kommunizierbar, also sinnhaft-verständlich und anschlußfähig bleibt. ,Ich mag gar keinen Pflaumenkuchen', erklärt der Mann seiner überraschten Frau an seinem 57. Geburtstag im 31. Jahre seiner Ehe; und dann muß die Frage des Geburtstagskuchens neu entschieden werden. Wenn nicht zugleich Geburtstag und Kuchen, eheliches Leben und Redlichkeit ihren Sinn verlieren, kann die Struktur sinnvoll geändert werden. (Das Beispiel läßt sich vielfältig variieren. ,Ich habe genug gearbeitet', erklärt der Kapitalist den überraschten Gewerkschaftsführern, ,übernehmt meine Werke, meine Konten, ich möchte eine Rente'.)" (ebd., 474 mit Anm. 185)

Ich hoffe zuversichtlich, der Leser hat hier schmunzeln und verschnaufen können. Gleichzeitig wurde er vielleicht dazu animiert, bei Luhmann einmal nachzulesen, in welchem Kontext diese Äußerungen und Einlassungen stehen, die erst dann ihren eigentlichen Sinn entfalten. Wir kommen jetzt auf sein Hauptwerk „Soziale Systeme" in einer etwas ernsthafteren Weise zu sprechen.

Luhmann erneuert hier seine Diagnose, daß die Soziologie und damit die Sozialwissenschaften insgesamt sich in einer „Theoriekrise" befinden; es fehle vor allem eine *facheinheitliche Theorie*, die Luhmann mit seiner funktional-strukturellen Systemtheorie gleichzeitig hierfür anbieten will. Er glossiert die Aufarbeitung von „Klassikern" als einen Rückgriff auf Texte, der zwar mit „alexandrinischem Eifer" (eine Anspielung auf Jeffrey C. Alexander, s. Literaturverzeichnis) betrieben wird, dadurch (vielleicht ein Hinweis auf R. Münch) aber mehr variiert, als man kontrollieren könne: „Vorherrschend kehren diejenigen, die sich für allgemeine Theorie interessieren, zu den Klassikern zurück. .. Die Aufgabe ist dann, schon vorhandene Texte zu sezieren, zu exegieren, zu rekombinieren. Was man sich selbst zu schaffen nicht zutraut, wird als schon vorhanden vorausgesetzt." (Luhmann 1984b, 7) Das sei zwar „nicht uninteressant und nicht unfruchtbar", aber: „Selbst wenn man also mit einer Ausschöpfung des Gedankenguts der Klassiker früher oder später rechnen müßte, hätte man mit der selbsterzeugten Dunkelheit immer noch genug zu tun." (ebd., 8 f.)

Für Luhmann geht es explizit um eine „seit Parsons nicht mehr gewagte Formulierung einer fachuniversalen Theorie", die „sehr viel komplexer" werden muß „im Vergleich zu dem, was die Klassiker des Fachs und ihre Exegeten und selbst Parsons sich zugemutet hatten." (ebd., 10 f.) Es ist keine Frage, daß die Konstruktionsleistung, das hierfür notwendige *Theoriedesign* zu finden und zu liefern, von Luhmann beansprucht wird mit Hilfe einer *Theorie selbstreferentieller, autopoietischer Systeme*:

> „Das geschieht mit Begriffen wie: Sinn, Zeit, Ereignis, Element, Relation, Komplexität, Kontingenz, Handlung, Kommunikation, System, Umwelt, Welt, Erwartung, Struktur, Prozeß, Selbstreferenz, Geschlossenheit, Selbstorganisation, Autopoiesis, Individualität, Beobachtung, Selbstbeobachtung, Beschreibung, Selbstbeschreibung, Einheit, Reflexion, Differenz, Information, Interpenetration, Interaktion, Gesellschaft, Widerspruch, Konflikt. Man wird rasch sehen, daß herkömmliche Theoriebezeichnungen wie Handlungstheorie, Strukturalismus in dieser Gemengelage untergehen. Wir behalten ,Systemtheorie' als Firmenbezeichnung bei, weil im Bereich der allgemeinen Systemtheorie die wichtigsten Vorarbeiten für den angestrebten Theorietypus zu finden sind." (ebd., 12)

Die Theorieanlage Luhmanns ist ihm nur möglich auf dem Wege der Abstraktion als einer „erkenntnistheoretischen Notwendigkeit". Seine „polykontexturale Theorie" will zugleich einen Paradigmawechsel in der Systemtheorie begründen bzw. auf den Weg bringen, und zwar in theoretisch konstruierten Schüben: „Im ersten Schub wird die traditionelle Differenz von *Ganzem und Teil* durch die Differenz von *System und Umwelt* ersetzt." (ebd., 22) Ein zweiter Schritt besteht in der *Selbstreferenz von Systemen* in ihrer Eigenschaft als „offene Systeme", die nicht nur analytisch vorstellbar, sondern auch realiter *sind* als *empirische* Systeme. Insofern es selbstreferentielle Systeme tatsächlich gibt — es handelt sich für Luhmann nicht lediglich um „analytische" Systeme! —, die durch Systemdifferenzierung Komplexität reduzieren und für sich steigern, nämlich durch Selektionszwang unter „Aufhebung" von Potentialitäten (d. i. der stets angesprochene „Möglichkeitshorizont"), müssen sich komplexe Systeme auch an ihre eigene Komplexität konkret anpassen. Das wiederum heißt für Luhmann: „Selektion kann jetzt nicht mehr als Veranlassung eines Subjekts, nicht handlungsanalog begriffen werden. Sie ist ein subjektloser Vorgang, eine Operation, die durch Etablierung einer Differenz ausgelöst wird." (ebd., 56 f.)

Das neue Paradigma der *Selbstreferenz* (auch Selbstorganisation oder *Autopoiesis*) löst sich von seinem „klassischen Standort im menschlichen Bewußtsein" (Reflexion, Reflexivität), es löst sich vom *Subjekt* und wird auf *Objekt*bereiche übertragen, „nämlich auf reale Systeme als Gegenstand der Wissenschaft." (ebd., 58) Es handelt sich um eine neuartige *Kombination von Geschlossenheit und Umweltoffenheit* des Systemaufbaus, eine „nicht mehr zu stoppende Selbstreferentialität" in der „Kombination von System/Umwelt-Differenz und selbstreferentiellem Systemaufbau". (ebd., 64)

Unter Berücksichtigung der Dimension der *Zeit* muß jede „realitätsbezogene Systemtheorie davon ausgehen, daß nicht alles so bleibt, wie es ist." (ebd., 70) In Anbetracht „des Komplexitätsgefälles im Verhältnis zur Umwelt kann ein komplexes System sich, auch zeitlich gesehen, nicht nur auf Punkt-für-Punkt-Entsprechungen zur Umwelt stützen. Es muß auf vollständige Synchronisation mit der Umwelt verzichten und muß die damit gegebenen Risiken der momentanen Nichtentsprechung abfangen können." (ebd., 72) Hierbei halten Strukturen Zeit *reversibel* fest, da sie ein nur *begrenztes* Repertoire von Wahlmöglichkeiten offenhalten, während *Prozesse* aus *irreversiblen* Ereignissen bestehen.

„Strukturen fassen die offene Komplexität der Möglichkeit, jedes Element mit jedem anderen zu verbinden, in ein engeres Muster ‚geltender', üblicher, erwartbarer, wiederholbarer oder wie immer bevorzugter Relationen. Sie können durch diese Selektion weitere Selektionen anleiten, indem sie die Möglichkeiten auf jeweils überschaubare Konstellationen reduzieren. Prozesse kommen dadurch zustande (und der Prozeßbegriff soll hier dadurch definiert sein), daß konkrete selektive Ereignisse zeitlich aufeinander aufbauen, aneinander anschließen, also vorherige Selektionen bzw. zu erwartende Selektionen als Selektionsprämisse in die Einzelselektion einbauen. Die Vorselektion des Seligierbaren wird daher im Falle von Struktur als Geltung erfahren, im Falle von Prozessen dagegen als Sequenz konkreter Ereignisse." (ebd., 74)

Die eigentliche Systemleistung von Systemen mit temporalisierter Komplexität besteht in der Konditionierung der Interdependenz von Auflösung und Reproduktion der Elemente, um so etwas wie eine *„dynamische Stabilität"* zu erreichen: „Systeme mit temporalisierter Komplexität haben Eigenschaften, die man auf darunterliegenden Realitätsebenen nicht findet. Sie zwingen sich selbst zum laufenden Wechsel ihrer Zustände dadurch, daß sie die Dauer der Elemente, aus denen sie bestehen, minimieren. Sie kombinieren auf diese Weise, zeitlich gesehen, Stabilität und Instabilität und, sachlich gesehen, Bestimmtheit und Unbestimmtheit. Jedes Element (Ereignis, Handlung usw.) ist dann *bestimmt und unbestimmt zugleich:* bestimmt in seiner momentanen Aktualität und unbestimmt in seinem Anschlußwert (der seinerseits aber ebenfalls im Moment mitaktualisiert werden muß). Dadurch, daß diese *Kombination* durch Ausdifferenzierung eines entsprechenden Systems *garantiert wird*, werden Ordnungsleistungen möglich, *die sich darauf stützen."* (ebd., 80)

Kein sinnkonstituierendes System kann der Sinnhaftigkeit der eigenen Prozesse sowie der endlosen Offenheit der Welt mit Aussicht auf Erfolg entgehen. Man begreift die *Funktionsweise von Sinn* jedoch „nicht zureichend, wenn man sie auf eine Sinnvolles legitimierende Identität bezieht — sei es den an sich perfekten Kosmos, sei es das Subjekt, sei es den sinngebenden Kontext"; statt dessen ist davon auszugehen, „daß in aller Sinnerfahrung zunächst eine *Differenz* vorliegt, nämlich die Differenz von *aktual Gegebenem* und auf Grund dieser Gegebenheit *Möglichem."* (ebd., 111) Ein selbstreferentielles Prozessieren von Sinn erfordert indes *symbolische Generalisierungen*, die dem Erlebnisfluß Identitäten aufprägen im Sinne reduktiver Beziehungen zu sich selbst (vgl. ebd., 136 f.). Symbolische Generalisierungen verdichten die Verweisungsstruktur jeden Sinns zu Erwartungen, ohne die die Selektionslast für Anschlußoperationen zu hoch wäre. Generalisierung führt als Einheit der zwei Aspekte: Einschränkung des Möglichen und zugleich Sichtbarmachen anderer Möglichkeiten zur Entstehung strukturierter Komplexität (*organized complexity*) und jede Systemgenese setzt diese *strukturierte Komplexität* voraus im Sinne nichtbeliebiger Verteilungen (vgl. ebd., 140, 166).

Die „Autokatalyse sozialer Systeme" schafft sich ihren Katalysator selbst, nämlich das Problem der *doppelten Kontingenz*:

„Das Offensein für Neukonditionierung beruht auf derselben Bedingung wie die Negativität, nämlich auf der Doppelung der Kontingenz: Ego erfährt Alter als alter Ego. Er erfährt mit der *Nichtidentität der Perspektiven* aber zugleich die *Identität dieser Erfahrung* auf *beiden* Seiten. Für beide ist die Situation dadurch unbestimmbar, instabil, unerträglich. In *dieser* Erfahrung *konvergieren* die Perspektiven, und das ermöglicht es, ein Interesse an Negation dieser Negativität, ein Interesse an Bestimmung zu unterstellen. Damit ist, in Begriffen der allgemeinen Systemtheorie formuliert, ein ‚state of conditional readiness' gegeben, eine Systembildungsmöglichkeit im Wartestand, die nahezu jeden Zufall benutzen kann, um Strukturen zu entwickeln.

Diese Annahme eines autokatalytisch wirkenden Grundproblems stellt sich in mehrfacher Weise quer zu verbreiteten Theorieprämissen. Sie verträgt sich nicht mit der Annahme einer Natur (im Sinne von etwas aus sich selbst heraus Gewachsenem), und sie verträgt sich nicht mit der Annahme eines a priori (im Sinne von etwas aus sich selbst heraus Geltendem). Sie setzt vielmehr im Sinne der Theorie selbstreferentieller Systeme emergente Ordnungsniveaus autonom, und zwar sowohl im Hinblick auf Ermöglichung ‚von unten' als auch auf Konditionierung ‚von oben' und erst recht im Hinblick auf alle Hypostasierungen solcher Abhängigkeitsrichtungen durch Begriffe wie Materie oder Geist. An die Stelle solcher Letztrückversicherungskonzepte tritt die Vorstellung eines Problems, das unter der Bedingung hinreichender Komplexität der vorliegenden Realität produktiv wird." (ebd., 172)

Die Vorstellung der doppelten Kontingenz als ein autokatalytisch wirkendes Problem hatte Parsons als ein gemeinsames Symbolsystem (shared symbolic system) konzipiert und interpretiert, während Luhmanns *sinnhaft-selbstreferentielle Systemkonzeption* keinen Begründungskonsens voraussetzt oder benötigt, um das Kontinuieren der vorgefundenen Sozialordnung sicherzustellen (vgl. ebd., 174 f.). Für eine Theorie selbstreferentieller Systeme gehört alles, was zur Lösung des Problems der doppelten Kontingenz beiträgt, ins System, und die psychischen Systeme werden zu Personen als „Erwartungskollagen" (ebd., 178). Die abgearbeitete doppelte Kontingenz wirkt dann „als Kommunikationserleichterung und als Kommunikationsbarriere zugleich" (ebd., 179), wobei Luhmann Kommunikation generell den sozialen Systemen, „Bewußtsein" den Personen zuweist. Im Rahmen der Autogenese sozialer Systeme aus doppelter Kontingenz wird für ihn *Vertrauen* thematisch, das gegenüber dem Gegen code „Mißtrauen" eine Strategie mit der größeren Reichweite ist; denn: „Wer Vertrauen schenkt, erweitert sein Handlungspotential beträchtlich" (ebd., 180). Vertrauen muß kontingent, d. h. freiwillig erwiesen werden und *verallgemeinerungsfähig* sein. Gerade hier ist „die Zeitstruktur und Sequentialität des Aufbaus sozialer Beziehungen wichtig: Man fängt mit kleinen Risiken an und baut auf Bewährungen auf; und es erleichtert die Vertrauensgewähr, wenn sie auf beiden Seiten erforderlich wird, so daß das Vertrauen des einen am Vertrauen des anderen Halt finden kann." Vertrauen hat (und ist deshalb ebenfalls ein Medium) vor allem auch „jenen *zirkulären*, sich selbst voraussetzenden und bestätigenden Charakter, der allen Strukturen eigen ist, die aus doppelter Kontingenz entstehen. Es macht Systembildungen möglich und gewinnt aus ihnen dann wieder die Kraft zu verstärkender, riskanterer Reproduktion." (ebd., 181) Vertrauen ist somit ein universaler sozialer Tatbestand, bleibt aber auf symbolische Absicherungen angewiesen. Vertrauen ist darüber hinaus neben Partizipation eine Elementarform politischer Praxis und eine Grundbedingung demokratischer Rationalität (vgl. Waschkuhn 1984), worauf wir in Kap. 3.6 erneut zurückkommen.

Doch zurück zur Theoriekonstruktion Luhmanns: „Die Verlagerung des Problems (der elementaren Selbstreferenz des Handelns, A.W.) aus der offenen in die strukturierte Form benutzt als Gleitschiene die in aller doppelten Kontingenz liegende Selbstreferenz. Insofern bleibt das zu Grunde liegende Problem identisch. Aber sie vermindert nach und nach die Anregbarkeit durch Zufälle und ersetzt sie durch strukturabhängige Problemlagen. Das System verliert die Offenheit für Beliebiges und gewinnt Sensibilität für Bestimmtes. Dadurch differenzieren sich Umwelt und System. Umwelt und System sind nicht mehr nahezu kongruent als Unterbestimmtheit und Offenheit für alles Mögliche. Vielmehr gewinnt das System dadurch, daß seine eigene Selektionsgeschichte sich einspielt, eine Umwelt, in der vieles möglich, aber nur weniges für es relevant ist." (Luhmann 1984b, 185)

Hier kommt der Begriff der *Konditionierung* ins Spiel: „Ohne jede Konditionierung von Zusammenhängen ist keine Systembildung möglich, denn nur durch Konditionierung läßt sich ein Bereich von Möglichkeiten gegen anderes abgrenzen." (ebd.) Eine „doppelkontingente Konditionierung" hat die „Funktion, für weitere Konditionierungen sensibel zu machen. Sie schafft Zufallsempfindlichkeit und setzt damit Evolution in Gang. Ohne sie gäbe es keine sozio-kulturelle Evolution." (ebd., 186) Systemische *Kommunikation* aber ist ein Prozessieren von Selektion als ein emergentes Geschehen, das auf reziproke „Gleichsinnigkeit" gerichtet ist und entsprechend standardisiert werden muß. Kommunikation ist daher nur als ein selbstreferentieller Prozeß möglich und vorstellbar, d. h. ein Verstehenstest muß stets mitlaufen, was im übrigen Zeit und (symbolisch generalisierten) Sinn impliziert: „Ein Kommunikationssystem ist deshalb nie autark, es kann aber durch eigene Konditionierung kommunikativer Synthesen Autonomie gewinnen." (ebd., 200) Ohne hier alle analytischen Ein- und Unterteilungen der Selektionsprozesse, die Luhmann ausführt, im einzelnen nachzuvollziehen, läßt sich festhalten, daß mit Kommunikation ein Vorgang der „laufenden Formveränderung von Sinnmaterialien" angesprochen ist, für den Bewährungserfahrungen anzufallen haben oder vonnöten sind. Es muß in reflexiver Weise auch über Kommunikation kommuniziert werden können, insofern das Reflexivwerden von Prozessen Voraussetzung ist für ihre Ausdifferenzierung und funktionale Spezifikation (und vice versa), wodurch interdependente Steigerungsverhältnisse ermöglicht und begründbar werden. Kommunikation ist dann „*koordinierte Selektivität*" (ebd., 212). Sie ist zugleich *Informationsverarbeitung* durch eine gelungene Koppelung von Selektionen, die insbesondere durch Sprache, Schrift und Symbole vermittelt sind und auf die kontextuell eingebundene „Lebenswelt" zurückstrahlen, so daß Kommunikationszuammenhänge nicht beobachtet, sondern nur erschlossen werden können. Handeln kann daher nicht nur konkreten Einzelmenschen zugerechnet werden, sondern ist eher auf Situationen der Handlungsauswahl bezogen im Sinne des *Mitvollzugs der autopoietischen Reproduktion des sozialen Systems* (vgl. ebd., 229)

Die Bildung sozialer Systeme ist demnach *Konditionierung von Kommunikation* mit redundant verfügbar gehaltenen Sinngehalten, die systemisch weiterbearbeitet werden können (aber nicht müssen). Evolution ist somit ein graduelles Phänomen, wenn kollektives Handeln auf die Sinngrenzen von Systemen in der Weise einwirkt, daß Bindungen und Innovationen sich wechselseitig beeinflussen und daher nicht einfach „willkürliche" oder „beliebige" Wirkfaktoren sind.

Anders (in bezug auf Welt- und Systemkomplexität) formuliert: „Ursprünglich und phänomenologisch erfaßt ist die Welt als unfaßbare Einheit aufgegeben. Durch Systembildung und relativ auf Systembildung wird sie bestimmbar als Einheit einer Differenz" (ebd., 183), wobei der „Mensch" nicht mehr als Maßstab (von Politik und Gesellschaft) gelten kann; denn: „Er verdankt seine Sozialität — der Gesellschaft." (ebd., 288)

> „Sieht man den Menschen als Teil der Umwelt der Gesellschaft an (statt als Teil der Gesellschaft selbst), ändert das die Prämisse aller Fragestellungen der Tradition, also auch die Prämissen des klassischen Humanismus. Das heißt nicht, daß der Mensch als weniger wichtig eingeschätzt würde im Vergleich zur Tradition. Wer das vermutet (und aller Polemik gegen diesen Vorschlag liegt eine solche Unterstellung offen oder versteckt zu Grunde), hat den Paradigmawechsel in der Systemtheorie nicht begriffen.
> Die Systemtheorie geht von der Einheit der Differenz von System und Umwelt aus. Die Umwelt ist konstitutives Moment dieser Differenz, ist also für das System nicht weniger wichtig als das System selbst. Die Theoriedisposition ist in dieser Abstraktionslage noch völlig offen für verschiedenartige Wertungen. Die Umwelt mag manches enthalten, was für das System (unter welchen Gesichtspunkten immer) wichtiger ist als Bestandteile des Systems selbst; aber auch die gegenteilige Konstellation ist in der Theorie erfaßbar. Gewonnen wird mit der Unterscheidung von System und Umwelt aber die Möglichkeit, den Menschen als Teil der gesellschaftlichen Umwelt zugleich komplexer und ungebundener (‚freigesetzter‘, A.W.) zu begreifen, als dies möglich wäre, wenn er als Teil der Gesellschaft aufgefaßt werden müßte; denn Umwelt ist im Vergleich zum System eben derjenige Bereich der Unterscheidung, der höhere Komplexität und geringeres Geordnetsein aufweist. Dem Menschen werden so höhere Freiheiten im Verhältnis zu *seiner* Umwelt konzediert, insbesondere Freiheiten zu unvernünftigem und unmoralischem Verhalten. Es ist nicht mehr das Maß der Gesellschaft. Diese Idee des Humanismus kann nicht kontinuieren." (ebd., 288 f.)

Luhmann also konzentriert sich — wie stets — auf die Systemebene(n). Für Intersystembeziehungen hat sich mittlerweile der (sprachlich nicht sehr schöne) Begriff der *Interpenetration* durchgesetzt. Während bei der „Penetration" ein System die eigene Komplexität (= systemrelative Unbestimmtheit, Kontingenz und Selektionszwang) zum Aufbau eines anderen Systems zur Verfügung stellt, ist von „*Interpenetration*" dann die Rede, „wenn dieser Sachverhalt wechselseitig gegeben ist, wenn also beide Systeme sich wechselseitig dadurch ermöglichen, daß sie in das jeweils andere ihre vorkonstituierte Eigenkomplexität einbringen." (ebd., 290) Interpenetration ist zugleich der neue „Brückenbegriff" in bezug auf das Verhältnis von Menschen und sozialen Systemen; er restituiert die soziologischen Ansätze (oder nimmt sie in sich auf), „die grundbegrifflich mit der Rollentheorie, mit Bedürfnisbegriffen, mit Sozialisationstheorien gearbeitet hatten" (ebd.). Die interpenetrierenden Systeme aber sind füreinander nach wie vor Umwelt(en). Entscheidend für Luhmann ist dabei, „daß die Komplexität des Menschen sich erst im Hinblick auf soziale Systeme entwickeln kann und zugleich durch soziale Systeme benutzt wird, um ihr, wenn man so sagen darf, Handlungen zu entziehen, die den Bedingungen sozialer Kombinatorik genügen." Es bleibt für Luhmann „zwar richtig, daß interpenetrierende Systeme in einzelnen Elementen konvergieren, nämlich dieselben Elemente benutzen, aber sie geben ihnen jeweils unterschiedliche Selektivität und unterschiedliche Anschlußfähigkeit, unterschiedliche Zukunft." (ebd., 293)

Ein illustratives Beispiel für den hier angezielten Sachverhalt lautet:

„Man stelle sich nur vor, ein ‚Bauherr' von 1883 würde heute versuchen, ein Haus zu bauen: Es würden ihm fast alle Anschlüsse für seine Erwartungen fehlen, nicht nur im technischen, sondern gerade im sozialen Bereich; und er selbst würde zur Verzweiflung werden für alle, die mit ihm zu tun haben." (ebd., 291)

Der Begriff der Interpenetration also „antwortet auf die Frage nach den Bedingungen der Möglichkeit von doppelter Kontingenz. Er vermeidet es, diese Antwort durch Verweis auf die Natur des Menschen zu geben; er vermeidet auch den Rückgriff auf die (angeblich alles fundierende) Subjektivität des Bewußtseins. Er formuliert das Problem auch nicht als eines der (Subjekte voraussetzenden) ‚Intersubjektivität'. Die Ausgangsfrage ist vielmehr: welche Realitätsvorgaben vorliegen müssen, damit es hinreichend häufig und hinreichend dicht zur Erfahrung von doppelter Kontingenz und damit zum Aufbau sozialer Systeme kommen kann. Die Antwort heißt Interpenetration." (ebd., 293)

Interpenetration ist somit ein *Evolutionsprinzip*; denn: „Evolution ist nur durch *Inter*penetration, d. h. nur durch *wechselseitige* Ermöglichung möglich." (ebd., 294) Anders formuliert: „Jedes an Interpenetration beteiligte System realisiert in sich selbst das ande-

117

re als dessen Differenz von System und Umwelt, ohne selbst entsprechend zu verfallen. So kann jedes System im Verhältnis zum anderen eigene Komplexitätsüberlegenheit, eigene Beschreibungsweisen, eigene Reduktionen verwirklichen und auf dieser Grundlage eigene Komplexität zur Verfügung stellen." (ebd., 295) Interpenetration ist daher ein. Konstitutionszusammenhang von Binnenkomplexitäten und produziert hierdurch ein Zugleich von Dauer und Wechsel; es garantiert somit die perennierende Reproduktion noch unbestimmter Potentialitäten (ebd., 296). Damit sind *autopoietische* Systeme in reziproker Weise vorausgesetzt, werden Offenheit und Geschlossenheit von Systemen als (,,co-evolutives") Bedingungsverhältnis offenbar:

> ,,Interpenetration setzt Verbindungsfähigkeit verschiedener Arten von Autopoiesis voraus – in unserem Falle: organisches Leben, Bewußtsein und Kommunikation. Sie macht Autopoiesis nicht zur Allopoiesis; sie stellt gleichwohl Abhängigkeitsverhältnisse her, die ihre evolutionäre Bewährung darin haben, daß sie mit Autopoiesis kompatibel sind. Von hier aus wird besser verständlich, weshalb der Sinnbegriff theoriebautechnisch so hochrangig eingesetzt werden muß. Sinn ermöglicht die Interpenetration psychischer und sozialer Systembildungen bei Bewahrung ihrer Autopoiesis; Sinn ermöglicht das Sichverstehen und Sichfortzeugen von Bewußtsein in der Kommunikation und zugleich das Zurückrechnen der Kommunikation auf das Bewußtsein der Beteiligten. Der Begriff des Sinnes löst damit den Begriff des animal sociale ab. Es ist nicht die Eigenschaft einer besonderen Art von Lebewesen, es ist der Verweisungsreichtum von Sinn, der es möglich macht, Gesellschaftssysteme zu bilden, durch die Menschen Bewußtsein haben und leben können." (ebd., 297 f.)

Insofern Interpenetration ein Relationengefüge von ,,autonomer Autopoiesis" und ,,strukturellen Kopplungen" ermöglicht, sind *,,Bindungen"* (die ,,value commitments" von Parsons, bei Luhmann eher Muster von ,,Strukturbildungen") tentative Versuche der Festlegung des Verwendungssinnes insgesamt noch immer (potentiell) offener Möglichkeiten durch die Struktur eines emergenten Systems, wodurch die Bindung psychischer Möglichkeiten an soziale Systeme im Vordergrund des Luhmannschen Erkenntnisinteresses steht. Für ihn können Menschen – das verwundert jetzt nicht mehr – nur ,,komplex" sein dank des sozialen Systems der Gesellschaft (ebd., 304), das auf Kommunikationszusammenhänge und nicht auf das „Bewußtsein" von Individuen gestellt ist. Die integrative Leistung ist eine „Einheit der Differenz von System und Umwelt", die darin besteht, „daß verschiedene Systeme in der Reproduktion ihrer Elemente dasselbe Differenzschema verwenden, um Informationen zu verarbeiten, die sich aus den komplexen Operationen des jeweils anderen Systems ergeben. Nicht Einheit, sondern Differenz ist die Interpenetrationsformel, und sie bezieht sich nicht auf das ‚Sein' der Systeme, sondern auf ihre operative Reproduktion." Hierbei wird „Bewußtsein zur Reproduktion von Kommunikation in Anspruch genommen und zugleich Kommunikation zur Reproduktion von Bewußtsein, *ohne daß beides verschmolzen wird.*" (ebd., 315)

Die von Luhmann generalisierte „Sinnform der schematisierbaren Differenz" zeigt, „daß das Problem des Subjekts nicht einfach auf ein Problem der Freiheit reduziert werden kann", insofern das Subjekt sich systemischen Vorgaben, keinesfalls seiner selbst verdankt, insofern die „psychischen Systeme" zur „Umwelt sozialer Systeme" *gehören*. Luhmanns Aversion gegen den „individualistischen Reduktionismus" führt ihn im Kontext von systemischen Interpenetrationsvorstellungen zu der Annahme, daß hier eher so etwas wie ein „gegenseitiges Steigerungsverhältnis" vorliegt, unter dem systemtheoretischen oder funktionalistischen Vorbehalt, daß Interpenetrationen ohnedies nur Folgen der Systemdifferenzierung sind, obwohl beide Modi der Vergegenständlichung auf der Basis sinnhafter Selbstreferenz operieren.

Ohne hier auf Detailansätze eingehen zu können, ist herauszustellen, daß Luhmann das Problem in der Weise „löst", daß reflexive Erwartungsstrukturen und/oder neue gleichsinnige Interpenetrationsstile als Generalisierungen = Lernbedingungen (hierin wechselseitig steigerungsfähig) zusammenkommen *(reinforcement)*. Die funktionale Äquivalenz im Übergang von einer hierarchischen zu einer funktionsbezogenen Gesellschaftsordnung bedingt einen „Strukturwandel" qua *Selbständerung* oder *Selektivitätsverstärkung* mit bestimmten Ereignisreihen, die auch „Unwahrscheinlichkeiten normalisieren" (ebd., 487) und situative Anschlußoperationen ermöglichen.

Evolution kommt in diesem Sinne durch abweichende Selbstreproduktion zustande; sie läuft ab über Unentscheidbarkeiten als

Chancen der Morphogenese (ebd., 492). In psychischen Systemen läuft, wie gesagt, die Einheitsbildung operativ über Bewußtsein, in sozialen Systemen über Kommunikation (ebd., 497). Auch Widersprüche sind Kommunikationschancen und fördern die Entwicklung eines „Immunsystems" (ebd., 504). Der Widerspruch erfüllt daher eine „warnende, alarmierende Funktion"; denn: „Er zerstört für einen Augenblick die Gesamtprätention des Systems: geordnete, reduzierte Komplexität zu sein. Für einen Augenblick ist dann unbestimmte Komplexität wiederhergestellt, ist alles möglich. Aber zugleich hat der Widerspruch genug Form, um die Anschlußfähigkeit des kommunikativen Prozessierens von Sinn doch noch zu garantieren. Die Reproduktion des Systems wird nur auf andere Bahnen gelenkt. Sinnformen erscheinen als inkonsistent, und das alarmiert. Aber die *Autopoiesis* des Systems wird *nicht unterbrochen*. Es geht weiter." (ebd., 508 f.)

Für den Bereich der „sozialen Immunologie" ist das Rechtssystem ein Beispiel, das als *Immunsystem* des Gesellschaftssystems fungiert. Wenn Widersprüche eine Alarmierfunktion haben, stellt sich die Frage, was nach dem Alarm geschieht. Diese Frage führt zu Problemen einer *Theorie des Konflikts* auf der Basis von Systemtheorie. Für Luhmann sind *Konflikte* parasitär existierende soziale Systeme (!), die für eine Weile die Autopoiesis, die Weiterführung der Kommunikation, übernehmen: „Von Konflikten wollen wir immer dann sprechen, wenn einer Kommunikation widersprochen wird. Man könnte auch formulieren: wenn ein Widerspruch kommuniziert wird. Ein Konflikt ist die operative Verselbständigung eines Widerspruchs durch Kommunikation." (ebd., 530)

Die Konfliktdimension wird von Luhmann systemtheoretisch verharmlost, wenn er ausführt:

„Konflikte sind mithin soziale Systeme, die genau nach dem Muster doppelter Kontingenz gearbeitet sind; und es sind hoch integrierte Sozialsysteme, weil die Tendenz besteht, alles Handeln im Kontext einer Gegnerschaft unter diesen Gesichtspunkt der Gegnerschaft zu bringen. Hat man sich einmal auf einen Konflikt eingelassen, gibt es kaum noch Schranken für den Integrationssog dieses Systems — es sei denn solche der Umwelt, der Verhaltenszivilisation, des Rechts; darauf kommen wir zurück. Anders als oft angenommen (aber mehr unterstellt als begründet wird), ist Gegnerschaft also ein Integrationsfaktor ersten Ranges und gerade dadurch problematisch. Er zieht inhaltlich noch so heterogene Handlungen unter dem Gesichtspunkt der negativen doppelten Kontingenz zusammen und fügt sie in das System ein: *Jeder* kann *alle* Möglichkeiten aktualisieren, die den anderen benachteiligen, und je mehr dies geschieht, um so mehr ist es plausibel. Das System erreicht zu hohe Interdependenz: ein Wort gibt das andere, jede Aktivität muß und kann mit irgendwelchen anderen beantwortet werden." (ebd., 532)

„Konflikte erreichen zugleich, was man mit Loyalitätsappellen zumeist vergeblich zu erreichen versucht: eine hohe Bindungswirkung im Verhältnis von Interpenetration und Struktur. Dies gilt nicht nur für Solidarisierungen innerhalb der streitenden Parteien, sondern auch und gerade für die Gegnerschaft selbst. Wer seinen Feind verliert, wird dann eine eigentümliche Leere fühlen; ihm fehlen die Handlungsmotive, auf die er sich verpflichtet hatte. Ihm werden Möglichkeiten fehlen, die vielen Okkasionalitäten zu einer Geschichte zusammenzufassen, wenn der Konflikt als eine relativ zeitbeständige Identifikationslinie ausfällt. Es gibt wenig andere Möglichkeiten, im Bereich sozialer Systeme die Einheit von Generalisierung und Handlungsverpflichtung mit starker Beteiligung innerer Motive so weit zu treiben." (ebd., 533)

Spätestens hier wird die Konzeption Luhmanns fragwürdig; er nimmt Konflikte auf die leichte systemtheoretische Schulter, indem er fordert, daß eine Gesellschaft „viele, noch unbesetzte Konfliktchancen bieten" muß, „will sie ihr Immunsystem reproduzieren" (ebd., 538). Überall sieht Luhmann spezielle Strukturbildungsmöglichkeiten, neue Kontingenzen und neue Chancen der Selektion.

Ähnlich verhält es sich bei der Bestimmung des Verhältnisses von „Gesellschaft und Interaktion", wobei Luhmann Gesellschafts*syste-me* und Interaktions*systeme* unterscheidet: „Wir bleiben deshalb beim Ausschalten der Systemreferenz psychischer Systeme aus der Analyse sozialer Systeme und fassen die Unterscheidung von Gesellschaft und Interaktion als Unterscheidung verschiedener Arten sozialer Systeme." (ebd., 552)

„Jede Gesellschaft hat ein *für sie* problematisches Verhältnis zur Interaktion, auch dann, wenn sie interaktionsfreies und gleichwohl gesellschaftliches Handeln ermöglicht, zum Beispiel Schreiben und Lesen. Und jede Interaktion hat ein, *für sie* problematisches Verhältnis zur Gesellschaft, weil sie als Interaktion keine Autarkie im Sinne einer vollständigen Geschlossenheit des Kommunikationskreislaufs erreichen kann. Jedes Sozialsystem ist demnach durch die Nichtidentität von Gesellschaft und Interaktion mitbestimmt. Daß Gesellschaftssysteme nicht Interaktionssysteme sind und auch nicht einfach als Summe der vorkommenden Interaktionssysteme begriffen werden können, ist die eine Seite dieser These; daß

Interaktionssysteme immer Gesellschaft voraussetzen, ohne Gesellschaft weder begonnen noch beendet werden könnten, gleichwohl aber nicht Gesellschaftssysteme sind, ist die andere Seite.

Wichtig ist, vorab klarzustellen, daß diese Differenz von Gesellschaft und Interaktion nicht mit der Differenz von System und Umwelt zusammenfällt, und zwar weder für das Gesellschaftssystem noch für die Interaktionssysteme. Die Gesellschaft ist nicht etwa die Umwelt (auch nicht nur: die soziale Umwelt) der Interaktionssysteme, da die Interaktion ja ihrerseits ebenfalls gesellschaftliches Geschehen ist. Erst recht gehören Interaktionen nicht zur Umwelt des Gesellschaftssystems, auch wenn sie stärker als das Gesellschaftssystem im ganzen Umwelt beanspruchen und aktivieren, vor allem die psychischen und die körperlichen Fähigkeiten der Menschen. Das Nichtzusammenfallen dieser beiden Distinktionen System/Umwelt und Gesellschaft/Interaktion ist eine erhebliche Belastung für eine allgemeine Theorie sozialer Systeme. Deren Darstellung wird dadurch unvermeidlich kompliziert. Man kann an dieser Stelle jedoch nicht vereinfachen, ohne den Verhältnissen Gewalt anzutun." (ebd., 552 f.)

Interaktionen sind für Luhmann *Episoden* des Gesellschaftsvollzugs: „Sie sind nur möglich auf Grund der Gewißheit, daß gesellschaftliche Kommunikation schon vor dem Beginn der Episode abgelaufen ist, so daß man Ablagerungen vorangegangener Kommunikation voraussetzen kann; und sie sind nur möglich, weil man weiß, daß gesellschaftliche Kommunikation auch nach Beendigung der Episode noch möglich sein wird. Anfang und Ende der Interaktion sind nur Zäsuren in der Autopoiesis der Gesellschaft. Sie dienen dazu, Strukturen zu gewinnen, die nicht mit der Gesellschaft kongruent gesetzt werden können und doch die Gesellschaft durch Einbau von Differenzen mit Komplexität ausstatten. Die Interaktion vollzieht somit Gesellschaft dadurch, daß sie von der Notwendigkeit, Gesellschaft zu sein, entlastet wird. Nur an Hand dieser Differenz kann die Gesellschaft selbst Komplexität und die Interaktion selbst voraussetzungsreiche Unwahrscheinlichkeit gewinnen. Nur an Hand dieser Differenz ist die Evolution unwahrscheinlicher Komplexität möglich." (ebd., 553)

Gesellschaft ist das autopoietische Sozialsystem par excellence; denn: „Gesellschaft betreibt Kommunikation, und was immer Kommunikation betreibt, ist Gesellschaft." (ebd., 555) Die Gesellschaft ist eine *selbstsubstitutive* Ordnung, da „alles, was *an ihr* geändert oder ersetzt werden muß, *in ihr* geändert oder ersetzt werden muß" (ebd., 556).

Gesellschaft und *Interaktion* sind *verschiedenartige Sozialsysteme*: „Die Gesellschaft garantiert die sinnhaft-selbstreferentielle Geschlossenheit des kommunikativen Geschehens, also für jede Interaktion auch Beginnbarkeit, Beendbarkeit und Anschlußfähigkeit ihrer Kommunikation. In den Interaktionssystemen wird die Hydraulik der Interpenetration betätigt. Hier wirken Sog und Druck der Anwesenheit auf die Anwesenden und veranlassen sie, ihre Freiheit für Einschränkungen zur Verfügung zu stellen. Gesellschaft ist daher nicht ohne Interaktion und Interaktion nicht ohne Gesellschaft möglich; aber beide Systemarten verschmelzen nicht, sondern sind in ihrer Differenz füreinander unentbehrlich." (ebd., 566) Für Luhmann ist daher „ohne Differenz zu Gesellschaft" keine Interaktion, ohne „Differenz zu Interaktion" keine Gesellschaft möglich (ebd., 568). Die Differenz von Gesellschaft und Interaktion reproduziert eine *artikulierte Kontingenz* und das Gesellschaftssystem gewinnt aus der Differenz zu den einzelnen Interaktionen *Abstraktionsfähigkeit.* Nur die Gesellschaft „ermöglicht eine Identifikation von Erwartungszusammenhängen (Personen, Rollen, Programme, Werte), die in der einzelnen Interaktion verwendet werden können, aber in ihren Sinnbezügen über sie hinausreichen" (ebd., 575).

„Nur auf der Ebene des Gesellschaftssystems und seiner Subsysteme ist Evolution möglich, das heißt eine Änderung von Strukturen durch Variation, Selektion und Restabilisierung. Interaktionssysteme können zur gesellschaftlichen Evolution beitragen oder auch nicht; sie tragen bei, wenn sie Strukturbildungen anbahnen, die sich im Gesellschaftssystem bewähren. Ohne dieses riesige Versuchsfeld der Interaktionen und ohne die gesellschaftliche Belanglosigkeit des Aufhörens der allermeisten Interaktionen wäre keine gesellschaftliche Evolution möglich; auch insoweit ist also die Gesellschaft selbst auf eine Differenz von Gesellschaft und Interaktion angewiesen.

Die Gesamtheit der Interaktionen bildet mithin eine Art basale Anarchie, bildet qua Eigenstabilität von Interaktion und qua Aufhörzwang der Interaktion das Spielmaterial für gesellschaftliche Evolution. Anspruchsvolle Formen der gesellschaftlichen Differenzierung bauen sich durch Selektion aus diesem Material auf." (ebd., 575 f.)

Die Gesellschaft (bis hin zur „Weltgesellschaft") ist für Interaktion unzugänglich geworden: „Die in der Interaktion zugänglichen Erfahrungsräume vermitteln nicht mehr das gesellschaftlich notwendige Wissen, sie führen womöglich systematisch in die Irre"; die Kluft

zwischen Interaktion und Gesellschaft ist „unüberbrückbar breit
und tief geworden (was wiederum den hohen Abstraktionsgrad der
Theorie sozialer Systeme erzwingt)." (ebd., 585)

Aber auch hier läßt sich festhalten, daß durch die Differenz von
Gesellschaft und Interaktion *Selektionsmöglichkeiten etabliert werden*:

> „Interaktionssysteme können und müssen laufend aufgegeben und neu
> begonnen werden. Das macht eine übergreifende Semantik, eine Kultur
> erforderlich, die diesen Vorgang in Richtung auf Wahrscheinliches und Be-
> währtes steuert. Insofern wirkt die Gesellschaft selektiv auf das, was als
> Interaktion vorkommt, ohne dadurch Widersprechendes und Abweichen-
> des sicher auszuschließen. Die gesellschaftliche Selektion determiniert also
> nicht; sie lockt mit dem Leichten und Gefälligen, und das kann gerade
> auch im Abweichen vom offiziell angebotenen Muster liegen. ... Die Kraft
> der Selektion liegt nicht in einer kausalgesetzlichen Mechanik, auch nicht
> im design oder in der Kontrolle der Komplexität; sie ergibt sich daraus,
> daß es um *an sich unwahrscheinliche Ordnungsmuster* geht, die *trotzdem*,
> aber nur unter *Bedingungen, wahrscheinlich funktionieren*.
> Die Gesellschaft ist jedoch ihrerseits Resultat von Interaktionen. Sie
> ist keine Instanz, die unabhängig von dem, was sie seligiert, eingerichtet
> ist. Sie ist kein Gott. Sie ist gewissermaßen das Ökosystem der Interak-
> tionen, das sich in dem Maße, als es Interaktionschancen kanalisiert, selbst
> verändert. Sie erreicht das, was Interaktion allein nie könnte: immer Un-
> wahrscheinlicheres wahrscheinlich zu machen; aber sie erreicht es ... nur
> durch Interaktion. ... Die Selektion ist aber nicht einfach Selektion des
> passenden Systems durch die Umwelt, und sie ist auf Seiten des Systems
> nicht einfach Anpassung des Systems an die Umwelt. Sie ist auf der Ebene
> sozialer Systeme eine *sich selbst konditionierende Selektion*, und die *Se-
> lektion der Selektion ist durch die Differenz von Gesellschaft und Inter-
> aktion in Gang gebracht*.
> Die Differenz von Gesellschaft und Interaktion ist mithin Bedingung
> der Möglichkeit soziokultureller Evolution." (ebd., 588 f.)

Soziale Systeme sind selbstreferentielle Objekte (in der erkenntnis-
bzw. sinntheoretischen Sicht Luhmanns), so daß die Figur der
Selbstreferenz in das „Zentrum der Systemtheorie" rückt (ebd.,
593). Die Selbstbezüglichkeit (und Selbstbeobachtung) ist ein Korre-
lat zum Komplexitätsdruck der Welt. Hierbei können drei Formen
von Selbstreferenz unterschieden werden: *basale Selbstreferenz* (als
Unterscheidung von *Element* und *Relation*), *Reflexivität* (oder pro-
zessuale Selbstreferenz als Unterscheidung von *Vorher* und *Nachher*)
sowie *Reflexion* (wenn die Unterscheidung von *System* und *Umwelt*

zugrunde liegt). (vgl. ebd., 600 ff.) Entscheidend ist, daß „die bei aller Autopoiesis benötigte Selbstreferenz immer nur *mitlaufende Selbstreferenz* ist. Reine Selbstreferenz im Sinne eines ‚nur und ausschließlich sich auf sich selbst Beziehens' ist unmöglich. … Faktisch kommt daher Selbstreferenz nur als ein Verweisungsmoment unter anderen vor. Das Selbstreferieren ist ein Moment am operativen Verhalten der Elemente, Prozesse, Systeme; es macht nie ihre Totalität aus." (ebd., 604 f.)

Ein System, das sich selbst reproduzieren kann, muß sich selbst beobachten und beschreiben können; für das *Funktionssystem Politik* ist dies der *Staat* als *Selbstbeschreibung des politischen Systems* der Gesellschaft (vgl. ebd., 626 f.)

„Die Selbstbeschreibung des politischen Systems als Staat ermöglicht eine semantische Überhöhung des politischen Mediums Macht. Als Staatsgewalt gefaßt, kann diese Macht sich als notwendig legitimieren, während alle politischen Aktivitäten gerade dadurch politisch relevant sind, daß auch anders entschieden werden könnte. Über den Staatsbegriff kann also die Politik mit Sinn aufgeladen werden und zugleich in ihrem Gebrauch limitiert werden: Sie ist mehr und auch weniger als ‚bloße Politik'.

Aus diesem Grunde liegt im Begriff des Staates keineswegs eine erschöpfende (wenn auch vereinfachende) Definition des Politischen. Politik wird nicht als *Staat*, sondern in *Beziehung auf den Staat* bestimmt. Das Politische ist immer auch am Staat, aber nie nur am Staat orientiert. … Politisches Nichthandeln ist politisch ebenso relevant wie politisches Handeln. Nur Handeln und Nichthandeln zusammen bilden das vollständige Universum des Politischen, das jederzeit die Frage zuläßt, warum bestimmte Themen politisch nicht aufgegriffen worden sind. Oder anders gesagt: Kein Politiker kann sich durch Nichthandeln seiner Funktion entziehen. Das Gegenteil gilt für den Staat." (Luhmann 1984d, 103)

Der konstitutionelle Staat muß „gegenüber politischen Entzweiungen eine juristische Neutralität sichern". Er muß „nicht nur der Gesellschaft gegenüber, sondern auch der Politik gegenüber Unabhängigkeit bewahren können". Die institutionelle Lösung (des 19. und 20. Jahrhunderts) ist der Verfassungsstaat, und das gesellschaftlich bereits ausdifferenzierte politische System erreicht eine neue Komplexitätsstufe, insofern es seine *Einheit* als Staat auffassen und sie mit politischen Differenzen kombinieren kann: „Der Staat erhält also eine Verfassung. Das ermöglicht eine Wiedereinführung der Komplexität des Systems in das System, und zwar mit Hilfe von systemspezifischen Konditionierungen. Konditioniert werden die spezifisch politischen Operationen der Konsensgewinnung und der Zwangsausübung: die eine durch das Repräsentationsprinzip, die andere durch das Prinzip des Rechtsstaates. Entsprechend muß die alte *Einheit* von status und potentia ersetzt werden durch die *Differenz* von politischer Gewalt und Rechtskontrollen. ... Das politische System kann dann aufgefaßt werden als ein selbstregulatives autopoietisches System der Machtanwendung, in dem alle Macht auf Macht angewandt wird und selbst der Machtanwendung unterliegt: also ein rekursiv-geschlossenes, daher symmetrisches, nichthierarchisches System, das Kommunikation unter dem Kommunikationscode von Macht ermöglicht und keinerlei Machtanwendung davon ausnehmen kann." (Luhmann 1984d, 107 f.)

War der *Verfassungsstaat* ein Werk theoretischer Reflexion, so ist der *Wohlfahrtsstaat* ein Resultat evolutionärer Entwicklungen (ebd., 114). Will man den Wohlfahrtsstaat „in äußerster Verkürzung charakterisieren", könne man, so Luhmann, in dieser Hinsicht „von einer *Überforderung des Staates durch die Politik* sprechen" (ebd., 115; s. auch Luhmann 1981b). Schon jetzt habe die *Politik* „es ständig mit selbstgeschaffenen Wirklichkeiten zu tun" und man könne „eine funktional differenzierte Gesellschaft nicht auf Politik zentrieren, ohne sie zu zerstören" (Luhmann 1981b, 10, 23). Die Einbeziehung immer weiterer Aspekte der Lebensführung in den Bereich politischer Gewährleistung (politische Inklusion), die Vergesellschaftung des Privaten, die Verlagerung der Semantik auf „Anspruch", befördert einen „neuen Despotismus" der Bürokratie. Angesichts der offensichtlichen Politiküberforderung und des Fehlens einer angemessenen Gesellschaftstheorie ist eine neue Art des Denkens erforderlich: *theoretisches Abstraktionsvermögen* und damit ein *Reflexivwerden strukturierter politischer Optionen.*

„Anders als der historische Materialismus es annimmt, läßt die politische Option sich nicht durch Erkenntnis ersetzen. Es gibt keine zwingenden Gesetze gesellschaftlicher Entwicklung, die das politische Handeln nur zu vollziehen hätte, und eine soziologische Theorie, die solche Vorgaben zu leisten hätte, wäre wissenschaftlich wie politisch überfordert. Jedenfalls führt eine systemtheoretische Analyse der modernen Gesellschaft, die mit Konzepten wie Systemdifferenzierung und selbstreferentieller Autonomie arbeitet, nicht zu Einbahnrezepten, sondern nur zur Darlegung von strukturierten Optionen, zwischen denen nicht unter dem Gesichtspunkt von richtig oder falsch, sondern nur unter dem Gesichtspunkt politischer Verantwortung gewählt werden kann." (Luhmann 1981b, 119 f.)

Hinzu kommt: „Um ein Urteil über laufende Politik gewinnen und Demokratie realisieren zu können, muß man nicht nur wissen, was geschieht, man muß auch den Kontext miterfassen, in dem etwas geschieht." (ebd., 129)

Politische Theorie, die die Selbstbeobachtung im politischen System artikuliert, hat die praktische Aufgabenstellung, die *Differenz von Orientierungsnotwendigkeit und Handlungsmöglichkeit* zu *überbrükken*, indem sie dazu beiträgt, Politik (d. h. ihre Prämissen, Optionen und Alternativen) verständlich zu machen und die soziale Wirklichkeit analytisch als ein Relationengeflecht in den Griff zu bekommen: „Politische Theorie zwingt zur Mitreflexion dessen, was sich ein politisches System in der modernen Gesellschaft überhaupt zumuten kann, und erst wenn man sieht, daß diese Frage nicht einfach mit ‚alles' beantwortet werden kann, kann es ein Bewußtsein politischer Verantwortung geben." (ebd., 134) Hierbei gibt es „gewisse Wahrheitszuschüsse, vor allem aber Vermeidungsgebote, die die Wissenschaft beisteuern kann" (ebd.), aber „die Auswahlverantwortung für die politische Verwendung politischer Theorie kann nur im politischen System selbst liegen." (ebd., 133)

Insgesamt (auch in bezug auf „Theoriepolitik") gilt, daß „gute Politik sich selbst und dem Gegner Wahlmöglichkeiten offen hält. Eine politische Reflexion muß, nur so kann sie sich in ein demokratisches Politikverständnis einfügen, verschiedene politische Optionen zu umfassen versuchen. Sie muß Verständnis für Alternativen aufbringen, ja systematisch erzeugen können. Das erfordert den Mut zur Abstraktion. Methodisch ist die funktionale Analyse das genau hierauf bezogene Denkinstrument." (ebd., 157) Damit wird zugleich deutlich, daß Luhmanns systemtheoretische Konzeptualisierung weder „konservativ" noch „technokratisch" ist, da er an keiner Stelle exakte Reproduktionen verlangt. In *evolutionstheoretischer Perspektive*, die die „Möglichkeitshorizonte" gewissermaßen beim Wort nimmt, kann daher „in den nichtintegrierbaren Kommunikations- und Bewußtseinsbildungsmöglichkeiten, die unsere Gesellschaft im Überfluß bietet, auch die Chance stecken, das Gesellschaftssystem für eine noch nicht absehbare, möglicherweise aber nicht sehr entfernte Zukunft anpassungsfähig zu erhalten." (Luhmann 1984d,

121) Selbstredend wird hier „Anpassung" in einem „kybernetischen" Sinn verwendet.

Doch kommen wir zurück zu Luhmanns Grundriß einer allgemeinen Theorie sozialer Systeme (1984b) und zum Problem der *Selbstreferenz*, dem (wie wir gleich noch sehen werden) eine besondere Weise der *Rationalität* zu entsprechen hat. Selbstreferenz ist „Bedingung für Steigerungen, für Steigerung der Einschränkbarkeit, für Aufbau von Ordnung durch Reduktion von Komplexität" (Luhmann 1984b, 638); Rationalität hingegen ist gegeben, „*wenn auf die Einheit der Differenz reflektiert wird.*" (ebd., 640) Insofern sich Systeme „selbst durch ihre Differenz zur Umwelt bestimmen und dieser Differenz in sich selbst operative Bedeutung, Informationswert, Anschlußwert verleihen müssen", ist dies eine Konsequenz des Paradigmawechsels, nämlich „der Überführung der System/Umwelt-Theorie in die Theorie selbstreferentieller Systeme" (ebd., 641). Die Umwelt ist nicht als ein umfassendes System zu begreifen, sondern als ein mit dem Innenhorizont korrespondierender Welthorizont, so daß die *Rationalität eines Systems* „nicht durch Bezug auf ein übergeordnetes, umfassendes System geklärt werden" kann, sondern Rationalität ist im Verständnis von Luhmann der „Wiedereintritt der Differenz in das Differente", der „Einbau einer offenen System/Umwelt-Differenz in das System, das sich durch diese Weise selbst bestimmt." (ebd.) Dieser für Luhmanns Systemtheorie spezifische Rationalitätsbegriff „formuliert nur die anspruchsvollste Perspektive der Selbstreflexion eines Systems"; er bezeichnet „den Schlußpunkt der Logik selbstreferentieller Systeme", der als „Gesichtspunkt der Kritik aller Selektionen und als Maß der eigenen Unwahrscheinlichkeit" gleichermaßen Anwendung findet (ebd., 645 f.)

Im Vergleich zu traditionellen Voraussetzungen der Erkenntnistheorie, die als Reflexionstheorie des Wissenschaftssystems betrachtet werden kann (wobei auch die Wissenschaftstheorieentwicklung ein selbstreferentieller Prozeß ist), sind im Zusammenhang mit der Theoriekonstruktion Luhmanns zwei Neuerungen wichtig: „Die eine betrifft die Ausdehnung des Konzepts der Selbstreferenz auf Letztelemente jeglicher Art, die andere die Einsicht, daß Gegenstandsforschung bei universalistischen Theorien Forschung über sich selbst impliziert, so daß die Forschung sich nicht von ihrem Gegenstand ablösen kann. Unter diesen beiden Gesichtspunkten lassen sich die Angebote auf dem Markt der Erkenntnistheorien testen: Welche Theorieentwürfe können diesen Bedingungen Rechnung tragen? — Die Theorie autopoietischer Systeme kann ein Angebot vorlegen, das diesen Bedingungen Rechnung trägt — allerdings nur, wenn sie ihre Beschränkung auf lebende Systeme aufgibt und auf psychische und soziale Systeme ausgedehnt wird. Sie formuliert den Verlust jeder substantiellen, auf Letztelemente gegründeten Weltgemeinsamkeit aller Systeme durch die These, daß Einheit jeglicher Art, auch die Einheit von Elementen, nur autopoietisch produziert werden kann." (ebd., 653 f.) Auch das „Sozialsystem Gesellschaft" und das „Sozialsystem Wissenschaft" sind „nur sich selbst konditionierende autopoietische Systeme besonderer Art" (ebd., 655). Nachdem „die Systemtheorie den Explosivstoff Selbstreferenz in sich aufgenommen hat und ihn als Kern des Systembegriffs an die Wissenschaftstheorie weiterreicht", ist konsequenterweise eine „Verabschiedung aller ontologischen Metaphysik und aller Aprioristik" zu erwarten (ebd., 656). Systeme jeder Art mit eingebauter Reflexion, mit Selbstreferenz als Bedingungs- und Steigerungszusammenhang von Geschlossenheit und Offenheit, „sind gezwungen, auf Absolutheiten zu verzichten" (ebd., 656 f.).

Angesichts der unbefriedigenden Theorielage in den Sozialwissenschaften ist *Abstraktion* eine *erkenntnistheoretische Notwendigkeit* — sie bleibt daneben „ein Problem beim Schreiben von Büchern und eine Zumutung für den Leser" (ebd., 13), und „der Flug muß über den Wolken stattfinden, und es ist mit einer ziemlich geschlossenen Wolkendecke zu rechnen. Man muß sich auf die eigenen Instrumente verlassen. Gelegentlich sind Durchblicke nach unten möglich — ein Blick auf Gelände mit Wegen, Siedlungen, Flüssen oder Küstenstreifen, die an Vertrautes erinnern; oder auch ein Blick auf ein größeres Stück Landschaft mit den erloschenen Vulkanen des Marxismus. Aber niemand sollte der Illusion zum Opfer fallen, daß diese wenigen Anhaltspunkte genügen, um den Flug zu steuern." (ebd., 13) In der vermeintlich nahen Phase des „Landeanfluges" seines Sicht- und Instrumentenfluges, den Luhmann in seinem Hauptwerk „Soziale Systeme" perspektivenreich (mit einigen Kapriolen und systemtheoretischen Luftschleifen, nur mit der Flugmannschaft, nicht mit Passagieren an Bord) unternommen hat, ist er in Rücksicht auf den einzuhaltenden Navigationskurs zuversichtlicher; denn wir können jetzt, so Luhmann, auch der Eule der Minerva „Mut zusprechen, nicht länger im Winkel zu schluchzen, sondern ihren Nachtflug zu beginnen. Wir haben Geräte, um ihn zu überwachen, und wir wissen, daß es um Erkundung der modernen Gesellschaft geht" (ebd., 661). Notlandungen sind, wie ich meine, zu befürchten! Wir stehen womöglich vor den Trümmern einer allgemeinen Systemtheorie auf ihrer theorietechnisch bislang höchsten Stufe, nämlich in Form einer selbstreferentiellen *Philosophie autopoietischer Systeme*, deren terminologischer Aufwand und „spekulative Verbalakrobatik" einer Immunisierungsstrategie gleichkommt.

Dirk Käsler (1984) führt in seiner gescheiten Rezension („Flug über den Wolken") zu Recht aus, daß die Theoriekonstruktion Luhmanns einem Begriffs-Domino gleicht, wobei die Alltagssprache nahezu völlig verschwindet. Um Luhmanns Spaß beim Schreiben und Konstruieren nachzuempfinden, „muß der Leser sich erst mit den Elementen und Regeln des Begriffsapparates vertraut machen, und das heißt vor allem, Abschied zu nehmen vom Alltagsverständnis aller Wörter, die vorkommen. Nicht ohne Hinterlist findet sich der Ausdruck ‚theoriebautechnisch', und ein einfaches Studium der Soziologie reicht da wohl nicht aus." (ebd., 188) Luhmanns Hauptwerk „Soziale Systeme" sei „die Einladung seines Autors zum Eindringen in ein Begriffs-Labyrinth. Was und ob diese ‚Theorie' von konkreter Gesellschaft — etwa der Bundesrepublik Deutschland im Jahre 1984 — etwas erklärt oder nicht, läßt sich schnell beantworten: nichts." (ebd.) Die Sehnsucht öffentlicher Sinndeuter und -stifter nach der alles erklärenden Weltformel oder universellen Supertheorie (grand theory) muß enttäuscht werden; denn:

„Mitglieder und Funktionäre von Gesellschaften, die angesichts von Rüstungswettlauf, ökologischen Bedrohungen und Überbevölkerung nach dem ‚neuen Luhmann' greifen, bekommen keine sozialwissenschaftliche Analyse, und schon gar nicht ein Handbuch zur Problemlösung. Was sie erhalten, ist das perfektionierte Dokument einer künstlerisch erarbeiteten Begriffskombinatorik von erheblicher Faszination. — Dabei steckt hinter der Fassade ungeheurer Schwierigkeit und einem komplizierten Räderwerk artistischer Begrifflichkeit lediglich eine Handvoll simpler Sätze: Die Welt ist kompliziert, alles ist mit allem verbunden, der Mensch erträgt nur ein begrenztes Maß an Kompliziertheit." (ebd., 188 u. 190)

Die Esoterik von Begriffsspielen und die Vertrautheit mit ihnen werden verwechselt mit der Vertrautheit in bezug auf die gesellschaftliche Welt: „Ähnlich wie früher bei Heidegger, und danach bei Adorno, wird die Virtuosität der Jargonbeherrschung, das ‚Luhmannisch‘-Reden, zum Erkennungszeichen des „Dazu-Gehörens‘. Je dunkler und unverständlicher, desto meisterhafter." (ebd., 190) Es handele sich um „wissenschaftliche Prosa" und die Begriffsarbeit steht bildender Kunst näher als analytischer Wissenschaft: Theoriebildung wird zum *Gesamtkunstwerk* (gewiß mit einem hohen „Anregungspotential").

Allerdings erhebt sich die Frage, ob Luhmanns Konstruktion von Wirklichkeit mit seinen Grundannahmen und gelegentlichen Zynismen, was die Vernachlässigung der „Person" anlangt, nicht doch auch eine zutreffende Gegenwartsdiagnose enthält (Prätorius 1984, 10), insofern in der Tat „alles System" sei. Klaus Podak arbeitet entsprechend in seiner Kritik „Ohne Subjekt, ohne Vernunft" (1984) heraus, daß Luhmann sich gezwungen sieht, den Begriff des Subjekts abzudrängen, andererseits könne er jedoch nicht auf gewisse Eigenschaften der Subjektivität verzichten: „Sie tauchen in den Bestimmungen selbstreferentieller Systeme wieder auf. Subjektivität, dem Namen nach verbannt, erscheint in verwandelter Form als selbstreferentielles System. Sie erscheint gleichsam ohne Kern, auseinandergezogen in das zirkuläre Spiel der selbstreferentiellen Selbstproduktion. ... Das soziale Geschehen verwandelt sich in ein subjektfreies Spiel der über Selbstreferenz laufenden Evolution sozialer Systeme. Hierin könnte man einen spezifischen, vielleicht sogar realistischen Pessimismus sehen, der alle kritischen Vorstellungen von Luhmanns angeblich sozialtechnologischer Ausrichtung unterläuft." (Podak 1984, 742).

Hinsichtlich des „*realistischen Pessimismus*" lassen sich auch die kritischen Analysen von Georg Vobruba zur „Politik mit dem Wohlfahrtsstaat" (1983) gleichsam als ein „Plagiat" bzw. als Unterstützung Luhmannscher Auffassungen („Funktionalisierung von Subjektivität") lesen, obwohl Vobruba dies natürlich nicht beabsichtigt hat (vgl. ebd., 159 ff.). Mit diesem Hinweis wollen wir es hier bewenden lassen, da sich solche Interpretationen wiederum wohl kaum mit Luhmanns Intentionen decken. Es ist dies die ständige Gefahr, wenn man Theorien aus Theorien in eklektizistischer Weise weiterspinnt.

Wir müssen somit im Hinblick auf politiktheoretisch und gesamtgesellschaftlich gleichermaßen verläßliche „Flugpläne" in systematischer
Weise sowie kritischer Absicht unverdrossen weitersuchen.

Die Kritik von Habermas an Luhmann schließlich geht in die uns
bereits vertraute Richtung (vgl. seine Kritik an Parsons und die insze-
nierte Habermas-Luhmann-Kontroverse 1971), so daß wir sie hier
(anhand von Textstellen in der zweibändigen „Theorie des kommunikativen Handelns") relativ knapp behandeln können: „Die Systemtheorie ersetzt ‚Subjekt' durch ‚System' … und bringt die Fähigkeiten des Subjekts, Gegenstände zu erkennen und zu behandeln, auf
den Begriff von Systemleistungen, die darin bestehen, die Komplexität der Umwelt zu erfassen und zu reduzieren. Wenn Systeme darüber hinaus lernen, sich reflexiv auf die Einheit des eigenen Systems
zu beziehen, so ist das nur ein weiterer Schritt, die eigene Komplexität zu steigern, um der überkomplexen Umwelt besser gewachsen zu
sein – auch dieses ‚Selbstbewußtsein' bleibt im Banne der Logik der
Bestandssicherung von Systemen." (Habermas 1981b I, 529 f.) Es
verschwindet dabei zugleich „das Intersubjektivitätsproblem, also die
Frage, wie verschiedene Subjekte dieselbe Lebenswelt teilen können
(die „symbolisch strukturiert" und nicht systemisch „kolonialisiert"
ist, A.W.), zugunsten des Interpenetrationsproblems, nämlich der
Frage, wie bestimmte Arten von Systemen füreinander bedingt kon-
tingente, aufeinander abgestimmte Umwelten bilden können."
(Habermas 1981b II, 197)

Hinsichtlich der Ansätze von Habermas selbst, insbesondere seine
„Theorie des kommunikativen Handelns" betreffend, ist auszuführen, daß hier in eigenwilliger Weise der Versuch unternommen wird,
System- und Handlungstheorie zusammenzuführen im Blick auf einen Gesellschaftsbegriff, der die nötige analytische Trennschärfe hat
für sozialpathologische Phänomene der Verdinglichung (vgl. Gripp
1984, 72). Das Festhalten an einem emphatischen Vernunftbegriff
angesichts ambivalenter Rationalisierungsprozesse der Moderne, die
Kritik am Vorherrschen instrumenteller Vernunft, die Gedanken-
und Argumentationsfigur eines verständigungsorientierten kommunikativen Handelns, das Insistieren auf diskursiver Handlungskoordinierung führen gleichwohl zur Gegenüberstellung von „System" und
„Lebenswelt". Es ist in bezug auf die Genese geteilter Deutungen
und hinsichtlich der Realisierbarkeit von *Einverständnishandeln*

jedoch fraglich, wie diese Interaktionsformen jeweils zustande kommen, wenn man berücksichtigt, „daß die *Einflußstärke*, das Machtpotential der Akteure aufgrund knapper und ungleich verteilter anerkannter lebensnotwendiger Ressourcen *immer verschieden* sind. Demgemäß unterscheiden sich auch die Möglichkeiten der Akteure, Einflußmittel in eine Interaktion einzubringen." (Haferkamp 1984, 791) Handlungstheorien müssen daher sowohl die absichtsvolle Herstellung umfassender sozialer Zusammenhänge wie die über den Sinn der einzelnen Akteure hinausgehenden Interaktionsregeln erfassen, zumal davon auszugehen ist, daß das kommunikative Handeln nicht gerade der Haupttypus sozialen Handelns ist. Ungeklärt bleibt auch der Status der „Lebenswelt", die „den intuitiv vorverstandenen *Kontext* der Handlungssituation" darstellt und gleichzeitig *Ressourcen* liefern soll „für die Deutungsprozesse, mit denen die Kommunikationsteilnehmer den jeweils in der Handlungssituation entstandenen Verständigungsbedarf zu decken suchen." (Habermas 1983b, 146) Die kommunikativ Handelnden aber müssen sich zur Koordinierung ihrer Handlungspläne über spezifische Weltzusammenhänge verständigen:

> „Sie unterstellen dabei ein formales Konzept der Welt (als der Gesamtheit existierender Sachverhalte) als dasjenige Bezugssystem, mit dessen Hilfe sie entscheiden können, was jeweils der Fall oder nicht der Fall ist. Jedoch ist die Darstellung von Tatsachen nur eine unter mehreren Funktionen sprachlicher Verständigung. Sprechhandlungen dienen nicht nur der Darstellung (oder Voraussetzung) von Zuständen und Ereignissen, wobei der Sprecher auf etwas in der *objektiven Welt* Bezug nimmt. Sie dienen gleichzeitig der Herstellung (oder Erneuerung) interpersonaler Beziehungen, wobei der Sprecher auf etwas in der *sozialen Welt* legitim geregelter Interaktionen Bezug nimmt, wie auch der Manifestation von Erlebnissen, d. h. der Selbstrepräsentation, wobei der Sprecher auf etwas in der ihm privilegiert zugänglichen *subjektiven Welt* Bezug nimmt. Die Kommunikationsteilnehmer legen ihren Verständigungsbemühungen ein Bezugssystem von genau drei Welten zugrunde. So kann sich Einverständnis in der kommunikativen Alltagspraxis gleichzeitig auf ein intersubjektiv geteiltes propositionales Wissen, auf normative Übereinstimmung und auf reziprokes Vertrauen stützen." (ebd., 147)

Dabei plädiert Habermas für ein dezentriertes Weltverständnis mit einer *komplexen Perspektivenstruktur*, die sowohl die im Bezugsproblem der „drei Welten" begründeten und mit den Welteinstellungen verknüpften Perspektiven als auch die in der Sprechsituation selbst angelegten und mit den Kommunikationsrollen verknüpften Perspektiven in produktiver Weise *integriert* (ebd., 149; vgl. auch das in Anlehnung an L. Kohlberg, R. L. Selman und J. H. Flavell entwickelte Schema der „Interaktionsstufen, Sozialperspektiven und Moralstufen", ebd., 176/177). Es stellt sich aber auch bei Habermas die Frage, ob hier ein entwicklungslogischer Gesamtzusammenhang nicht einfach nur behauptet und appellativ eingeführt wird, zumal die an Gerechtigkeitsprinzipien orientierten prozeduralen Normenbegründungsverfahren experimentell nicht nachzuweisen, sondern weitgehend normativ-spekulativ sind. Darüber hinaus ist eine *politische* Dimensionierung nur höchst indirekt zu erschließen und sind die Grundannahmen zu voraussetzungsvoll (vgl. Markl 1985 I, 160 f.)

Insofern die Postulate Habermas' fürs erste konkret nicht einlösbar sind, bleibt der Dualismus von System und Lebenswelt für entwickelte Gesellschaften bestehen. Dieses theoretische Dilemma hat Richard Münch mit Hilfe des Interpenetrationstheorems im Blick auf die normative Idee einer voluntaristischen Ordnung als Struktur der Moderne zu beheben versucht, wobei er die Systemtheorie handlungstheoretisch unterfüttert. Eine weiterführende Diskussion zwischen Luhmann-Münch einerseits, Habermas-Münch andererseits ist bislang jedoch zum Schaden der Sozialwissenschaften unterblieben bzw. lediglich peripher geführt worden. Hier liegen neue Kombinationsmöglichkeiten des sozialwissenschaftlichen Sachverstandes gleichsam noch begraben oder verschüttet, die einer konstruktiven Aufarbeitung bedürfen.

2.5 Richard Münch: Rekonstruktion als Innovation

Richard Münch will in seiner „Theorie des Handelns. Zur Rekonstruktion der Beiträge von Talcott Parsons, Emile Durkheim und Max Weber" (1982b) und in seinen weiteren Arbeiten die Tradition der *voluntaristischen Theorie des Handelns* erneuern. Seine Sichtweise in bezug auf Politik wollen wir zunächst am Beispiel des Haushaltsplanes demonstrieren:

„Wenn eine Regierung einen Haushaltsplan aufstellt und dieser vom Parlament mehrheitlich genehmigt wird, dann können wir diese Entscheidung und das Handeln bei der Durchführung des Haushaltsplanes der Gesellschaft als einem korporativen Akteur zurechnen. Man sieht daran, daß Entscheidungen und Entscheidungsdurchführungen eines *korporativen* Akteurs auf einer *politischen* Struktur, nämlich auf der Mobilisierung legitimer Macht im Rahmen einer Herrschaftsstruktur, beruhen. Das bedeutet allerdings nicht, daß ‚Gesellschaft' allein politisch zu definieren ist. Die Offensichtlichkeit des politischen Aspektes ergibt sich nur deshalb, weil die politische Struktur dem unmittelbaren kollektiven Entscheiden und Handeln am nächsten steht. Um in konkretes Handeln umgesetzt zu werden, sind solche Entscheidungen stets auf weitere Voraussetzungen angewiesen. Es müssen materielle Ressourcen, kulturelle Legitimationen, kollektive Solidarität und individuelle Motivationen mobilisiert werden, damit eine Entscheidung kollektive Verbindlichkeit erlangen und in die Tat umgesetzt werden kann. Nur soweit diese verschiedenen Ressourcen tatsächlich zusammenkommen, findet kollektives Handeln statt; und nur in diesem Falle kann auch von der Existenz eines Kollektivs gesprochen werden." (Münch 1982b, 110)

Münch unterscheidet analytisch vier Dimensionen der *Umwelt eines Akteurs:* (1) physiko-chemische Prozesse, (2) Zielsetzungen anderer Akteure (Kollektive und Individuen), (3) Konflikte zwischen Kollektiven und zwischen Individuen innerhalb der Gesellschaft, (4) transzendentale Bedingungen der Sinnkonstitution des menschlichen Handelns. Diese vier Umwelten stellen die Gesellschaft vor die Probleme der materiellen Ressourcenversorgung (A), der kollektiven Entscheidungsfindung und -durchsetzung (G), der kollektiven Solidaritätserhaltung (I) und der „Konstitution von Sinn im Leben in der Gesellschaft" (L). (ebd., 111) Eine Bewältigung größerer Probleme erfordert eine verstärkte Interaktion der Gesellschaft mit der Umwelt, die, wie wir wissen, als *Interpenetration* bezeichnet wird:

135

„In diesem Fall wirkt die Umwelt durch Ihre Problemstellungen auf die Gesellschaft als korporativer Akteur ein und die Gesellschaft wirkt ihrerseits durch die Herausbildung besonderer regelmäßiger, institutionalisierter Handlungen auf die Umwelt ein und formt diese, ohne deren unabhängige Existenz jedoch zu beseitigen. Die entsprechenden regelmäßigen Handlungen bilden Subsysteme, die zwischen der Gesellschaft und den besonderen Dimensionen der Umwelt als Interpenetrationszonen vermitteln." (ebd., 112)

So vermittelt das *politische Subsystem* aufgrund der Monopolisierung legitimer Gewalt zwischen dem Gesellschaftskollektiv und den besonderen individuellen und kollektiven Zielsetzungen. Es repräsentiert dabei — insofern jedes Subsystem mit eigenen Werten, Normen, Rollen und tragenden Kollektiven ausgestattet ist (bzw. darüber verfügt) — den *Wert* der Demokratie, die *Normen* des parlamentarisch-demokratischen Entscheidungsprozesses, die *Rollen* von Regierungsmitgliedern, Abgeordneten, Wählern, Interessenvertretern und wird durch die *Kollektive* von Parteien und Interessenverbänden getragen.

Einen Überblick über die Subsysteme vermittelt das auf S. 137 folgende Schema (nach Münch 1982b, 115 f.).

Die Interpenetration dieser gesellschaftlichen Subsysteme erfordert die Interaktion ihrer Rollenträger. Je regelmäßiger diese ablaufen, desto mehr formen sie selbst Subsysteme zwischen den Subsystemen, so daß sich die Gesamtgesellschaft bei Vollendung dieser Entwicklung von vier Grundsystemen in sechzehn feinere Subsysteme differenziert. *Differenzierung* ist somit ein Ergebnis von *Interpenetration* (ebd., 115).

Hinsichtlich der *generalisierten Medien* ist im Zusammenhang hiermit auszuführen, daß sich jedes Medium auf die Institutionalisierung eines *Mediencodes* gründet, d. h. auf verbindliche normative Regeln, welche die Bedingungen für den Erwerb und den Gebrauch des Mediums festlegen: „Durch die Institutionalisierung des Mediencodes wird ein Medium erst das in einem deutlich definierten Kontext allein gültige Mittel, um bestimmte Ziele zu erreichen. Geld wird erst durch die Existenz einer Eigentumsordnung zu dem allein gültigen friedlichen Tauschmittel. Politische Macht ist erst durch die Geltung einer Herrschaftsordnung das legitime Mittel der kollektiv verbindlichen Durchsetzung von Entscheidungen. Einfluß ist nur durch das Bestehen einer Prestigeordnung das legitime Mittel, um zu solidarischem Handeln zu motivieren. Wertcommitments sind

Subsysteme der Gesamtgesellschaft (und dominante Funktionszuschreibung)	Subsystemspezifische					generalisiertes Medium ("Steuerungssprache")
	Werte	Normen	Rollen	tragende Kollektive	Interpenetrationszonen / spezifische Umwelten	
instrumentell-ökonomisches System (adaptation) (A)	ökonomische Rationalität	Marktordnung	Produzenten, Konsumenten, Arbeitgeber, Arbeitnehmer, Verkäufer, Käufer etc.	Arbeitgeber- und Arbeitnehmerbände	Markt / ökonomische Ressourcen	Geld
politisches System (goal-attainment, goal-selection) (G)	Demokratie	parlamentarisch-politischer Entscheidungsprozeß	Regierungsmitglieder, Abgeordnete, Wähler, Interessenvertreter	Parteien, Interessenverbände	exekutive Administration / innere und äußere Entscheidungskonflikte	politische Macht
"Gemeinschaftssystem" (integration) (I)	Menschen- und Bürgerrechte	Kompromißbildung und Streitschlichtung	Bürger (citizen)	Klassen, Schichten, religiöse, berufliche, ethnische, sprachliche, regionale Gruppen	affektuelle Gemeinschaft / partikulare Gruppen	Einfluß
sozial-kulturelles System (latent pattern maintenance, tension management) (L)	intellektuelle Rationalität	Diskurse	Intellektuelle, Experten, Klienten, Laien usw.	Intellektuellen- und Professionellenverbände	Deutungssysteme, Symbolismus der Religion / transzendentale Bedingungen sinnhafter menschlicher Existenz	Wertcommitments, Argumente

nach: R. Münch, 1982b, S. 115 f.

erst durch das Bestehen einer gemeinsamen Wertordnung Mittel, um Loyalität gegenüber den dieser Wertordnung subsumierbaren gesellschaftlichen Institutionen zu erzeugen (Argumente sind im Bezugsrahmen einer diskursiven Ordnung — Normen des rationalen Diskurses — legitime Mittel, um zur Akzeptierung von Sinndeutung, Normen, Expressionen und Kognitionen zu motivieren)." (ebd., 125 f.)

Medien haben die Merkmale der institutionellen Verankerung *und* der Zirkulierbarkeit über die jeweiligen Systemgrenzen hinweg; sie erfüllen damit die Bedingung der *Interpenetration:* Differenziertheit von Subsystemen bei gleichzeitiger gegenseitiger Öffnung (ebd., 130). Die Medien sind daher „als Mechanismen zu interpretieren, welche die Integration der Subsysteme bei gleichzeitiger Differenziertheit sichern." (ebd., 138) *Evolutionäre Entwicklungen* wiederum sind nach Münch „als Ergebnis der Differenzierung *und* Interpenetration zu verstehen, durch welche Begrenzungen überwunden und dadurch neue Handlungsspielräume für verschiedene Subsysteme gewonnen werden, zwischen denen auf niedrigerer Stufe der Evolution schärfere Unverträglichkeiten bestehen." (ebd., 168)

In Anlehnung an Parsons, dessen Theorieansätze Münch „rekonstruiert" (korrigiert und weiterführt im Lichte neuerer Erkenntnisse), können wir vier *evolutionäre Mechanismen* — adaptive Höherentwicklung (upgrading), Spezifikation (anstelle von struktureller Differenzierung), Inklusion, Wertgeneralisierung — mit jeweils besonderen Umweltreferenzen und empirischen Leistungsanforderungen unterscheiden, die durch das folgende Schema ausgedrückt sind (vgl. ebd., 208):

Evolutionärer Mechanismus	Umweltreferenz	empirische Leistungen/Erfordernisse
adaptive Höherentwicklung	physikalisch-chemisch	instrumentell-technische Ressourcenmobilisierung
Spezifikation (anstelle struktureller Differenzierung)	konfligierende Ziele	Ausbildung von Entscheidungsstrukturen
Inklusion	partikulare Gruppen	Einbindung in eine solidarische Gemeinschaft
Wertgeneralisierung	Ideen und Werte	symbolische Generalisierung durch diskursive Verfahren

Die diesem Ansatz unterliegende Fragestellung ist die *Verwirklichung der Idee der Moderne* und zugleich der funktionale Gesichtspunkt der Analysen von Münch, der insoweit an Parsons anschließt und den *institutionellen* Aufbau der *modernen* Gesellschaften im Kontext einer Idee der *voluntaristischen* Ordnung untersucht (vgl. vor allem Münch 1984).

In seiner Arbeit „Basale Soziologie: Soziologie der Politik" (1982a) versucht Münch, in soziologischer Perspektive die uns vornehmlich interessierenden *Tiefenstrukturen des Politischen* herauszuarbeiten. Die Perspektive ist dabei gerichtet „auf die Einbettung des politischen Systems in Beziehungen zu Wirtschaft, Kultur und Gemeinschaft als analytisch und empirisch abgrenzbare gesellschaftliche Subsysteme sowie auf Verfassung, Recht, politischen Austausch und Bürokratie als innere politische Subsysteme." (Münch 1982a, 11) Der Ausgangspunkt ist die *allgemeine Handlungstheorie,* wie sie von Parsons entwickelt wurde, allerdings übernimmt Münch von Parsons nur die Form des Paradigmas und fügt spezielle Interpretationen hinzu, die von denen Parsons' (auch) abweichen. Entscheidend für den Handlungsbereich als Handlungsraum ist die Verknüpfung von *Symbolkomplexität* (Sinnorientierungen, Normen, Kognitionen, Expressionen, Wertungen) und *Handlungskontingenz* (also Abhängigkeit von veränderlichen Bedingungen bei der Auswahl von Handlungsalternativen). Politisches Handeln (als ein besonderer Typus des sozialen Handelns) ist „ein Handeln, das weiteres Handeln in seinem Spielraum einengt, d. h. auf bestimmte Inhalte festlegt. Als soziales Handeln impliziert diese Reduktion der Handlungskontingenz zugleich soziale Verbindlichkeit, d. h. die Festlegung des Handelns muß für alle Akteure eines sozialen Kontextes in gleicher Weise gelten." (ebd., 21)

„Auf der Ebene der Gesamtgesellschaft ist z. B. ein Akt der Gesetzgebung ein soziales Handeln, das den Handlungsspielraum aller Mitglieder der Gesellschaft in bestimmter Weise begrenzt. Sie sind z. B. an die allgemeine Schulpflicht gebunden und dürfen ihre Kinder nicht selbst unterrichten. Es ist jedoch eine Eigenheit der *politischen* Gesetzgebung, daß sie *nicht* zugleich den Erwartungshorizont der Gesellschaftsmitglieder, also die symbolische Komplexität reduzieren kann. Man kann sich eine bessere Unterrichtung der Kinder als in den jeweils bestehenden Schulen vorstellen, man kann sich bessere Schulgesetze als die geltenden wünschen. Zu jedem Gesetz lassen sich stets Alternativen denken. Das Gesetz beruht also auf Entscheidung unter Alternativen, die alle ihre Fürsprecher haben, und es muß dennoch kollektiv verbindlich gelten." (ebd.)

Die *Definition* von Münch für *politisches Handeln* lautet: „Unter politischem Handeln ist demnach ein Handeln zu verstehen, das auf die kollektiv verbindliche Festlegung des weiteren Handelns unter der Bedingung einer nicht begrenzbaren Komplexität möglicher Entscheidungsalternativen abzielt." Dabei ist das *Politische* stets als ein besonderer *Aspekt* anzusehen, der im konkreten Handeln die verschiedensten Verbindungen mit anderen Aspekten des Handelns eingehen kann. Das Politische bildet daher nur *eine* (wenngleich äußerst relevante) Dimension der Gesellschaft, die wiederum als ein „korporativer Akteur" verstanden werden kann.

Münch behandelt in seiner „Soziologie der Politik" ferner vier *analytisch reine Theorietypen* als extreme Sichtweisen des Politischen, wobei er sich auf „klassische" Ansätze bezieht, aber auch neuere Sichtweisen und Akzentuierungen in die Darstellung und Kommentierung mit hereinnimmt: (1) Politik als *Ethik:* Aristoteles (und Habermas); (2) Politik als *Vergemeinschaftung:* Rousseau (und Durkheim); (3) Politik als ökonomischer *Austausch:* Hume, Smith und der Utilitarismus (sowie die soziologische Austauschtheorie und die (nicht-marxistische) Neue Politische Ökonomie); (4) Politik als *Macht*technik: Machiavelli und Hobbes (ebd., 29 ff.) – Hierauf kann nicht im einzelnen eingegangen werden, sondern wir greifen nur die Ausführungen heraus, die für unsere bisherige Diskussion von Interesse sind. Dazu gehört die Kritik von Münch an den Diskurs-Vorstellungen von Jürgen Habermas („Politik als Ethik").

Insofern Habermas annimmt, daß dem modernen Staat durch die Verselbständigung ökonomischer, politischer und administrativer Entscheidungsprozesse, die sich nicht den Regeln eines freien Diskurses fügen, Legitimationsprobleme entstehen, die durch diskursive Meinungs-, Willensbildungs- und Entscheidungsfindungsprozesse aufgrund verallgemeinerungsfähiger Interessen „abgearbeitet" werden können, ist mit der hier angezielten *konsensuellen Einigung* eine Kongruenz von Politik und Ethik impliziert, die Münch für eine theoretische Engführung hält.

„Da Habermas von der optimistischen Annahme ausgeht, daß sich bei Institutionalisierung des freien Diskurses auch die meisten Probleme durch das Herausfinden der verallgemeinerungsfähigen Interessen lösen lassen, muß er auch postulieren, daß die auf Kompromißbildung eingestellten Institutionen in relativ großem Umfang durch diskursiv verfahrende Institutionen ersetzt werden können. Durch diese Vereinigung von Politik und Ethik wären dann auch die von ihm diagnostizierten Legitimationsprobleme des modernen Staates gelöst. Allerdings kann Habermas nicht nachweisen, daß tatsächlich ein Großteil von Problemen, die heute durch Kompromiß — nicht nur zwischen Interessen, sondern auch zwischen unterschiedlichen ethischen Prinzipien — gelöst werden, bei Umstellung der Institutionen auf den freien Diskurs konsensuell gelöst werden können. Eine Zunahme der Ansprüche an die konsensuelle Begründung kollektiver Entscheidungen beweist noch nicht, daß auch der Anteil der *Probleme*, die kollektiv verbindlich gelöst werden *müssen* und die zugleich konsensuell gelöst werden *können*, gewachsen ist." (ebd., 41)

Auch die „Institutionalisierung des freien Diskurses als Entscheidungsregel ändert nichts an der Tatsache, daß alle durch diese Regel nicht lösbaren Probleme eben nicht konsensuell gelöst werden." (ebd., 42) Der Umfang nicht konsensuell lösbarer, konkreter Probleme aber nimmt zu, für die es überhaupt keine beste Lösung gibt. Zwar kann in bezug auf sehr allgemeine ethische Prinzipien wohl noch so etwas wie ein Konsens erreicht werden, aber bei der Implementierung ethischer Prinzipien in Entscheidungen kann das Dilemma entstehen, daß jede Problemlösung „ungerecht" ist und ethische Prinzipien verletzt.

„Wie sollen wir z. B. das Prinzip der Chancengleichheit beim Zugang zu Hochschulen anwenden? Welche Eigenschaften einer Person sollen als *Vergleichsgrundlage* berücksichtigt werden? Wenn wir Chancen von Frauen erhöhen wollen, mindern wir vielleicht die Chancen von Katholiken oder von Arbeiterkindern oder von Landkindern oder von Minoritäten oder von Abiturienten mit einem Notendurchschnitt zwischen 1 und 3 usw. und umgekehrt. Das Prinzip der Gleichbehandlung sagt uns nicht, wie wir dieses Problem lösen sollen. Wir wissen nur, wenn wir — um Gleichheit herzustellen — die Quote einer Kategorie erhöhen, daß dies immer zuungunsten der Chancen einer anderen Kategorie geschehen muß, deren Anspruch aber nicht weniger berechtigt ist." (ebd., 44)

„Wie soll nach ethischen Prinzipien entschieden werden, daß die Versorgung mit Studienplätzen Vorrang vor der Berufsschule oder der Rentenversorgung hat? Demjenigen, der sich durch Leistungen qualifiziert hat, auch einen Studienplatz zu geben, ist genauso gerecht, wie demjenigen, der produktiv arbeitet, eine bessere begleitende Berufsbildung zu vermitteln, oder demjenigen, der eine Familie gegründet hat, die Wohnungsbeschaffung zu erleichtern. Alle drei erbringen für die Gesellschaft Leistungen, aber sie können nicht gemessen und kaum gegeneinander aufgerechnet werden. Hat man sich in diesem Fall für eine Lösung entschieden, bei der die Studienplätze im Verhältnis zu den Bewerbern knapp sind, dann setzen sich die Wertkonflikte bei der Verteilung der Studienplätze fort, und dies schon dann, wenn zwar jeder einen Studienplatz bekommt, aber die Bewerber unter Berücksichtigung der Lehrkapazität auf verschiedene Universitäten verteilt werden müssen. Ist es gerechter, wenn der am gewünschten Studienort verheiratete Kandidat mit bislang weniger nachgewiesener Qualifikation gegenüber dem nichtverheirateten Einser-Abiturienten bevorzugt wird oder umgekehrt? Ist das Losverfahren gerechter, das für den einzelnen jede Berechenbarkeit ausschließt und von der Frage, wer eine Belohnung durch Leistungen für die Gesellschaft mehr verdient hat, völlig absieht?" (ebd., 42 f.)

Wenn wir Probleme dieser Art immer nur „konsensuell" lösen wollten, könnten wir sie — so Münch — überhaupt nicht lösen. Hier sind nur „bescheidenere Lösungen möglich, d. h. der Kompromiß zwischen verschiedenen, gleich berechtigten Ansprüchen; und die Entscheidungsregel muß der Tatsache Rechnung tragen, daß jede Entscheidung Ungerechtigkeiten erzeugt; sie muß ermöglichen, daß ungerechte Entscheidungen gleichwohl kollektive Verbindlichkeit erlangen, und sie muß die Revidierbarkeit einer Entscheidung zum Prinzip erheben." (ebd., 43)

„Allgemeine ethische Prinzipien haben die Eigenschaft, die symbolische Welt ethischer Möglichkeiten auf einige wenige ethische Prämissen zu reduzieren; sie sind aber aufgrund ihrer Allgemeinheit sehr unbestimmt. In ihnen wird die Reduktion von Symbolkomplexität durch Wertgeneralisierung mit der Erhaltung hoher Kontingenz (Offenheit) des Handelns in Verbindung gebracht. Sie reduzieren Symbolkomplexität durch Wertgeneralisierung. Dadurch wird aber zwangsläufig ihr Interpretationsspielraum größer, so daß sie die Kontingenz des Handelns erhöhen. Infolgedessen enthalten sie keine Lösungen konkreter Probleme." (ebd., 45)

Auf der *Ebene konkreter Entscheidungen,* die kollektive Verbindlichkeit erlangen sollen, wächst (auch aufgrund ethischer Diskussionen) die „Zahl gleich möglicher Alternativen, die jeweils ihre Berechtigung für sich haben, aber nicht alle zugleich gewählt werden können. Jede Entscheidung ist eine Selektion unter zahlreichen Alternativen. Es wächst ihre Selektivität." (ebd.) Münch kommt daher zu dem Resümee:

„Der ethische Diskurs zwingt die gesellschaftliche Entwicklung in die Richtung einer immer weiteren Ausschöpfung des Interpretationsspielraumes ethischer Prinzipien in konkreten Entscheidungen, er kann aber keine kollektive Verbindlichkeit konkreter Entscheidungen erzeugen, soweit diese eine Selektion unter ethisch gleich berechtigten Alternativen sind. Der freie ethische Diskurs ist insofern ein Mittel, das die Reduktion von Symbolkomplexität durch Generalisierung ethischer Prinzipien mit der Erweiterung der Kontingenz des Handelns verbindet, aber kein Mittel, das die kollektiv verbindliche Reduktion von Handlungskontingenz im Angesicht hoher Komplexität symbolisch präsenter Handlungsalternativen erlaubt." (ebd., 47)

Doch kommen wir zurück zu Münchs „soziologischer Theorie der Politik", die auf *Parsons* aufbaut. An symbolischen und generalisierten *Interaktionsmedien* unterscheidet Münch — wie oben bereits angeführt — Geld, politische Macht, Commitment und Argumente, die eine wechselseitige Dynamisierung und *Interpenetration* der Subsysteme ermöglichen, indem sie generalisierte Mittel der Handlungsmotivierung sind und als zirkulierende Medien bestimmte Leistungen — finanzielle Ressourcen oder Güter, bindende Entscheidungen, Verpflichtungen auf Normen und symbolische Konstrukte — aus dem Kontext resp. Subsystem ihres Entstehens auf das Handeln in anderen ausdifferenzierten Kontexten/Subsystemen übertragen, ohne das Handeln in diesen Kontexten völlig zu determinieren (ebd., 102 f.). Generalisierte *Argumente,* die Münch einführt als eine „generalisierte Ressource zur Überzeugung von der Wahrheit, Gültigkeit und Richtigkeit symbolischer Konstrukte", können auf das ökonomische, politische und gemeinschaftliche Handeln „nach den in diesen Kontexten gültigen Kriterien übertragen werden; in den Besitz der gültigen Argumente kann man sich jedoch — bei Ausdifferenzierung des sozio-kulturellen, treuhänderischen Systems — nur nach den in diesem Kontext geltenden Regeln setzen." (ebd., 103) Die generalisierten Interaktionsmedien haben also keinen „Wert an sich", sondern in bezug auf die Realisierung bestimmter Zwecksetzungen einen *Austauschwert.* Als „institutionalisierte Medien der Interaktion ist ihr *Erwerb* durch eine eigene normative Ordnung geregelt, die den institutionellen Kontext definiert, in dem sie verankert sind, während ihre *Verwendung* primär durch die Standards des Verwendungskontextes geregelt ist" (ebd., 104), so daß beispielsweise die „Verfügung über *gültige* Argumente... durch die *Rationalitätsstandards* — Wahrheit, Gültigkeit, Richtigkeit, logische Konsistenz — der intellektuell-kulturellen Diskussion" geregelt ist. (ebd.)

Interpenetration der Subsysteme bedeutet, daß jeweils eigene, subsystemisch institutionalisierte Regeln ausgeprägt sind, die gleichwohl auf kontextuell anders gebundene Faktoren angewiesen sind, um Austauschbeziehungen zu gewährleisten. Nach der Logik des Austauschparadigmas ist das politische Handeln auf Leistungen der angrenzenden sozialen Subsysteme angewiesen; es konsumiert aber auch Leistungen der anderen ausdifferenzierten Subsysteme nach eigenen, *macht*gesteuerten Kriterien. Darüber hinaus ist *jedes* Subsystem (der „Gesamtgesellschaft") institutionell abgegrenzt und aus dem Makro-Kontext ausdifferenziert sowie funktional spezifiziert, was nicht heißt, daß die einzelnen (internen) Subsysteme in einem horizontalen Verhältnis zueinander stehen.

„Soweit die modernen Gesellschaften ein integriertes und dennoch wandlungsfähiges System bilden sollen, müßten diese Systeme in einem Verhältnis zueinander stehen, in welchem jedes Subsystem die aus der Art seiner Struktureigenschaften erfüllte Funktion (Generalisierung, Spezifikation, Öffnung, Schließung) in bezug auf die drei anderen Subsysteme ausübt. So wird durch politische Entscheidungen und entsprechende Gesetze das Handeln in allen drei anderen Subsystemen auf bestimmte Möglichkeiten begrenzt, obwohl auch andere Möglichkeiten denkbar wären. Schulgesetze, Hochschulgesetze, Familiengesetze, Pressegesetze und dgl. setzen einen Gesetzesrahmen für kulturelle Diskurse, Wirtschaftsgesetze für wirtschaftliches Handeln und Gesetze zum Gerichtsverfahren für Gemeinschaftshandeln. Politische Entscheidungen wirken spezifizierend auf die kulturellen, ökonomischen und gemeinschaftlichen Institutionen. Genauer gesagt, werden die speziellen Normen und Rollen dieser Institutionen durch politische Entscheidungen selegiert. Umgekehrt wirken die anderen Systeme aus ihrer Eigenart heraus auf das politische Handeln. Durch das ökonomische Handeln im ökonomischen System werden Ressourcen für das politische System mobilisiert, die den Spielraum des Handelns für die Kollektive im politischen System öffnen. Der kulturelle Diskurs über demokratische Werte wirkt generalisierend auf die Wertgrundlagen des politischen Systems und kritisch in bezug auf die speziellen Normen des Entscheidungsprozesses. Die Normen sind dem Zwang der Rechtfertigung vor allgemeinen Werten ausgesetzt. Das Gemeinschaftshandeln im Sinne der Versicherung von Solidarität wirkt schließend auf den Handlungsspielraum politischer Kollektive. Sie werden dadurch an die Einhaltung der demokratischen Spielregeln gebunden." (ebd., 111 f.).

Die „Gesamtgesellschaft" verfügt daher (in der Theorie) über relativ ausdifferenzierte und dennoch integrierte Subsysteme. So ist das *politische System* relativ autonom und ist dennoch vielfältig mit den anderen Subsystemen verbunden, und zwar auf dem Wege der *Interpenetration* durch generalisierte Sprachcodes, in diesem Falle durch Machtrelationen. Allerdings sind die Interpenetrationsbedingungen niemals vollständig erfüllt, um *Kontinuität* und *Wandel* wie nach einem „Gesamtplan" vollständig (und ohne Reibungsverluste) miteinander zu verknüpfen, sondern es handelt sich um ein *normatives Ideal* moderner Gesellschaften, das in den Realmanifestationen nur approximativ erreicht werden kann, falls überhaupt.

Der Prozeß zunehmender Interpenetration ist in bezug auf funktionierende Problemlösungsmechanismen daher völlig offen, insofern die Vermittlungsleistungen und Konsensualisierungsprozesse zwar theoretisch-normativ intendiert und antizipiert werden können, nicht aber gleichsam „praxissicher" sind, sondern bestenfalls Möglichkeitsformen darstellen. Sie hängen multidimensional von jeweils soziohistorisch geprägten besonderen Bedingungen ab, über die wir nicht kontextfrei verfügen können. Interpenetration als reziproke Handlungs„öffnung" und/oder Handlungs„(ver)schließung", als ein politisch reflexiver Gesamtprozeß, der jeweils subsystemisch konditioniert, in dieser Hinsicht aber auch änderbar ist durch kollektives Handeln aufgrund mehrheitlich gewollter und sozialdominant akzeptierter Sinnverschiebungen („Wertwandel"), ist systemtheoretisch „möglichkeitsoffen" (Potentialität) infolge diskursiver Prozesse, die vermittlungsfähig und damit *generalisierbar* sind. Damit wäre das „idealtypische" Kreislaufmodell von Genese plus Wandel skizziert, aber noch nicht als „legitimationsfähig" eingeführt. Hier liegen die politikwissenschaftlichen Schwierigkeiten, die Münch in Rücksicht auf eine strukturell differenzierte Gesellschaft wie folgt anspricht (ohne sie zu klären):

„Nehmen wir als Beispiel die Herausbildung eines politischen Subsystems als ein System von Entscheidungskompetenzen, innerhalb dessen kollektiv verbindliche Entscheidungen getroffen, durchgesetzt und durchgeführt werden. Zu seiner Herausbildung sind zunächst Gewaltmonopolisierungen erforderlich, sodann aber kollektive *Lernprozesse*, um solche Entscheidungsverfahren zu finden, die am adäquatesten Entscheidungsfähigkeit sichern; diese Entscheidungsverfahren bedürfen wiederum der übergreifenden Verankerung in gemeinsamen Normen, so daß sie auch kollektiv verbindlich sind; sie müssen außerdem in einen generellen symbolischen Bezugsrahmen eingeordnet werden, um mit anderen Verfahren kompatibel zu sein und als sinnhaft verständlich akzeptiert zu werden; und sie erfordern wiederum die Abstützung durch Macht, wenn sie auch in allen Situa-

tionen durchgesetzt werden sollen. Sind sie auf diese Weise einmal entwickelt, dann müssen ihre Strukturen wiederum dieselben Dimensionen
verbinden, damit sie auf Dauer institutionalisiert sind. Sie müssen offen
für Veränderungen durch Lernprozesse sein, aber zugleich gewisse normative Grundstrukturen bewahren, über einen generellen Bezugsrahmen verfügen, der Identität bei Veränderungen gewährleistet, und schließlich
Macht für die Durchsetzung von Entscheidungen mobilisieren können.

Sind die Systeme einmal auf die genannte Weise institutionalisiert,
dann sichern sie selbst die Interpenetration des Gesellschaftskollektives
mit dessen Umwelten, gleichzeitig stellen sie aber auch neue Anforderungen der Vermittlung. An die Stelle des Konflikts zwischen dem Gesellschaftskollektiv und seinen Umwelten tritt nun nämlich der Konflikt
zwischen den Subsystemen. Der Prozeß der Interpenetration muß hier
wieder von vorne beginnen." (ebd., 116 f.)

Die Aufdauerstellung von Interpenetration ist nicht nur ein gesamtgesellschaftlicher Institutionalisierungsprozeß ohne Subjektqualität,
vielmehr ein systemobjektiver Vorgang, der handlungstehoretisch
aufzulösen ist. Die Mobilisierbarkeit von Macht, d. h. die Formen
des Strebens nach, des Zuganges zu, der Verfügung über und der
Verwendung von Macht, bedarf einer *öffnenden Struktur,* die Lernprozesse erlaubt und insofern steigerungsfähig ist, um mit anderen
Dimensionen des Handelns verknüpfbar zu sein. *Interpenetration*
in „gelungener" Weise wäre somit für ein demokratisches Entscheidungsverfahren gegeben, wenn es „eine argumentative Begründung
politischer Entscheidungen in bezug auf allgemeine Werte durch
entsprechende diskursive Verfahren, eine universelle Bindung des
politischen Entscheidens durch ein Commitment der Akteure zu
einer demokratischen Gemeinschaft und durch institutionalisierte
gerichtliche Kontrolle und auch eine tatsächliche Öffnung des Zu-
gangs zu politischer Macht durch einen offenen politischen Markt"
auch tatsächlich gibt; andernfalls „mögen politische Entscheidungen
eventuell mit Hilfe reiner Macht durchgesetzt werden, aber sie stehen dann häufig auf Kriegsfuß mit der kulturellen Kritik, mit den
Interessen gesellschaftlicher Gruppen und mit den Anforderungen
der Offenheit für sozialen Wandel." (ebd., 127)

Insofern durch Interpenetration (hier des politischen Systems
mit den anderen Teilsystemen) eine Integration der besonderen
Leistungen der Subsysteme bewirkt werden kann, heißt dies, auf
das politische Entscheiden in Demokratien bezogen, daß „nicht
nur einfach das Handeln von Individuen und Gruppen durch Machtanwendung *festgelegt* wird, sondern durch Interessenartikulationen

und Ressourcenmobilisierung für Wandel *offengehalten,* durch diskursive Verfahren *unter generelle Werte subsumiert* und durch Kompromißbildung und Verfahren der Streitschlichtung in eine übergreifende Gemeinschaft eingebunden und *kollektiv verbindlich* gemacht wird. ' (ebd., 128)

Die Interpenetration hat sonach spezifische Voraussetzungen, die von allen Gesellschaften nur äußerst unvollständig erfüllt werden. Die Erfordernisse sind (1) eine starke Ausprägung der institutionellen Ausdifferenzierung *aller* gesellschaftlichen Subsysteme *und* zugleich (2) eine starke Ausprägung von vermittelnden Institutionen. (ebd.) Unter Vernachlässigung von Differenzierungen und Modifikationen, Einordnungen und Bewertungen aufgrund der Kombinationsmöglichkeiten einzelner Systemelemente, Vermittlungsinstitutionen und Handlungskomponenten sowie anhand ihrer jeweiligen entwicklungstypischen Gewichtung bzw. sozialen Dominanz, die Münch detailliert erörtert (vgl. ebd., 128 ff.), kann allgemein festgehalten werden, daß eine Gesellschaft als um so entwickelter gilt, „je mehr sie über institutionell stark ausdifferenzierte Subsysteme *und* Vermittlungsinstitutionen verfügt und je mehr sich die Vermittlungsinstitutionen dem Typus der Interpenetration annähern" (ebd., 134 f.). Über die einzelnen Abstufungen gibt das folgende Diagramm Auskunft (ebd., 136):

Diagramm: Typen der Beziehung der Politik zu Wirtschaft, Kultur und Gemeinschaft

		Institutionelle Ausdifferenzierung					
Politik	Wirtschaft Kultur Gemeinschaft	Politik	Wirtschaft Kultur Gemeinschaft	Politik	Wirtschaft Kultur Gemeinschaft	Politik	Wirtschaft Kultur Gemeinschaft
stark	stark	schwach	stark	stark	schwach	schwach	schwach
Integration relativ entwickelter Gesellschaft – versöhnend – politisch durchgesetzt – offen-labil – geschlossen-immobil – interpenetrativ		Übersteuerung der Politik durch Wirtschaft, Kultur oder Gemeinschaft – versöhnend – politisch durchgesetzt – offen-labil – geschlossen-immobil – multidimensional		Übersteuerung von Wirtschaft, Kultur oder Gemeinschaft durch Politik – versöhnend – politisch durchgesetzt – offen-labil – geschlossen-immobil – multidimensional		Integration relativ unterentwickelter Gesellschaft – versöhnend – politisch durchgesetzt – offen-labil – geschlossen-immobil – multidimensional	
Konflikt		Dominanz von Wirtschaft, Kultur oder Gemeinschaft über Politik		Dominanz von Politik über Wirtschaft, Kultur oder Gemeinschaft		Unterentwickelte desintegrierte Gesellschaft	

Ausprägung von Vermittlungsinstitutionen: stark / schwach

147

Die subsystemischen Interrelationen, die das politische System eingeht, sind nicht in jeder einzelnen Beziehung gleichartig, vielmehr sind Mischformen der dargestellten *Typen* in *konkreten* Gesellschaften am wahrscheinlichsten:

> „Für die meisten modernen Gesellschaften ist z. B. eine relativ starke institutionelle Ausdifferenzierung von Politik, Wirtschaft und Kultur, aber für viele nur eine schwache Entwicklung universeller Vergemeinschaftung charakterisierend, und sie unterscheiden sich deutlich in der Herausbildung und in der Struktur der Vermittlungsinstitutionen, die in vielen Gesellschaften nur unzureichend ausgeprägt sind und nur selten die Struktur der Interpenetration aufweisen. Die modernen Gesellschaften bilden insofern jeweils besondere Mischungen aus partieller Interpenetration, partieller politischer oder wirtschaftlicher Übersteuerung und partiellem Konflikt. Sie oszillieren zwischen Interpenetration, einseitiger Übersteuerung und Konflikt, aber auch noch teilweiser Unterentwicklung, wenn man z. B. an die Bildung einer universellen Gemeinschaft über die partikularen Gruppen hinweg denkt." (ebd., 135)

Diese „soziologische Perspektive" wird von Münch bis heute mehr und mehr verfeinert (Münch 1984 u. 1986). Hierauf soll nicht im einzelnen eingegangen werden. Das Hauptargument nämlich lautet, daß *zunehmende Interpenetration* unter den Bedingungen gesellschaftlicher *Differenzierung* sowie den Bedingungen einer jeweils bereichsspezifischen Geltung ansonsten gegensätzlicher Wertprinzipien in den modernen Gesellschaften die allein noch mögliche Form der *Integration* darstellt. Die *Vermittlung* von Wertantinomien ist dabei eine grundsätzliche Existenzbedingung des modernen Staates, ihre Voraussetzung ist die Interpenetration von intellektuell-kultureller *Diskussion* und/mit der Sphäre politischen *Entscheidens.* Die „kulturelle Dynamisierung der Politik" unter den Bedingungen der Moderne anhand der (soziohistorisch vergleichsweise „neuen") kritischen Maßstäbe: Freiheit − Gleichheit − Rationalität im Hinblick auf aktive Weltgestaltung und Selbstverwirklichung, politische Partizipation und „Emanzipation" von Zwängen vielfältigster Art bis hin zur „strukturellen Gewalt", ist in Anbetracht einer angezielten kollektiv *verbindlichen* Selektion, Durchsetzung und Durchführung politischer Entscheidungen und auf der faktischen bzw. gesellschaftsspezifischen Basis temporärer Ungleichheit in den Verteilungs- und Verfügungschancen sowie Mobilisierungsressourcen und jeweiligen Handlungskompetenzen nur durch Vermittlungsleistungen und

Konsensualisierungsprozesse erreichbar, die ein Sinnprozessieren ermöglichen. Die konkreten Institutionen, die als Regelsysteme sozialrelevante Entscheidungen produzieren, fest- und aushalten, müssen formale und materiale Rationalität koordinieren, Beteiligung an und Verantwortung für Entscheidungen synchronisieren, Politikimplementationen transportieren und kontrollieren und vieles mehr — politische Institutionen sind damit stets „überfordert", vor allem unter situativem Zeit- und Entscheidungsdruck; sie sind daher nahezu permanent krisenanfällig und legitimationsbedürftig. Sie stehen unter Erfolgsdruck und Rechtfertigungszwang, sie sollen vermitteln *und* entscheiden, öffnende *und* schließende Strukturen für Handlungspotentialitäten und Handlungskontingenz mit temporärer Zurechenbarkeit darstellen resp. eröffnen.

Diese *Dilemmata* sind gemäß der Konzeptualisierung von Münch nur „aufzulösen", zumindest annäherungsweise, durch „die verstärkte Interpenetration der gesellschaftlichen Subsysteme, insbesondere durch die Interpenetration von Kultur und Politik, die in der Überschneidungszone zwischen den beiden Subsystemen eine sowohl *kulturellen* Rationalitätsstandards als auch *politischen* Entscheidungsanforderungen verpflichtete Verantwortungsethik, jenseits des Gegensatzes zwischen rein intellektueller Gesinnungsethik und reiner Macht- und Realpolitik, entstehen läßt." (Münch 1982a, 193)

Dazu erfordert ist eine Institutionalisierung der demokratischen Ordnung in einer gesellschaftlichen Gemeinschaft (im übrigen das Hauptthema der politischen Kulturforschung). In erweiterter Fragestellung geht es dabei auch um die innere Struktur moderner politischer Systeme, die in sich differenziert sind durch die Strukturkomponenten (im Rahmen der G-Komponente nach dem AGIL-Schema Parsons') der Bürokratie (G), des politischen Austausches (A), des Rechtssystems (I) und des Verfassungssystems (L). Die *innere Strukturiertheit* des *politischen Systems* wird von Münch (ebd., 214) so schematisiert:

Diagramm: Die interne Struktur des politischen Systems

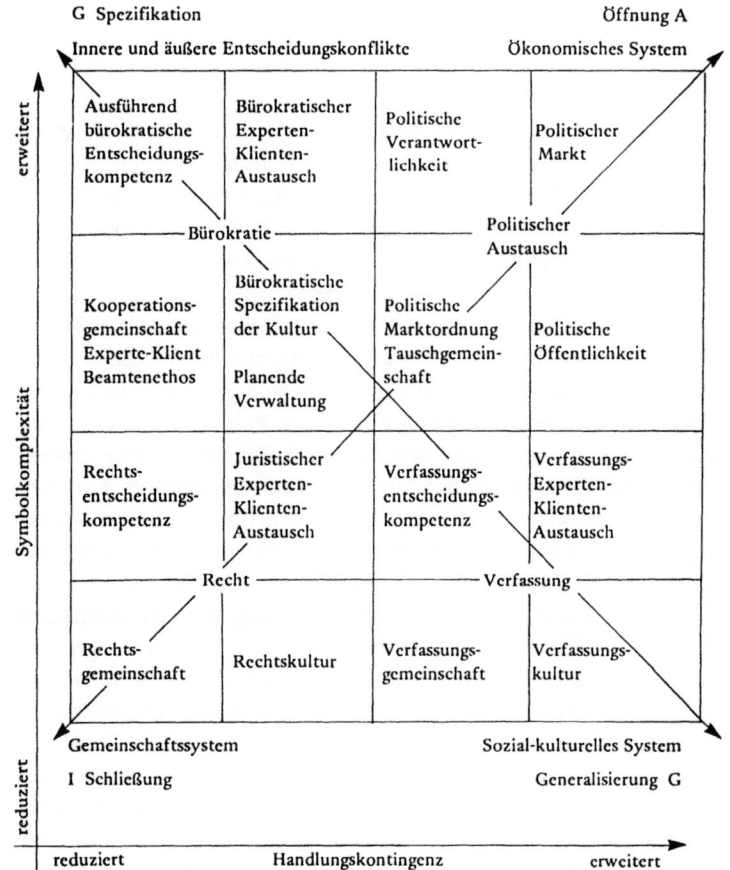

G Spezifikation — Innere und äußere Entscheidungskonflikte

Öffnung A — Ökonomisches System

Symbolkomplexität (erweitert / reduziert)

Ausführend bürokratische Entscheidungskompetenz	Bürokratischer Experten-Klienten-Austausch	Politische Verantwortlichkeit	Politischer Markt
	Bürokratie	Politischer Austausch	
Kooperationsgemeinschaft Experte-Klient Beamtenethos	Bürokratische Spezifikation der Kultur — Planende Verwaltung	Politische Marktordnung Tauschgemeinschaft	Politische Öffentlichkeit
Rechtsentscheidungskompetenz	Juristischer Experten-Klienten-Austausch	Verfassungsentscheidungskompetenz	Verfassungs-Experten-Klienten-Austausch
	Recht	Verfassung	
Rechtsgemeinschaft	Rechtskultur	Verfassungsgemeinschaft	Verfassungskultur

Gemeinschaftssystem — I Schließung

Sozial-kulturelles System — Generalisierung G

reduziert — Handlungskontingenz — erweitert

Auch an dieser Stelle soll hier keine Detailerörterung erfolgen, sondern der Leser ist und bleibt aufgefordert, in die Originaltexte zu schauen. Allein dazu möchte ich anregen, wenngleich ein Vorzug dieser „Anleitung" und „Hinführung", die ich in diesem Studienbuch gebe, darin bestehen soll, die Systemtheorie dem *politikwissenschaftlichen* Fragehorizont anzunähern bzw. ein Denken in *Zusammenhängen* anzuregen, das in dieser Form in der Politikwissenschaft chronisch vernachlässigt wird. Einer gründlichen Auseinandersetzung mit der Systemtheorie sind die meisten Fachvertreter bislang eher ausgewichen, wobei sich Ignoranz und vordergründige „Vorverurteilungen", Idiosynkrasien und politisch-ideologisch fixierte Besserwissereien aufgrund grober Mißverständnisse des systemtheoretischen Ansatzes in eigentümlicher Weise paarten. Selbstverständlich sind auch weiterhin andere Ansätze möglich und sinnvoll, aber man muß sich (gerade im Zeichen der oftmals nur postulierten, nicht aber durchgeführten „Interdisziplinarität" in den Sozialwissenschaften) mit den hier vorgestellten Sichtweisen *sine ira et studio* auseinandersetzen, bevor man urteilt. Mit Sicherheit wird hier zumindest ein *Anregungspotential* bereitgestellt, das für alle Politikfelder von heuristischem Nutzen sein kann.

Wir kommen nach dieser prinzipiell gemeinten *Zwischenbemerkung* auf die handlungstheoretisch gefilterten, gleichwohl auch systemtheoretisch verortbaren Konstruktionsversuche zurück, die Münch als die „soziologische Perspektive" für die „*Tiefenstrukturen des Politischen*" aufbietet, wobei es ihm insgesamt auf den theoretischen Bezugsrahmen ankommt, der neue Perspektiven ermöglicht, die zur Diskussion innerhalb der „scientific community" gestellt sind.

In dieser Hinsicht ist festzuhalten, daß *politische Entscheidungen,* wie immer man dazu situationsspezifisch und/oder inhaltlich steht, „einerseits bürokratisch durchgeführt und durchgesetzt werden können, aber gleichzeitig durch öffnende Tauschprozesse revidierbar bleiben, durch diskursive Verfahren Legitimation erhalten und durch rechtliche Fundierung kollektive Verbindlichkeit erlangen oder aber ein Übergewicht eines dieser Subsysteme (s. oben) besteht." (Münch 1982a, 213)

„Im Bezugsrahmen der Handlungstheorie gesehen, bildet die Gewaltmonopolisierung durch den Staat den spezifikativen und selektiven G-Extrempunkt des Handlungsraums auf der Ebene des Sozialsystems. Durch die staatliche Gewaltmonopolisierung ist es prinzipiell möglich, jede beliebige Entscheidung bzw. Ordnung auch angesichts höchster Komplexität symbolisch artikulierter Präferenzen als kollektiv verbindlich durchzusetzen. Sie ist in diesem Sinne die Sicherheitsbasis von staatlichen Kompetenzen für kollektiv verbindliches Entscheiden. Die Eigenart gerade des modernen Staates ist jedoch nicht aus dieser Eigenschaft allein zu erklären, sondern aus einer mehrstufigen Interpenetration der Gewaltmonopolisierung mit allen anderen Komponenten des Handlungsraums, mit der ökonomischen, kulturellen und gemeinschaftlichen Komponente." (ebd., 214 f.)

Die moderne Bürokratie, der politische Austausch, das Rechts- und das Verfassungssystem sind jeweils untereinander und intern interpenetrierende Strukturkomponenten, die (bei aller im einzelnen unterschiedlichen Ausgeprägtheit) nur dem modernen okzidentalen Staat eignen (ebd., 215).

So bedeutet *rationale Bürokratie* „kollektiv verbindliche Entscheidungsdurchführung, die auf das staatliche Gewaltmonopol gestützt, aber durch den öffnenden und ökonomischen Aspekt des Experten-Klienten-Austauschs, den kulturell-professionellen Aspekt des juristischen Rationalismus und den gemeinschaftlichen Aspekt der Bindung an ein gemeinsames Recht geformt ist." (ebd.) – Der *politische Austausch* wird durch Wahlen, Parlamente und (neokorporative) Interessentenpolitik konstituiert, wobei Interessengruppen (Verbände), Parteien und Regierungen die Hauptakteure darstellen; es werden hier „Interessen artikuliert, aggregiert und in kollektiv verbindliche Entscheidungen umgesetzt", und unter „den grundlegenden Strukturkomponenten der modernen politischen Systeme ist diese Institution des politischen Austausches diejenige mit der größten Tendenz zur Öffnung der artikulierbaren Präferenzen und der Kontingenz des Entscheidens." (ebd., 216) – Das moderne *Rechtssystem* erfüllt „die Funktion der Schließung des Handlungsspielraumes durch Reduktion der Komplexität des Erwartbaren und der Kontingenz des Handelns", indem es, unabhängig von politischen Konjunkturen, die „Geltung von bestimmten und in der Rechtsprechung konkretisierbarem Recht" systemspezifisch auf relative Dauer stellt (ebd., 216). – Die moderne *Verfassung* ist „zunächst als ein Produkt und dann als Förderer der Interpenetration der staatlichen Entscheidungskompetenz mit dem kulturellen Aspekt des Handlungsraums, insbesondere mit der normativen Kultur zu verstehen.

Ihre Funktion ist die Generalisierung des Handlungsspielraums." Durch das Verfassungssystem wird „die symbolische Komplexität des Erwartbaren unter Bewahrung oder gar Steigerung der Kontingenz des Handelns reduziert. Die Verfassung bildet insofern einen politisch gestützten, aber kulturell geformten abstraktesten Identifikationskern der Gesellschaft, der dem gesellschaftlichen Wandel den Spielraum aufzwingt, den er ausschöpfen kann, ohne die gesellschaftliche Identität zu verletzen." (ebd., 217)

Insgesamt ist die interne/externe Interpenetration von Bürokratie, politischem Austausch, Recht und Verfassung natürlich „der Idealfall eines hochentwickelten politischen Systems" (ebd., 217), so daß die faktische Einschränkung lauten muß: „Konkrete politische Systeme weichen mehr oder weniger weit davon ab, und zwar um so mehr, je mehr die Subsysteme schwach oder ungleich stark institutionell ausdifferenziert sind und die Vermittlungsinstitutionen nur schwach entwickelt sind oder weniger zur interpenetrativen Integration neigen als zur versöhnenden, politisch durchgesetzten, offenlabilen oder geschlossen-immobilen. Diese Tendenzen der Vermittlungsinstitutionen hängen wiederum davon ab, ob ihre Struktur einen eher diskursiven, herrschaftlichen, tauschförmigen oder gemeinschaftlichen Charakter besitzt oder diese miteinander verknüpft." (ebd., 217 f.)

Diese Gedankengänge und Argumentationsmuster hat Münch in seiner Arbeit „*Die Struktur der Moderne*" (1984) noch vertieft. Er erhebt dabei — ähnlich wie Luhmann, wenngleich nicht explizit — einen Paradigma-Anspruch für seine Theorie des Handelns, die hier in der Idee der voluntaristischen Ordnung moderner Institutionen zentriert.

In Anbetracht zahlreicher Bindestrich-Soziologien, also angesichts einer Vielzahl meta- und objekttheoretisch gesonderter Soziologien, sei es an der Zeit, neue integrative Versuche durch Anknüpfen an die klassische Tradition (insbesondere Emile Durkheim, Max Weber, Talcott Parsons) zu unternehmen, zumal auch die klassische Soziologie zwischen 1890 und 1920 sich der Integration unterschiedlicher metatheoretischer und methodologischer Vorgehensweisen wie objekttheoretischer Ansätze verdankt (Münch 1984, 7). Dabei will Münch die Struktur der Moderne möglichst umfassend in ihren tiefenstrukturellen Komponenten und in ihren Oberflächenkonkretisierungen aufzeigen, wobei er die klassischen Ansätze in der Weise *rekonstruiert*, daß sie zu einer *Innovation* im Theorieaufbau beitragen. Das Münch gewidmete Kapitel haben wir deshalb auch „Innovation durch Rekonstruktion" überschrieben, da dieser Zugang für ihn kennzeichnend, ja von herausragender Bedeutung ist, wie man auch vordem bereits sehen konnte.

Modernisierung als Rationalisierungsprozeß wird aus der *Interpenetration* unterschiedlicher Handlungssphären erklärt: „Konstitutiv für den rationalen Kapitalismus ist insofern die Verknüpfung der ökonomischen Nutzenkalkulation im ökonomischen Austausch mit Prozessen der sozial-kulturellen diskursiven Steuerung des Handelns, mit der normativen Kontrolle durch Vergemeinschaftung und mit der kollektiven Zwecksetzung in politischen Entscheidungsverfahren." (ebd., 14) Die Herausbildung der modernen Institutionen ist daher nicht aus der Entfaltung der inneren Eigengesetzlichkeiten von Handlungssphären zu erklären (also beispielsweise durch Ökonomisierung der Ökonomie, Politisierung der Politik usw.), sondern Interpenetrationsvorgängen geschuldet, die im interkulturellen Vergleich in dieser Weise nur dem Okzident eignen. Für die moderne *Wissenschaft* als kulturelle Institution zieht Münch dabei als ein besonderes treffendes (und bislang in den Sozialwissenschaften auch noch nicht so recht gewürdigtes) Beispiel heran: das *rationale Experiment* als *Innovation* der *italienischen Renaissance*.

> „Hier sind nämlich zum ersten Mal in der menschlichen Erkenntnissuche Sphären der Wissensbildung miteinander vereinigt worden, die außerhalb des Okzidents und vorher scharf voneinander differenziert und in sich spezialisiert waren. Im rationalen Experiment als der besonderen Erfindung der italienischen Renaissance werden folgende ganz unterschiedliche Erkenntnismittel miteinander verknüpft: der Wahrheitsanspruch der allgemeinen Theorie, der bislang nur der Theologie und Philosophie vorbehalten blieb, und die technische Anwendung, die vorher nur im niederen Handwerk betrieben wurde, die Stringenz der formalen Logik, die zuvor nur der gelehrten Argumentation eigen war, und die Erfahrungsbildung durch Beobachtung, die vorher nur im rein technischen Experimentieren gepflegt wurde. Hier ist die Geburtsstätte der modernen Wissenschaft, die technische Anwendung, Erfahrungsbildung, Logik und Theorie als Subsysteme in sich enthält." (ebd., 18)

Dieser Verbund von Subsystemen verdeutlicht das allgemein für moderne Institutionen vorherrschende Bild: „Sie alle sind keine eindimensionalen Systeme des Handelns, deren Eigenart aus einer Logik der inneren Rationalisierung erwächst. Sie sind zwar voneinander differenziert, aber ebenso über Subsysteme in ihren Interpenetrationszonen miteinander verbunden." (ebd., 19) Die wachsende institutionelle Strukturierung ist somit nicht als Kumulation von Eigengesetzlichkeiten aufzufassen, sondern als Interpenetration von Handlungssphären, wobei die *gegenseitige Durchdringung* dieser „Vermittlungssysteme" sowohl Begrenzungen einschließt als auch neue Kombinationschancen eröffnet.

„In den modernen Professionen sind wissenschaftliche Wahrheitssuche, Öffnung für Klienteninteressen, praktische Anwendung von Wissen und Verpflichtung auf Normen miteinander verklammert. In kulturellen Diskursen sind die Rückführung von Geltungsansprüchen auf generelle Gründe, die Öffnung für neue Informationen, die Verpflichtung auf einen stets unbefragt vorausgesetzten normativen Hintergrund und die Konsensbildung als Entscheidungsverfahren vereinigt. Die moderne gesellschaftliche Gemeinschaft ist kein geschlossener partikularistischer Verband. Die Solidarität der Gemeinschaft wird nämlich durch ethischen Universalismus kulturell generalisiert, durch Pluralismus für Interessen geöffnet und durch ein formales Rechtssystem in bezug auf praktische Regulierungen des Handelns spezifiziert. Auch hier ist keine Logik der Solidarisierung am Werk, die nur noch Solidarität im engsten Kreis zuläßt, sondern gerade umgekehrt die Verbindung des Gemeinschaftshandelns mit anderen Sphären, unter Herausbildung einer neuen Form von Gemeinschaft, die Solidarität, Universalismus, Pluralismus und formale Rechtlichkeit umfaßt." (ebd.)

Allerdings ist diese Entwicklung stets unvollständig und mit Rückschlägen behaftet, sie ist eine von mehreren, gleichwohl möglichen Beziehungsmustern. Anders formuliert: *Interpenetration* ist eine Form geregelter Reziprozität unter Erhaltung ihrer produktiven Spannung. Die Vereinigung unterschiedlicher Strukturkomponenten in den Institutionen der Moderne ist allerdings, wie Münch mit Recht ausführt, eine *normativ-kritische Idee* bzw. der Idealtypus seiner *konstruktiven Methode*, die Freiheit, Rationalität, Solidarität und aktive Weltgestaltung miteinander verknüpfen will im Hinblick auf eine *voluntaristische Ordnung* (und damit Positivismus und Idealismus in sich aufzuheben versucht). Für das im weiteren zu erörternde *umfassende Paradigma* (vgl. von den insgesamt 48 Diagrammen in Münch 1984 insbesondere Nr. 6, 23, 43, ebd., S. 63, 339, 484) sind daher als Einschränkungen seiner Gültigkeit im Kopf zu behalten:

„Es wird gesagt, die modernen westlichen Gesellschaften weisen eine stärkere Interpenetration von unterschiedlichen Sphären des Handelns und eine bessere Integration von verschiedenen Subsystemen in ihren Institutionen auf als die vormodernen und nicht-westlichen traditionalen (nicht primitiven) Gesellschaften. Absolut gesehen, mag das als eine erhebliche Beschönigung der Realität der modernen Gesellschaften erscheinen, in denen natürlich Friktionen, Verselbständigungen und Konflikte zwischen den Sphären an der Tagesordnung sind. Diese absolute Feststellung beeinträchtigt allerdings nicht die vergleichende, und sie verändert auch nicht die Tatsache, daß der *Unterschied* der modernen westlichen Institutionen zu den vormodernen und nicht-westlichen Gesellschaften nicht durch die eigengesetzliche Rationalisierung von Sphären, sondern durch deren Interpenetration zu erklären ist." (ebd., 23)

„Die Konstruktion von Institutionen nach dem Ideal extern und intern interpenetrierender Subsysteme ist, absolut gesehen, eine aus dem interkulturellen Vergleich resultierende Übertreibung, die durch ergänzende Betrachtungen der historischen Konkretisierung in einzelnen Gesellschaften wieder relativiert werden muß. Zugleich kann sie aber als normativ-kritischer Leitfaden für die zukünftige Entwicklung der modernen Institutionen dienen. Auch das ist ein Vorzug der Idee der voluntaristischen Ordnung. Während die Rationalisierungstheorie, wie von Max Weber konsequent zu Ende gedacht, im völligen Skeptizismus hinsichtlich der zukünftigen Möglichkeit von individueller Freiheit und sozialer Ordnung endet, zeigt die Theorie der Interpenetration zugleich einen Weg zur Verknüpfung von Freiheit, Rationalität, sozialer Ordnung und aktiver Weltgestaltung in einer voluntaristischen Ordnung auf. Diesen Weg zu beschreiten bedarf in dieser Perspektive keiner radikalen Umkehr der bisherigen Entwicklung, erfordert aber ständige Korrekturen, Reformen und Fortentwicklungen, um eine weitere Annäherung an das im modernen Wertmuster kulturell vorgezeichnete Ideal zu erreichen." (ebd., 27)

Für das grundsätzliche sozialwissenschaftliche Verständnis *moderner Institutionen* ist ferner festzuhalten, daß im Unterschied zu einer historischen Betrachtung von Einzelfällen das Schwergewicht auf *Generalisierungen* liegt, d. h. Institutionen werden sinnstrukturell erfaßt in bezug auf ihre Formung und Durchdringung als spezifizierte normative Muster, deren soziohistorisch jeweils „relative Dauer" abhängt von der Einbettung in die lebensweltliche Tradition einer Gemeinschaft, von der Durchsetzung durch Machtmobilisierung und Charisma sowie von der Anpassung an situativ wechselnde Lernerfahrungen, Interessen und Nutzenkalkulationen beeinflußt wird (ebd., 51). Institutionen als Muster kollektiver Ordnungen, die mithin Handlungsregelmäßigkeiten stiften, gehen allerdings nicht in

der verfestigten Regelhaftigkeit auf (ebd., 53 f.), so daß insbesondere der individuell-kollektiv handelnde Akteur nicht zu „vernachlässigen" ist. Münch führt in dieser Hinsicht zutreffend aus:

> „Ein umfassendes Paradigma darf weder rein individualistisch noch rein
> kollektivistisch sein; es muß vielmehr die Spannung zwischen diesen bei-
> den Komponenten in sich aufnehmen. Diese Spannung kommt vor allem
> im Konzept der voluntaristischen Ordnung zum Ausdruck. Eine solche
> Ordnung ergibt sich erst aus der Interpenetration von organischer Bedürf-
> nisstruktur, persönlichen Dispositionen, kollektiver Verbundenheit und
> kultureller Identität. In allen vier Aspekten ist von Handlungsorientierun-
> gen des Individuums zu sprechen. In diesem erweiterten Sinne gehe ich in-
> dividualistisch vor. Die Geordnetheit von Handlungen läßt sich jedoch
> nicht auf die zufällige Komplementarität von Bedürfnissen und Dispositio-
> nen reduzieren, sondern stammt aus Vergemeinschaftung. In diesem Sinne
> verfahre ich kollektivistisch. In diesem Zusammenhang ist es nützlich, das
> Individuum als konkreten, intentional handelnden Akteur, der alle Hand-
> lungsorientierungen in spezifischer Weise in einer Situation kombiniert,
> von der individuellen Persönlichkeit, dem individuellen Organismus und
> individuellen Verhaltenssystem als nur analytischen Aspekten des Indiv-
> iduums zu unterscheiden. Ebenso ist ein intentional handelnder kollektiver
> Akteur, wie eine Gruppe, ein Betrieb, ein Verein, aber auch eine Gesell-
> schaft, von der kollektiven Vergemeinschaftung als analytisch abgrenzba-
> rem Aspekt sozialer Systeme zu trennen.
> Schließlich gilt es die Dichotomisierung von Handlungs- und System-
> theorie zu vermeiden. Beide sind als unterschiedliche Perspektiven in einem
> Bezugsrahmen unterzubringen." (ebd., 55 f.)

Eine systemtheoretische Erweiterung der Handlungstheorie durch
die Differenzierung in Subsysteme muß die Ebenen der *Conditio
humana,* das *allgemeine* und das jeweils konkret *soziale* Handeln
im Auge behalten. Für das *politische* Teilsystem der Gesamtgesellschaft, das nach dem G-Quadranten Parsons' funktional spezifiziert
ist zur Erfüllung *kollektiver Zielsetzung und Entscheidungsbildung*
kann insoweit festgestellt werden:

> „Es umfaßt Entscheidungsverfahren und dementsprechend ablaufende
> Entscheidungsprozesse sowie die Durchsetzung von Entscheidungen
> mittels politischer Macht. Die Selektion und Durchsetzung von Entschei-
> dungen geht aus diesen Strukturen und Prozessen hervor, aber nicht die
> soziale Verbindlichkeit, die Legitimität und die Realisierbarkeit. Die
> soziale Verbindlichkeit von Entscheidungen verlangt die Mobilisierung
> von Commitments aus der sozialen Vergemeinschaftung, ihre Legitimität
> die diskursive sozial-kulturelle Rechtfertigung, ihre Realisierbarkeit die Mo-
> bilisierung von Ressourcen aus dem ökonomischen System. Die Beziehung

des politischen Subsystems zu den anderen sozialen Subsystemen wird hierbei nicht im Sinne einer naturalistischen Adaptation eines konkreten Systems an eine komplexe Umwelt begriffen, vielmehr wird der wechselseitige Austausch von Leistungen als notwendig für die Erfüllung der besondereren Funktion der Subsysteme postuliert und als eine Form ihrer Interpenetration gedeutet. Das politische System funktioniert nicht in einem naturalistischen Sinn, vielmehr verstehen wir unter dem politischen System interdependentes und sinnhaftes soziales Handeln, das an der kollektiven Entscheidungsbildung orientiert ist. Je mehr diese Handlungen untereinander eine verdichtetere Interdependenz aufweisen als zu anders orientierten Handlungen, um so mehr lassen sie sich als ein konkretes System von anderen Handlungen abgrenzen. Wie wir wissen, erfordert die dauerhafte Abgrenzung eine normative Ordnung in einer politischen Institution. Von der Funktionserfüllung des Systems können wir sprechen, wenn innerhalb dieser interdependenten und normativ geregelten politischen Interaktionen kollektive Entscheidungen nach Maßgabe des artikulierten Bedarfs getroffen werden. Als nicht selbstgenügsames, sondern auf eine Funktion spezialisiertes soziales Subsystem ist das politische System in der Funktionserfüllung jedoch von ökonomischer Ressourcenmobilisierung, sozial-kultureller Legitimation und gemeinschaftlicher Bindung abhängig, die ihrerseits die politische Entscheidungsbildung als Leistung benötigen." (ebd., 57 f.)

Wir wollen jetzt in groben Umrissen den Gesamtaufbau der Konzeptualisierungsbemühungen von Münch behandeln, die sich nach den handlungstheoretischen Grundmustern der „Kultur", „Gemeinschaft", „Politik" und „Wirtschaft" gliedern. Es ist dabei unvermeidlich, daß gelegentlich Wiederholungen auftreten, aber redundante Momente sind lernpädagogisch und politikdidaktisch durchaus erwünscht.

Kultur. Die Funktion des soziokulturellen Systems ist eine Generalisierung von Handlungsspielräumen aufgrund symbolischer Verständigung durch tatsächlich stattfindende Diskurse, deren Regeln argumentativ begründet werden im Sinne von Argumenten als generalisierte Medien wechselseitiger Überzeugung (= Wertcommitments), wobei die Konsistenz von Symbolsystemen als praktischer Koordinationsstandard eingesetzt wird (ebd., 73). Vor allem die Universitäten fungieren als Kerninstitutionen der professionellen Entwicklung und Vermittlung gesamtgesellschaftlichen Wissens, näherhin der Sinnstiftung, Wert- und Normdefinition sowie -interpretation und ästhetischen Urteilsbildung (ebd., 134), die teilweise bereits eine sehr weitgehende Regulierung des Denkens und Handelns verlangen. Das *Beispiel der Universität* als organisatorische

Institutionalisierung der Experten-Klienten-Beziehung zwischen Hochschullehrern und Studenten, wobei die Rolle des Studenten zumindest anfänglich derjenigen des Patienten im Krankenhaus ähnelt (ebd., 133), kann dahingehend zugespitzt werden, daß den Lehrleistungen der Dozenten seitens der Studenten zunächst ein pauschales Vertrauen erwiesen wird (ebd., 148): „Der (studentische) Klient wird sich deshalb die Argumente des Experten zu eigen machen, solange er genügend Vertrauen hat, daß die Argumente des Experten auch in der Expertengemeinschaft (scientific community, A.W.) allgemein anerkannt würden, d. h. solange er ihm Expertise einräumt. *Expertisevertrauen* seitens des Klienten ist insofern die Voraussetzung der Wirksamkeit von *Argumenten* des Experten." (ebd., 152) Sie ist Voraussetzung dafür, den Klienten (Studenten) zu Erfüllung seiner *Rollenpflichten* zu motivieren, andernfalls der Experte (Dozent, Professor) auf ein systemisches Potential negativer Sanktionen (z. B. in Prüfungen und bei der Scheinvergabe) zurückgreifen kann. Für eine erfolgreiche Kooperation im Sinne einer akademischen Sozialisation ist es vonnöten, daß der Student schrittweise in die neue Gemeinschaft eingeführt wird und am Ende relativ identitätssicher wieder aus ihr entlassen werden kann. Allerdings bleibt, wie wir wissen, die Berufsrelevanz rein wissenschaftlicher Qualifikation problematisch bis fragwürdig und ist bis heute weithin ungelöst, ja diese Frage verschärft sich derzeit noch und weitet sich zu einem Strukturdilemma aus, für das noch keine allgemein praktizierbaren Lösungsvorschläge formuliert bzw. in den einzelnen „Berufsfeldern" wirkungsvoll und ertragreich implementiert sind.

Gemeinschaft. Die Funktion des Gemeinschaftssystems ist die Schließung des sozialen Handlungsspielraums durch die individuell-kollektive Integration in bezug auf eine gemeinsame normative Lebenswelt, die durch eine *gegenseitige Verbundenheit* ausgewiesen ist und zu *solidarischem Handeln* anleitet, wobei ihr Koordinationsstandard der *soziale Konsens* ist (ebd., 261). Die gesellschaftliche Gemeinschaft ist für die institutionelle Ordnung moderner Gesellschaften, obwohl zumeist als prekär anzusehen, eminent wichtig, wenn nicht geradezu als von *zentraler* Bedeutung einzuschätzen. Gerade die *Universalisierung* von Ordnungsmustern ist ein herausragendes evolutionäres Moment und Spezifikum des Okzidents, das sich in einem Commitment zur Marktgemeinschaft äußert und in der christlichen Vergemeinschaftung, insbesondere in der ökonomischen Ethik des asketischen Protestantismus wurzelt, wie es bereits Max Weber herausgestellt hat. Hinter der universalistischen Vergemeinschaftung steht zudem die *Gewaltmonopolisierung* durch den *modernen Verfassungsstaat,* wodurch die Grenzen der legitimen Herrschafts- und Machtausübung festgelegt werden (ebd., 288).

> „Der entscheidende Schritt in der Entwicklung des modernen Staates im Hinblick auf das Entstehen einer neuen politischen Ordnung ist nicht die bloße Gewaltmonopolisierung und nicht die Zentralisierung der Herrschaft, sondern der bürgerliche Konstitutionalismus. Durch ihn wird der politische Partikularismus durchbrochen und eine universalistische politische Ordnung geschaffen. Grundlage ist die Monopolisierung der Herrschaftschancen nicht durch einen einzelnen oder eine partikulare Gruppe, sondern durch die Gemeinschaft der untereinander konkurrierenden gesellschaftlichen Gruppen und die Bindung dieser Gruppen an eine gemeinsame normative Ordnung, welche die legitime Machtausübung von der illegitimen abtrennt." (ebd., 290 f.)

Die Universalisierung der Herrschaft durch „soziale Einhegungen" als Entwicklungsdimension der Moderne, die Ausprägung einer „Staatsbürgerschaft", die innere Solidarisierung der gesellschaftlichen Gemeinschaft und die Ausdehnung der Bürgerrechte auf nicht-gemeinschaftliche Handlungssphären, läuft auf die Egalität von Teilnahme*chancen* hinaus, nicht auf die Gleichheit der jeweiligen Beiträge und einzelnen Resultate. Dabei ist die Institutionalisierung der Freiheit zur Bildung voluntaristischer Assoziationen die Basis der *Pluralisierung* der gesellschaftlichen Gemeinschaft (ebd., 298).

Politik. Funktion des ausdifferenzierten politischen Systems ist die Spezifikation des sozialen Handlungsspielraums durch allgemeinverbindliche Entscheidung und kollektive Ziel- und Zwecksetzung aufgrund politischer Herrschaft und vermittelt durch das generalisierte Medium der Macht. Der hierfür entwickelte Koordinationsstandard ist die Akzeptanz und Befolgung von Entscheidungen (ebd., 303).

Ohne hier auf Einzelheiten und spezifische Interpenetrationsbezüge eingehen zu können, ist festzuhalten, daß in bezug auf die Subsysteme des politischen Systems – Verfassung (L), Recht (I), Bürokratie (G) und politischer Austausch (A) – einige Besonderheiten auszumachen sind, die hier stark abgekürzt eingebracht werden sollen.

Hinsichtlich der Verfassung (L) ist insofern auszuführen, daß sie (in geschriebener oder konventioneller Form) gleichsam den latenten Code des politischen Handelns darstellt. Sie erfüllt innerhalb des jeweils gesetzten politischen Ordnungsgefüges die Funktion der Identitätsbewahrung und Sicherung von Kontinuität, mithin der Generalisierung des politischen Handlungsspielraums, indem sie die Verbindung zwischen politischem Entscheiden und sozial-kulturellen Diskursen stiftet (ebd., 311). Die durch einen sozialdominanten Legitimitätsglauben unterstützte rational-legale Herrschaftsordnung ist neben den traditional, charismatisch und wertrational fundierten Formen nicht nur analytisch aufzeigbar, vielmehr politisch-praktisch am weitesten anerkannt und eingeführt, jedenfalls im Blickpunkt der Moderne.

Der Typus der rational-legalen Herrschaft „garantiert Berechenbarkeit unter der Bedingung höchster Wandlungsgeschwindigkeit der Gesellschaft" (ebd., 328). Daneben müssen die Verfassungsgrundsätze den Kern des Selbstbildes einer Vergemeinschaftung bilden; denn nur dadurch „kann die selbstverständliche Anerkennung dieser Grundsätze für den einzelnen allein aufgrund seines *Commitments* zur Gemeinschaft zur *Verpflichtung* werden, die ihre Geltung gegen jede Nutzenkalkulation sichert" (ebd., 356). Hinzu treten eine kulturelle gegenseitige Verpflichtung auf *Regeln der Argumentation* einer Gemeinschaft sowie negative und positive Sanktionen. Des weiteren muß es sich um eine Rechtsgemeinschaft handeln, wobei das *Rechtssystem* eine Interpenetrationszone zwischen der politisch-bürokratischen Entscheidungskompetenz und der Gemeinschaft verkörpert, und das Recht als ein *Normensystem* die Anforderungen: Abstraktion, Analytik, Widerspruchsfreiheit und Formalismus zu erfüllen hat (ebd., 391). Eine weitere spezifikative Komponente des politischen Systems besteht in der *Verwaltung*:

„Politisches Handeln ist auf die Durchsetzung kollektiv verbindlicher Entscheidungen angesichts einer hohen Komplexität möglicher Alternativen bezogen. Dadurch wird die Kontingenz des Handelns bei hoher symbolischer Komplexität reduziert. Das Handeln wird auf bestimmte Entscheidungen fixiert. Je mehr das politische Handeln durch das Zusammenwirken differenzierter Subsysteme bestimmt wird, um so mehr ist diese politische Kontingenzreduktion jedoch kein einfaches Durchsetzen von Entscheidungen durch überlegene Macht, sondern ein in vielen differenzierten Abstufungen ablaufender Prozeß, in dem nur schrittweise die Kontingenz des

Handelns durch verbindliche Entscheidungen eingeschränkt wird. . . . Die bürokratische Verwaltung bildet das letzte Glied eines, je höher entwickelt die Gesellschaft ist, um so feinmaschigeren Netzes von Entscheidungsstadien und -feldern im politischen Verfahren. Sie stellt das Glied dar, das letztendlich politisch gemachte Gesetze in konkrete alltägliche Entscheidungen umsetzt, die den Bürger unmittelbar betreffen. Hier wird dem Handeln die letzte Kontingenz genommen, indem es auf eindeutig spezifizierte Entscheidungen festgelegt wird. Diese spezifizierte Festlegung des Handelns durch bürokratisches Entscheiden erfolgt, je reiner sie ihrem Prinzip gehorcht, völlig unberührt von den besonderen Wünschen der Klienten. Diese mögen sich viele verschiedene Lösungen ihrer Probleme vorstellen, verfahren wird nach starren Regeln." (ebd., 447 f.)

Der Verwaltung obliegt die Ausführung gesetzlicher Maßnahmen sowie deren kommunale, regionale, einzelstaatliche und bundesstaatliche Planung, Vorbereitung und detaillierte Nachbereitung (ebd., 449).

„Die planende Verwaltung erfährt eine kulturelle Generalisierung durch die Orientierung an der allgemeinen Kultur und an allgemeinen Argumentationsregeln; eine normative Kontrolle erfolgt durch ihre Bindung an Grundprinzipien, wie Vernunftverpflichtung, Gleichheit, methodischer Aktivismus und Freiheit, an die Kooperationsgemeinschaft von Experte und Klient, an die gesellschaftliche Gemeinschaft und an die Regelhaftigkeit der bürokratischen Ausführung ihrer Vorlagen. Die Öffnung für die unmittelbaren Interessenartikulationen im Experten-Klienten-Austausch, für die Zufuhr von neuen Informationen durch die Wissenschaft und für die Problemartikulationen im Experten-Klienten-Austausch der ausführenden Verwaltung bedingt das Offenhalten der Entscheidungstätigkeit für die verschiedensten Alternativen." (ebd., 450)

„Die ausführende Verwaltung ist noch mehr als die planende der spezifikativen Komponente im Handlungsraum des Komplexitäts-Kontingenz-Schemas angenähert. Sie reduziert nochmals im Bezugsrahmen der bestehenden Gesetze die Kontingenz des Handelns durch bindende Entscheidungen, die unmittelbar in den Alltag des Bürgers eingreifen. Auch diese Entscheidungen haben den Charakter einer Selektion unter Alternativen, wenn auch das Alternativenspektrum durch Gesetzesbestimmungen schon vorher erheblich eingeschränkt wurde." (ebd.)

Bei der ausführenden Verwaltung werden demnach nur Erwartungen und Präferenzen berücksichtigt, die gesetzlichen und administrativen Bestimmungen entsprechen. Dabei gibt es zur *bürokratischen* Verwaltung keine Alternative unter der Voraussetzung, daß „*dasselbe*

Niveau der Berechenbarkeit der Durchführung von Ordnungen erreicht werden soll":

„Das Entstehen der rationalen Bürokratie ist zwar eine notwendige Voraussetzung der Existenzfähigkeit des modernen rationalen Kapitalismus und insofern auch durch kapitalistische Interessen begünstigt worden, aber die rational-bürokratische Verwaltung ist in gleich unentrinnbarer Weise eine notwendige Existenzbedingung für einen das gleiche Niveau der Berechenbarkeit der Durchführung von Ordnungen anstrebenden rationalen Sozialismus. Im Gegenteil, da die Allokation von knappen Mitteln an die Bedürfnisse bei Ausschalten des Marktes eine administrative Form der Allokation erfordert, wäre die Reichweite der rational-bürokratischen Verwaltung noch wesentlich größer." (ebd., 455)

Würde die rationale Bürokratie jedoch das einzige vorherrschende Strukturprinzip des politischen Verbandes, der modernen Verwaltung oder der Gesellschaft insgesamt darstellen, wären irrationale Konsequenzen die unentrinnbare Folge: „Wo die rationale Bürokratie andere Strukturprinzipien nicht zur Entfaltung kommen läßt, herrscht die Unpersönlichkeit der sozialen Beziehungen, die durchgängige Reglementierung des sozialen Lebens durch den Formalismus der Bürokratie, die Erstarrung jeglicher individueller Bewegungsfreiheit in einem für den einzelnen unübersehbaren Gewirr bürokratischer Reglementierungen, die Bevormundung der Bürger durch eine Beamtenkaste, deren Fachwissen und Wissen über die Dienstvorgänge – der Öffentlichkeit völlig entzogen – zum Geheimwissen wird. Wenn im politischen System nicht selbst die Institutionalisierung entgegengesetzter Strukturformen des sozialen Handelns gelingt, ist diese Art der Beamtenherrschaft das unausweichliche Schicksal der modernen Gesellschaften." (ebd., 457) Das „Gehäuse der Hörigkeit" (Max Weber) als moderne Form der Vormundschaft trocknet das selbstverantwortliche Handeln der Bürger aus, so daß in demokratietheoretischer Sicht zumindest ein *kooperativer* Bürokratiestil gefordert werden muß, zumal das Übergewicht der Verwaltung insbesondere im Planungsbereich ansonsten deutlich zum Tragen kommt (vgl. Kevenhörster 1977).

Die Bedeutung der Sachkompetenz im politischen Entscheidungsprozeß macht Politiker und Bürger zu Klienten der professionellen Experten der Planungsstäbe in der Verwaltung; jedoch wird der Experte ohne Kooperation bei der Problemdefinition nicht das Problem des Politikers oder des interessierten Bürgers lösen, sondern irgendein selbstdefiniertes Problem: „Eine große Gefahr ist deshalb immer, daß sich die Planungsstäbe der Verwaltung ohne ausreichende Kommunikation mit Politikern und betroffenen Bürgern verselbständigen und nur die selbstdefinierten Probleme bewältigen, aber nicht diejenigen der Politiker und der Bürger, wie man dies in der Bundesrepublik u. a. an der umstrittenen Gebietsreform sehen konnte. Wo Bürgerinitiativen nur im nachträglichen Protest gegen eine längst geplante Maßnahme ohne konstruktiven Beitrag zur Problemlösung aktiv werden, kann man sicher sein, daß der Maßnahme keine ausreichende Kooperation in der Phase der Problemdefinition vorausgegangen ist. Die hohe Interdependenz kommunaler, einzel- und bundesstaatlicher Maßnahmen hat zudem zur Folge, daß diese von Bürgern als immer gravierendere Einschnitte in die eigenen Lebensumstände empfunden werden." (Münch 1984, 475)

Aufgrund dieser *Politikverflechtung* ist ein hohes Maß an Kooperationsbereitschaft erfordert, kann konkretes Vertrauen immer nur in gelingenden Kooperationen zwischen Experten und Klienten wachsen (ebd.) und sind insgesamt neue Beteiligungsverfahren zu institutionalisieren (vgl. Waschkuhn 1984, 322 ff.)

Die Ausbildung der Experten-Klienten-Beziehung impliziert eine interne Steuerung des Machtcodes durch den Expertisecode und ist bei der Problemdefintion und Problemlösung sowie bei der jeweils konkreten Politikimplementation in wachsendem Maße auf Kooperation, auf Vermittlungs- und Konsensualisierungsprozesse gestellt; denn: „Rein technisch gute Problemlösungen sind oft die politisch schlechtesten, weil sie die Kompromißbildung zu wenig berücksichtigen. Eine wesentliche Voraussetzung der Intensivierung der Kooperation von Politiker und Planungsexperte ist die Einrichtung ständiger und ad hoc gebildeter Ausschüsse, in denen beide Seiten zusammenarbeiten. Man kann nicht behaupten, daß dadurch die politische Steuerung noch mehr aus dem Parlament verdrängt würde, weil sie sich schon längst von dort wegverlagert hat. Eine Verstärkung und formelle Einrichtung derartiger Ausschüsse wäre nur die logische Konsequenz der Erneuerung politischer Kontrolle von Expertenentscheidungen unter veränderten Bedingungen." (Münch 1984, 478)

Darüber hinaus ist die Ebene der Kooperation zwischen der planenden Verwaltung und dem betroffenen Bürger stärker zu berücksichtigen. In diesem Kontext wäre dies die Aufgabe einer *Funktionalreform* (vgl. Thränhardt 1978); daneben sind, wie ich meine, auch neuartige Beteiligungsverfahren in noch stärkerem Maße praktisch zu erproben, wie zum Beispiel die sog. *Planungszelle* (Dienel 1978). Insgesamt muß Münch zugestimmt werden, wenn er daran festhält, daß der Tendenz zur Etablierung des modernen „Gehäuses der Hörigkeit" gegengesteuert werden muß durch die „Institutionalisierung von rationaler Kommunikation, lebensweltlicher Verständigung und Interessenaustausch" (Münch 1984, 480).

Im Kontext der Interaktionsfigur des *politschen Austausches* (political exchange) erfüllt dieser Topos die Funktion der Öffnung des politischen Entscheidungsverfahrens für die Komplexität artikulierbarer Interessen, und der so konstituierte „politische Markt" bedarf wiederum „der kulturellen Verflechtung, der gemeinschaftlichen Verankerung und der Strukturierung durch politische Verantwortlichkeit zur Umsetzung von Interessen in verbindliche Entscheidungen" (ebd., 483). Den politischen Entscheidungsverfahren müssen daher Strukturen angekoppelt sein, die ihre Offenheit, Transparenz und Flexibilität garantieren durch den Austausch von Leistungen und Gegenleistungen.

„Damit politische Macht überhaupt dem freien Austausch zugänglich gemacht werden kann, müssen die Gewaltmittel von einer umfassenden gesellschaftlichen Gemeinschaft monopolisiert und unter die Kontrolle gemeinsam anerkannter Normen gebracht worden sein. Dadurch wird der ungeregelte Kampf um die Verfügung über Gewaltmittel verhindert. Die gemeinschaftlich monopolisierten Gewaltmittel sind die Sicherheitsbasis für die politische Entscheidungsbefugnis, die den entsprechenden Positionen innerhalb einer normativ konstituierten Herrschaftsordnung zugewiesen ist. Diese normativ bestimmte Entscheidungsbefugnis bildet die legitime politische Macht der jeweiligen Positionsinhaber. Die politische Macht symbolisiert einerseits den dahinter stehenden physischen Zwang und andererseits die politischen Entscheidungen, die mit ihrer Hilfe durchgesetzt werden können. In diesem Sinne ist politische Macht ein symbolisches und generalisiertes Medium der Interaktion. Die Besonderheit offener demokratischer Ordnungen besteht nun darin, daß politische Macht in friedlicher, das heißt normativ geregelter Konkurrenz erworben wird. Politische Repräsentanten erhalten politische Macht von Wählern und Interessengruppen in Form von Wahlstimmen und genereller oder konkreter Unterstützung und verpflichten sich als Gegenleistung zur Steigerung der politischen Effektivität und zu konkreten politischen Entscheidungen.

Politische Effektivität äußert sich in der Fähigkeit, generell Lösungen politischer Probleme finden zu können." (ebd., 485)

Das Vertrauen in die Offenheit der politischen Entscheidungsverfahren, die gemeinschaftliche Verankerung des politischen Austausches und die Bereitschaft zur Übernahme politischer Verantwortung sind Konstituanten dieses Prozesses, der auf demokratische Solidarität zielt und zugleich auf sie angewiesen ist.

Wirtschaft. Der „klassische" Fall von Erklärungen des Entstehens und der Entwicklung der modernen Gesellschaft ist der moderne Kapitalismus, wofür die Konzeptualisierungsversuche von Karl Marx und Max Weber paradigmatisch sind:

> „Während bei Marx der moderne Kapitalismus in seiner *konkreten* Gestalt und in seinen Entwicklungschancen identisch ist mit seiner analytischen Konstruktion, ist er im Anschluß an Weber als ein Ergebnis der Interpenetration verschiedener analytisch differenzierbarer Sphären des Handelns zu begreifen; gerade darin und nicht in der ungehemmten Entfaltung rein ökonomischer Gesetzmäßigkeiten unterscheidet sich der moderne Kapitalismus von allen außerokzidentalen Formen kapitalistischen Erwerbsstrebens. Der Theoriefortschritt in Webers Analyse des modernen Kapitalismus ist insofern ein Markstein in der Entwicklung der Theorie der Interpenetration." (ebd., 531 f.)

Hauptthemen Marxens sind die Anatomie und die Entwicklungsgesetze des modernen Kapitalismus, wobei er materialistische, dialektische und historische Perspektiven miteinander verknüpft, jedoch Münch zufolge zu einer „falschen Konkretisierung einer analytischen Konstruktion" (ebd., 532) gelangt. Auch Luhmann stellt in bezug auf Marx (und den Marxismus) fest: „Entgegen allem Anschein fehlt es dem Marxismus und ähnlichen ‚linken' Theorien an Radikalität — nicht an politischer Radikalität, wohl aber an theoretischer Radikalität. Die Begriffsmittel sind angesichts des heutigen Standes wissenschaftlicher Entwicklung nicht hinreichend abstrahiert. Die dialektische Struktur der Theorie verlangt stark vereinfachte Ansatzpunkte für Negation. So wird die eine Frage des Eigentums an den Produktionsmitteln für die Kardinalfrage der modernen Gesellschaft gehalten. Das erlaubt jene Verschiebung von Herrschaftskritik aus der Politik in die Ökonomie, es ermöglicht aber keine eindringende Analyse der gesellschaftlichen Realitäten am Ende des 20. Jahrhunderts." (Luhmann 1981b, 17)

Münch kommt in seinen, Marx betreffenden Erörterungen zu dem Ergebnis, daß das allgemeine Gesetz der kapitalistischen Akkumulation zumindest in der von Marx (und Engels) dargestellten Form sowie die Arbeitswerttheorie empirisch nicht haltbar sind, daß Marx und der Marxismus bei der analytischen Konstruktion rein ökonomischer *Eigengesetzlichkeiten* diese reifizierend für die konkrete Realität halten und somit einen „Fehlschluß der falschen Konkretheit" begehen. Demgegenüber sei die ökonomische Entwicklung der modernen Gesellschaften nicht allein aus rein ökonomischen Gesetzen (oder Quasi-Gesetzen) erklärbar: „Ihr besonderes Kennzeichen ist vielmehr die *Interpenetration* ökonomischer Eigengesetzlichkeiten mit dem intellektuell-kulturellen Diskurs, der rationalen Bürokratie und dem demokratischen Entscheidungsprozeß. Die Interpenetration dieser Faktoren charakterisiert die moderne Ökonomie in weit stärkerem Maße als die vollkommene Ausdifferenzierung rein ökonomischer Gesetzmäßigkeiten in einer von allen anderen Lebensbereichen isolierten und zu diesen im Widerspruch stehenden Sphäre. Das gilt im interkulturellen Vergleich und schließt absolut gesehen nach wie vor bestehende erhebliche Defizite der Interpenetration in den modernen westlichen Gesellschaften nicht aus." (Münch 1984, 576)

Während es sich bei Karl Marx um die *Reifizierung* analytischer Konstruktionen handelt, geht es Max Weber in der Sicht von Münch bewußt um *analytische* Konstruktionen, insbesondere um den Idealtypus des rationalen Wirtschaftens unter Knappheitsbedingungen, wobei unter „Rationalität" die Adäquatheit bestimmter Mittel zur Verwirklichung spezifischer Ziele verstanden wird. Die Zweckrationalität oder *formale* Rationalität, die im Vergleich zur *materialen* Rationalität eine je nach gewählten Wertstandpunkten durchaus relative ist, bezieht sich auch auf außerökonomische Faktoren von „rationaler Qualität", nämlich die rationale Wissenschaft und rationale Bürokratie sowie eine methodisch rationale Lebensführung. So ist beispielsweise auch die rationale Technik als Merkmal der modernen Wirtschaft „nicht allein den Gesetzmäßigkeiten des ökonomisch rationalen Handelns unterworfen, sondern auch den Gesetzmäßigkeiten wissenschaftlicher Rationalität; sie ist ein Ergebnis der Interpenetration von ökonomischem und wissenschaftlichem Handeln, die jeweils eigenen Gesetzen folgen. Rationale Technik bildet eine Zone der Interpenetration von rationaler Wirtschaft und rationaler Wissenschaft, in der das ökonomische Handeln durch wissenschaftliche Rationalitätsstandards *geformt* wird. D. h., das ökonomische Handeln bekommt durch die wissenschaftlichen Rationalitätsstandards einen äußeren Rahmen. Diese Grenzziehung geschieht natürlich immer in Verbindung mit den Zielen und Wertvorstellungen, auf welche das wissenschaftliche Wissen in der gesellschaftlichen Diskussion bezogen wird und deren Artikulation und allgemeine Anerkennung wiederum ihren eigenen Gesetzen gehorcht, den Gesetzen des intellektuellen Diskurses und der Vergemeinschaftung." (ebd., 601 f.)

Ohne hier auf weitere Einzelheiten eingehen zu können, läßt sich im Hinblick auf die *Idee der Moderne,* wie sie Münch im Blick auf eine voluntaristische Ordnung herausgearbeitet hat, resümieren:

„Eine voluntaristische Ordnung besteht aus einem integrierten Gefüge von Regelebenen. Allgemeine Normen und Werte dienen als Maßstäbe der Rechtfertigbarkeit konkreterer Normen. Diese allgemeinen Normen und Werte ergeben sich aus rationalen Diskursen und stellen die generelle überdauernde Identität einer Institution dar. Die Umsetzung der allgemeinen Werte und Normen in spezifische Regeln für spezifische Situationen bedarf besonderer Verfahren der Entscheidungsbildung. Die Verfahrensregeln selbst enthalten konkretere Bestimmungen als die allgemeinen Werte und Normen, sie sind jedoch im Vergleich zu den spezifischen Regeln für spezifische Situationen von formaler Natur. Sie bestimmen die Form, nach der spezifischere Regeln gebildet werden, aber nicht den Inhalt dieser Regeln. Sie sind das Gleichbleibende im Strome des ständigen Wandels der spezifischen Regeln und müssen deshalb in einem gemeinschaftlichen Konsens verankert sein. Dieser gemeinschaftliche Konsens ist stets historisch-konkret und deshalb auch partikularer und zeitlich befristeter als die generellen Werte und Normen. Die Durchführung und Durchsetzung der nach den Verfahrensregeln eingeführten spezifischen Entscheidungsregeln gegen die auf dieser Ebene stets denkbaren Alternativen muß sich auf die Androhung oder Anwendung negativer Sanktionen stützten. Die Sanktionsmittel müssen deshalb von der Gemeinschaft monopolisiert sein, welche die Verfahrensregeln trägt. Die Androhung und Anwendung der Sanktionen muß selbst nach gemeinschaftlich getragenen Verfahrensregeln erfolgen. Der Wandel spezifischer Regeln ist auf die Öffnung der Entscheidungsverfahren für neue Informationen und veränderte Interessenlagen angewiesen. Trotz Durchsetzung der verabschiedeten spezifischen Regeln müssen Vorschläge für neue Regeln in die Entscheidungsverfahren eingebracht werden können. . . . Eine Ordnung mit den genannten Eigenschaften nennen wir eine voluntaristische Ordnung, die Theorie, mit der wir das Entstehen einer solchen Ordnung erklären, bezeichnen wir als voluntaristische Handlungstheorie. Sie unterscheidet sich von positivistischen und idealistischen Handlungstheorien und hebt deren Lösungen des Ordnungsproblems in sich auf." (ebd., 617 f.)

Allein die *Interpenetration* gegensätzlicher Schichten und die Herausbildung vermittelnder Subsysteme in den Interpenetrationszonen erklärt und determiniert die moderne Institutionsstruktur. Ihre Entwicklung ist *nicht aus einer Logik der eindimensionalen Rationalität von Subsystemen nach ihren internen Eigengesetzlichkeiten begreifbar* zu machen, sondern „aus der kumulativen institutionellen Strukturierung des sozialen Handelns, aus erneuter Traditionalisierung nach einem Bruch der Tradition und nach einer anfänglichen Offenheit der Situation; und sie wird von unterschiedlichen Quellen gespeist, insbesondere auch von normativ-kulturellen." (ebd., 625 f.)

Es ist das Verdienst von Münch, und damit kommen wir zu einer *Gesamtkritik,* daß er das *Interpenetrationstheorem* in vielfältigen Bezügen mit Akribie entfaltet und Interpenetrationsprozesse als grundlegende Mechanismen der Evolution im Hinblick auf die „Struktur der Moderne" aufgewiesen hat, die Systeme und Institutionen zu höheren, selbstreflexiven Emergenzniveaus führen. Bedauerlich ist, daß Münch sich mit den Ansätzen von Luhmann so gut wie überhaupt nicht auseinandersetzt (und vice versa). Eine Luhmann/Münch-Diskussion erscheint mir daher als ein Desiderat; das Anregungspotential für die Sozialwissenschaften wäre sicherlich enorm. Ferner übergeht Münch diskursethische Begründungsversuche im Rahmen einer Theorie kommunikativen Handelns, wie sie von Habermas (und Karl-Otto Apel) entfaltet wurden; er benutzt zwar relativ häufig den *Begriff* des „Diskurses", geht aber der *Sache* nach an den Diskursvorstellungen von Habermas vorbei, dessen Parsons-Interpretation ziemlich polemisch zurückgewiesen wird. Insgesamt verficht und bekräftigt Münch eine gewisse Parsons- und Weber-*Orthodoxie,* die gelegentlich überbordet, wenngleich er auch neue Akzente setzt, während die Marx-Diskussion vor seinem kritisch-rationalistischen Hintergrund eher en passant erfolgt und insbesondere die Marktrationalität stark idealisiert wird, wie überhaupt „ahistorisch" generalisierende Konzeptualisierungen überwiegen (und ein reichlicher Aufwand mit Diagrammen betrieben wird, um begriffslogische Ableitungen vorzunehmen und mögliche „leere Felder" rasch zu komplettieren). Die Stufenmodelle im Zusammenhang mit Handlungsorientierungen aber sind nicht gleich mit Strukturen der Ich-Identität und Selbstreflexivität von Individuen (auch nicht unter dem Aspekt „kollektiven Handelns") zu identifizieren, zumal ein systematisches Fragen nach den Kriterien gelungener Interpenetration sowie nach den konkreten empirischen Formen und den Agenten zumeist und symptomatisch unterbleibt (vgl. insbesondere Joas 1984). Institutionalisierte Rollentrennungen für reziproke Leistungsbeziehungen werden zu Komplexen formal organisierter Handlungszusammenhänge verdichtet, die dort modelltheoretisch ablaufenden Prozesse indes sind Logiken verhaftet, die individuell nur schwer nachvollziehbar sind und außerhalb von multifunktionalen Stabilitätsbezügen im Kontext der Genese und Evolution moderner Institutionen nur wenig Spielraum lassen für sinnorientierte Identifikationsofferten. Sie bleiben im Bereich des „Künstlichen", von Münch ausgedrückt durch *kunstvolle Schemata,* die vom Anspruch her vollständig und lückenlos sein sollen, um das breite Spektrum von Handlungs- und Orientierungsmöglichkeiten einzufangen. Münch ist daher nur in eingeschränkter Weise ein Systemtheoretiker, aber auch kein Handlungstheoretiker (so sein Selbstverständnis), sondern ein *Interpenetrationstheoretiker.* Eine überzeugende Verknüpfung zwischen „erstem" und „zweitem" Handlungsbegriff ist damit aber — zumindest in *politikwissenschaftlicher* Sicht — noch nicht geleistet. Hierfür kommen in vermittelnder Perspektive *Partizipation* und *Vertrauen* als Elementarformen politischer Praxis und Bedingungen demokratischer Rationalität in Betracht, worauf wir in Kap. 3.6 noch zurückkommen (s. auch Waschkuhn 1984).

3. Ausblick: Ergebnisse, Defizite, Forschungsperspektiven

3.1 Conclusio: Grundannahmen, Konstruktionsprobleme und offene Fragen

Wir haben in diesem Studienbuch bisher die wichtigsten Ansätze der *Allgemeinen Systemtheorie* (General Systems Theory) in *politikwissenschaftlicher* Akzentuierung vorgestellt und diskutiert. Die hiervon zu unterscheidende und hochspezialisierte *Systemforschung*, die in den Bereichen operations research, management science, system analysis oder system dynamics auf die mathematisch-quantitative Modellierung soziotechnischer Systeme abzielt, glaubt schon aus Abgrenzungsgründen feststellen zu können, daß die Resultate der „Allgemeinen Systemtheorie" bestenfalls in einem „angehäuften Vorrat an abstrakten Systemmodellen" bestehen, während es dagegen die Aufgabe des Systemforschers sei, ein Modell für ein *spezifisches* System zu entwickeln, wofür die experimentellen und angewandten Aspekte der Wissenschaft zentral seien. Der der „Allgemeinen Systemtheorie" zugrundeliegende Abstraktionsprozeß sorge „schon per se für eine zu große Entfernung von spezifischen Systemen, um für deren Untersuchung noch viel Interessantes bieten zu können." (Hanssmann 1978, 144)

Die Kritik von dieser ausgeprägt anwendungsorientierten Warte aus mag nicht ganz unberechtigt sein, betrifft aber unsere politikwissenschaftliche Fragestellung nur indirekt, insofern es hier auf *gesamtgesellschaftliche Zusammenhänge* ankommt. Allerdings kann der Einwand insofern aufgegriffen werden, daß im Sinne einer vergleichenden politischen Systemforschung (*comparative politics*) ein politikwissenschaftlicher Übergang zur konkreten System*analyse* unter Verwendung der systemtheoretischen Konstrukte eigentlich erst noch zu leisten ist; denn „nur vermittels konfigurativer Analysen läßt sich nachweisen, welche Faktoren in einer jeweiligen spezifischen Konstellation bestimmend sind." (Wuthe 1981, 83) Gleichwohl kann bei aller Kritik wohl kaum bestritten werden, daß hierfür die „Allgemeine Systemtheorie", in Sonderheit die von Easton und in handlungstheoretischer Perspektive die von Münch, aber auch die kommunikationstheoretischen Ansätze von Deutsch und der Grundriß einer allgemeinen Theorie sozialer Systeme durch Luhmann, auch hierfür und bei aller Unterschiedlichkeit zumindest einen *konstruktiv-heuristischen Rahmen* bereitstellen; denn: „Der Weg zum Konkreten erfordert den Umweg über die Abstraktion." (Luhmann 1982 a, 10)

Andererseits ist es auch uns und dem Leser nicht verborgen geblieben, daß die *Allgemeine Systemtheorie*, angetreten als „Epochentheorie" und als ein „machtvolles Projekt der Wissenschaftsintegration" (und hierin sogar vergleichsweise erfolgreicher als konkurrierende Ansätze) auch auf der unzweifelhaft erreichten hochkomplexen und hochdifferenzierten Ebene sich nach wie vor mit dem Problem ihrer eigenen Integration als *Grundlagenwissenschaft* konfrontiert sieht: „Die Beziehungen zwischen einer allgemeinen Systemtheorie, fachbezogenen Systemtheorien, technologisch bezogenen Ansätzen und philosophischen Implikationen werden von tätigen Forschern noch unterschiedlich behandelt und methodisch-methodologisch entsprechend unterschiedlich eingeordnet." (Freire-Vieira 1983, 54 f.) Darüber hinaus bleiben bis heute auch die politikwissenschaftlichen Fragen ungeklärt bzw. es bestehen gravierende Meinungsunterschiede darüber, ob es sich um „analytische" oder „empirische" Systeme handelt, ob die systemtheoretischen Annahmen tatsächlich universell einzusetzen sind, wie „Systemintegration" und „Sozialintegration" politiktheoretisch zu verknüpfen sind. Die ideologiekritischen Hauptprobleme haben wir anhand der analytischen Unterscheidung in einen „ersten" und einen „zweiten" Handlungsbegriff und durch die Hereinnahme diskursethisch-normativer Vorstellungen aufzuzeigen versucht.

Insofern die hier in kritischer Absicht behandelten systemtheoretischen Ansätze für exakte Hypothesenbildung und ihre Falsifikation viel zu allgemein gehalten sind und sich unterschiedlichen Begründungszusammenhängen und verschiedenen Ausrichtungen verdanken, bestehen in politikwissenschaftlicher Perspektive, um die es uns zu tun ist, erhebliche Bedenken, sie formalisieren zu wollen oder auszubauen — falls das bei dem jetzigen Stand der Theorie überhaupt möglich oder sinnvoll ist – in Richtung auf eine axiomatisch-deduktive (Meta-)Theorie. Abgesehen davon, daß auch in den Naturwissenschaften, die sich für exakte Disziplinen halten, nicht ohne weiteres so verfahren wird, sondern viel pragmatischer und ad hoc-orientierter, als es sich viele Sozialwissenschaftler und Wissenschaftstheoretiker bis heute vorstellen, und auch die wirtschaftstheoretischen Paradigmen zum „Modell-Platonismus" neigen (vgl. allerdings den interessanten machttheoretischen Ansatz von Heppel 1983), ist Politik nicht auf formallogische Symbolisierungen, Ableitungen und Konklusionen zu reduzieren, jedenfalls nicht ohne jeweils spezifische Zusatzannahmen (vgl. auch die entscheidungstheoretischen Beiträge in Markl 1985).

Daneben haben bereits die hier erörterten Ansätze derart viele Konstruktionsprobleme und noch offene Fragen aufgeworfen, daß es an dieser Stelle völlig genügt, sich mit ihnen noch einmal in resümierender Weise auseinanderzusetzen. Weitere assoziative Aspekte, neuere Ansätze und institutionentheoretische Verdichtungen folgen im Anschluß an die „Conclusio" als ein noch weiter gefaßter „Ausblick".

Karl W. Deutsch geht es in seiner „Politischen Kybernetik" um den Zusammenhang zwischen Kommunikation und Steuerung im Hinblick auf soziopolitische Prozesse, insbesondere in bezug auf die Bereiche der Herrschaftskontrolle und kollektiven Folgeleistung aufgrund gleichgerichteter Erwartungen. Im Vordergrund des Erkenntnisinteresses von Deutsch steht dabei die Frage nach der (zu optimierenden) Fähigkeit von Gesellschaften zur *Selbsttransformation*, und zwar ohne Gewalt (evolutionäre Perspektive) und ohne großen Identitätsverlust. Es ist offensichtlich, daß er hierbei (gegenüber dem „Realsozialismus") das *westliche* Gesellschaftsmodell als kompetenter und leistungsfähiger, da offener und flexibler einschätzt.

In Analogie zu selbststeuernden, kybernetischen Netzwerken möchte Deutsch demnach eine „Theorie der Selbstbestimmung" von Gesellschaften entwickeln, die mit Hilfe von ununterbrochenen Informationsflüssen über die Außenwelt, aus der Vergangenheit (Tradition) und in Rücksicht auf aktuelle Problemlagen in selbstreferentieller/eigenaktiver Weise lernfähig oder kreativ bleiben. Das Spannungsverhältnis von Bestandserhaltung und Innovationsfähig-

keit soll kombinatorisch aufgehoben werden mittels neuer Anschluß-
möglichkeiten an tradierte Vorstellungen und durch problemadäqua-
te Systemantworten auf neue Herausforderungen, wobei politisch-
legitimatorisch eine gesamtgesellschaftliche *Akzeptanz* jeweils aktuell in die Praxis umzusetzender Problemlösungsstrategien erreicht
werden muß. *Kreativität* ist im Legitimationszusammenhang in der
Regel das Ergebnis einer schrittweisen Informationsverarbeitung in
Richtung auf soziopolitische Wandlungsprozesse, die abgesehen von
revolutionären Sprüngen stufenförmig verlaufen. Die entscheidende
Perspektive ist für Deutsch dabei der Regierungsprozeß als ein Steuerungsvorgang.

Unter politisch-kybernetischen Rückkoppelungsaspekten (feedback) – bei Deutsch im Zusammenhang einer womöglichen Ziel-
änderung eher „von oben" (Führungsproblematik) als „von unten"
(Partizipationsthematik) konzipiert – wird für die hier angezielte
allgemeine Systemtheorie hervorgehoben, daß insbesondere infor-
mations- oder kommunikationstheoretische Restriktionen zu analysieren sind, insofern Kommunikationsgefälle herrschaftliche Ein-
flußsphären befestigen, die sozialkommunikativ zu beheben sind (im
Sinne von Öffentlichkeit als dem normativen Funktionsprinzip politischer Meinungs-, Willensbildungs- und Entscheidungsfindungsprozesse). „Pathologisches Lernen", das Deutsch verhindern will,
kann zum Beispiel darin bestehen, daß selbstbezogenen Symbolen
vor neuen Informationen aus der Außenwelt ein Vorrang gegeben
wird, so daß wegen dieser Verfestigung und Selbstabschließung
neue Zielsetzungen und interne Strukturveränderungen kaum noch
vorgenommen werden können. Die politische Kybernetik will daher vor allem zu einer Evaluation der Entscheidungskapazität von
Regierungen besser als bisher beitragen, insgesamt einen evolutionären Fortschritt durch entwickelte Anpassungs- und Lernpotentiale
bewirken. Dahinter steht bei Deutsch stets der Leitgedanke einer
Innovationsbeschleunigung als Aufgabe der Politik.

Kritik ist an seinem Ansatz insofern zu üben, als er in überreicher
Weise Metaphern verwendet, die nicht ohne weiteres Entsprechungen in der Wirklichkeit haben. Die Analogien zur Kybernetik führen
Deutsch zwar zu einer neuen analytischen Modellsprache und vermögen normative wie auch sozialtechnologische Orientierungsleistungen zu erbringen, das Aussagensystem weist jedoch keinen empi-

rischen Informationsgehalt auf und ist der Erklärung oder Prognose in stringenter Weise unzugänglich. Hiervon einmal abgesehen, sind vor allem die Analogiebildungen zwischen dem individuellen Bewußtsein und Verhalten mit gesamtgesellschaftlichen Prozeßabläufen zumindest problematisch. Macht es zum Beispiel Sinn, sozialen *Systemen* personenhaft ein „Bewußtsein" und einen „Willen" zuzuschreiben? Darüber hinaus spart Deutsch Machtkämpfe aus und beschränkt sich auf gouvernementale Steuerungskapazitäten und Kontrollprozesse. Obschon die Lern- und Innovationsfähigkeit des Systems im Vordergrund steht, werden die Zielformulierungen und -veränderungen nicht konkretisiert. Es kann nicht ausreichen, daß hierbei „Demokratie" von vornherein als eine Systemeigenschaft zu gelten hat. Im Bereich der Politik, wo es um kontroverse Werte und konkurrierende Interessen geht, nicht aber um außenbestimmte Organisationsziele wie bei Maschinen, ist die Annahme einer Selbststeuerung eher eine Verschleierung der wertsetzenden Instanzen als die adäquate Beschreibung empirisch feststellbarer Verhältnisse. Zugespitzt lautet das Argument gegen Deutsch: „Theorie und Empirie fallen immer weiter auseinander. Theorie verflüchtigt sich auf metatheoretischer Ebene in relativ unverbindliche und beliebige, wenn oft auch originelle Erörterungen." (Naschold [2]1971, 165)

Entsprechend kann der Ansatz von *David Easton* in Kritik genommen werden, insofern eine herrschaftskritische Fragestellung nahezu völlig unterbleibt, allein schon aufgrund des insgesamt behaupteten *universalistischen* Anspruches. Die von Easton überwiegend auf einen „Wertkonsens", auf die „Herschaftsgewährleistung" oder „Regierbarkeit" bezogenen Aspekte des „Lebensprozesses politischer Systeme" (political life) vereinseitigen in den von ihm vorgenommenen Gewichtungen den soziopolitischen Interessenvermittlungsprozeß, so daß die input-Kategorie der „Forderungen" (demands), die ja den Konfliktcharakter von Politik erst ausmachen, im Ergebnis deutlich unterbilanziert bleibt. Darüber hinaus konzipiert Easton die Rückkoppelung überwiegend aus der Handlungs- und Filterungsperspektive der „authorities" (unter Vernachlässigung der „non decisions"-Problematik), die für ihre Entscheidungen (und „stillschweigenden" Nicht-Entscheidungen) in trivialer Weise mehr Beifall als Protest erwarten. Ein erfolgreicher „bargaining"-Prozeß wird einfach funktional vorausgesetzt.

Die politische Entscheidungsfindung als „feedback response" hängt auch ab von den politisch relevanten Systemmitgliedern in der gesellschaftlichen Umwelt des ausdifferenzierten politischen Systems, wobei die „inputs" großer Gruppen, die nicht unbedingt verallgemeinerungsfähige, sondern eher akzentuierte (Teil-)Interessen repräsentieren, kollektiv organisieren und willensmäßig transportieren, in pluralistischen Gesellschaften auch am wahrscheinlichsten befriedigt und am ehesten in der politischen Arena behandelt sowie vorrangig befriedigt werden. Der präskriptive Ansatz eines konzeptuellen Bezugsrahmens von Politik ist daher über Gebühr affirmativ ausgelegt und status quo-orientiert. Es ist darüber hinaus zwar steuerungstheoretisch von Interesse, politiktheoretisch aber wenig hilfreich, wenn eine allgemeine Systemtheorie dieser Ausprägung und Spielart nahezu unterschiedslos *jedes* konkrete System aufrechterhalten will, ohne nach der (demokratischen) Systemqualität in substantieller Weise zu fragen. Das „Systemüberlebensmodell" von Easton ist demnach äußerst vage in bezug auf System*ziele*.

Vorausgesetzt und entsprechend traktiert wird von Easton dagegen eine nahezu perfekte „Handlungsfähigkeit" auf der politischen Systemebene. Daß der hierfür notwendige Umsetzungsprozeß (conversion process) von inputs in outputs undurchsichtig (black box) bleibt, stört ihn wenig; denn das im Grunde *elitenfixierte* Modell Eastons stellt wie schon bei der kybernetischen Konzeption von Deutsch ab auf die Entscheidungskapazitäten und die legitimationsfähige Selektionskraft des zur Herstellung allgemeinverbindlicher Entscheidungen funktional spezifizierten politischen Systems, das für seinen Durchsetzungsanspruch beschlossener Politiken unter Verwendung von Macht als Steuerungssprache mit dem Monopol legitimer physischer Gewaltsamkeit ausgestattet ist. Das „Netzwerk" ändert sich in gesamtgesellschaftlicher Perspektive allenfalls „von oben", kaum jemals „von unten". Es ist allerdings nicht grundsätzlich ausgeschlossen, daß man dieses bewußt äußerst allgemein gehaltene (universell anwendbare?) Systemmodell auch anders interpretieren und „instrumentieren" kann („revolutionärer Mißbrauch"). An dieser Stelle wird zugleich deutlich, daß Eastons

Modell durchaus ausbaufähig ist (vgl. neuerdings die Operationalisierung durch Fuchs 1984) und nach wie vor ein hohes Anregungspotential bietet.

Noch ambivalenter muß das Ergebnis einer kritischen Insichtnahme der verschiedenen Ansätze von *Talcott Parsons* ausfallen. Sein allgemeiner Handlungsbezugsrahmen (action frame of reference), der noch überwiegend voluntaristisch ausgerichtet ist, die „strukturell-funktionale" Systemtheorie, die auf die Internalisierung wie Institutionalisierung von wertbezogenen Handlungs- und Orientierungsmustern gestellt ist und ein generalisiertes „Systemhandeln" begründet, seine Vierfelderschemata mit zahlreichen Kombinationen, Abrundungen, Aufstockungen und unterschiedlichen Phasenfolgen (unter Beibehaltung der Grundmatrix), die Herausarbeitung von evolutionären Universalien und allgemeinen Interaktionsmedien ergeben zusammen eine *Theoriekomplexität* sondergleichen, die höchsten Respekt abverlangt und nicht einfach durch vorschnelle Etikettierungen und ideologische Verdächtigungen (Überhöhung und Affirmation der angloamerikanischen „civic culture") erledigt werden kann.

Wir beschränken uns hier gleichwohl auf ein paar grundsätzliche Kritikpunkte, zumal wir auf das Institutionenverständnis von Parsons im Kontext seiner Gesamttheorie im Schlußabschnitt 3.6 noch einmal zurückkommen werden. „Systemidentität" im Sinne einer Kontinuität durch organisierte Komplexität in bezug auf Wandlungspotentialitäten als dynamisch-responsive Antwort auf die hobbesische Frage: Wie ist gesamtgesellschaftliche Ordnung möglich? ist der fundamentale Bezugs- und Springpunkt seiner differenzierten Theorieentfaltungen, die aufgrund des ausgeprägten Fortschrittsglaubens Parsons' jedoch zu politisch-praktisch erwünschten Harmonisierungen führen und zu theorietechnischen Symmetrisierungen neigen. Bei seinen begrifflichen Konstruktionsleistungen und imposanten Theoriegebäuden, die Parsons zeit seines Lebens mit großer Phantasie und Akribie erbracht, ausgebaut, verfeinert und verteidigt hat, bleibt insgesamt die Realitätsentsprechung fraglich und problematisch. Den Haupteinwand unserer kritischen Betrachtung hat Habermas, wenngleich seine Parsons-Interpretation insgesamt unzulänglich bleibt, zutreffend so formuliert, daß die Aktoren in der Systemperspektive Parsons' zunehmend als handelnde Subjekte aus dem Blick geraten und zu wenig konkreten Handlungseinheiten qua Rollenträger abstrahiert werden: „Soweit Handlungen in ihrer analytischen Binnenstruktur betrachtet und als Ergebnis eines komplexen Zusammenwirkens von komponentenspezifischen Teilsystemen begriffen werden, kommen Aktoren als *abstrakte Platzhalter* (Hervorhebung, A. W.) in den Blick, und zwar jeweils für die Aspekte des lernfähigen Organismus, des Motivhaushaltes einer Person, der Rollen und Mitgliedschaften eines Sozialsystems und der handlungslegitimierenden Überlieferungen einer Kultur." (Habermas 1981 b II, 353)

Ohne hier auf Einzelheiten eingehen zu können, lautet unsere Gesamtkritik: Parsons verläßt seinen voluntaristischen Handlungsansatz zugunsten einer normativen Integration aufgrund systemischfunktionaler Leistungsanforderungen. Die durch die Internalisierung wie Institutionalisierung von wertbezogenen Handlungs- und Orientierungsmustern gestiftete generalisierende Handlungsverpflichtung spart anders gerichtete und organisierte Autonomiebestrebungen des einzelnen Akteurs aus. Damit wird eine „Entlastung" im Rollenhaushalt erzielt, die − überspitzt formuliert − sich als „vorauseilender Gehorsam" gegenüber (neuen) gesellschaftlichen Zumutungen äußert. Handlungskonzept und Systemtheorie verbinden sich nahezu problemlos zu einer Einheit, der „erste" Handlungsbegriff verschwindet im „zweiten" bzw. wird von ihm nahezu vollständig absorbiert. Das normativ-legitimatorische kulturelle System und das hierauf bezogene wie hiervon abgenommene rationalnormativ geprägte soziale Handeln befördern eine „organische Solidarität" (Durkheim), die durch verallgemeinerte Interaktionsmedien aufrechterhalten wird. Sie stellen zugleich den prozessualen Charakter von Systemen im Austausch mit anderen sicher und sorgen für den Selektionstransfer von evolutionär wichtigen Handlungsmustern. Insgesamt werden von Parsons der *kulturelle Code* und die *integrative Sozialfigur* überbetont und antagonistische Interessen übersehen, hinsichtlich der Theoriebildung werden, wie oben ausgeführt, Symmetrisierungen auf der hochgradigen Ebene analytischer Allgemeingültigkeit bevorzugt. Parsons' theoretische Orientierungen sind *Begriffsschemata*, die er durch Feindifferenzierungen, Aufrundungen, Revisionen und Erweiterungen in Rücksicht auf das Problem der Ordnung unermüdlich ausgestaltete, um kombinatorische Orientierungsgewinne für das Erkennen sozialer und politischer Wirklichkeiten zu erzielen. In einem autobiographischen Bericht stellt Parsons fest: „Vielfach bin ich von Kritikern beschuldigt worden, ich sei ein fanatischer Verteidiger der gesellschaftlichen Ordnung um jeden Preis, wobei man diesen Preis für gewöhnlich mit Faschismus gleichsetzte. Zum Glück haben einsichtsvollere unter ihnen in der Ordnung ein *Problem* und nicht einen *Imperativ* gesehen." (Parsons 1975 b, 68, Hervorhebungen A. W.)

In dieser Hinsicht, Ordnung als ein stets aufgegebenes Problem zu sehen, mehren sich heute die Anzeichen für eine Parsons-Renaissance, wie bei jedem „Klassiker" wird sein Werk, das überaus facettenreich ist, in vielerlei Perspektiven neu gelesen und weiterinterpretiert. Es ist somit auch hierin Habermas zuzustimmen, wenn er behauptet, daß heute keine Gesellschaftstheorie mehr ernstgenommen werden könne, die sich nicht zu der von Parsons entwickelten „wenigstens in Beziehung" setzt (Habermas 1981 b II, 297). In Deutschland haben, wie wir gesehen haben, vor allem Niklas Luhmann und Richard Münch an die Theoriebildung Parsons' angeschlossen.

Trotz seiner vermeintlichen „Radikalisierung" des „strukturell-funktionalen" Ansatzes von Parsons in Richtung auf eine funktional-strukturelle Systemtheorie macht *Niklas Luhmann* im Grunde dort weiter, wo Parsons aufgehört hat, ja er fällt sogar hinter Parsons zurück, der immerhin einen voluntaristisch orientierten Handlungsbezugsrahmen entwickelt hatte. Demgegenüber bewegt sich Luhmann, hiervon unbekümmert, stets auf der Systemebene und versteht die handelnden Menschen, die für ihn zumeist Politik erlebende Personen sind, als „problematische Umwelt" von Systemen, wobei eine kritisch-reflexive Umkehrung dieser Bezüge von Luhmann ausdrücklich nicht akzentuiert, diese Perspektive (auch und gerade politisch) von ihm nicht akzeptiert, vielmehr als hoffnungslos „alteuropäisch" zurückgewiesen wird.

Luhmann überspielt die Sinnfrage funktionalistisch. Er macht nicht hinreichend klar, warum Sinnbezüge einzelner Akteure bedeutungslos bleiben, jedenfalls für Systemzusammenhänge, zumal eine Handlungsbündelung, -ausgestaltung und -konturierung aufgrund kollektiven Zusammenwirkens durchaus erreichbar ist. Das nahezu motivlose, selbstverständliche Akzeptieren bindender Entscheidungen ist jedenfalls ein angreifbarer Topos. Das Motivations- und Interessensubstrat interagierender Subjekte sollte nicht vernachlässigt werden, wie es bei Luhmann chronisch der Fall ist. Der Ausfall des konstitutiven Reflexionssubjektes, die apodiktische Absage an Emanzipationsbestrebungen ist bei aller (inhaltsleeren) Funktionalität im Ergebnis strukturkonservativ. Die emanzipativ ausgerichteten Demokratisierungspostulate und/oder -strategien stellen keine (alteuropäischen) Theoriedefekte dar, sondern sind im Sinne lebensweltlicher Ansprüche nicht als Relikte, vielmehr gerade *aktuell* zu verstehen.

Die „Vernachlässigung des menschlich-subjektiven Faktors", die Verfestigung sozialer Phantasie im „zweiten" Handlungsbegriff, die Hervorhebung der *autopoiesis* von Systemen, die Konditionierung von Kommunikation und die Verharmlosung der Konfliktdimension als Selektionschance sind alles in allem Argumentationsmuster einer weithin zynischen Realitätsbetrachtung. Das ist zwar in vielen Detailaspekten nicht ganz unzutreffend, bleibt aber von empirisch gehaltvollen Aussagen weit entfernt. Luhmanns wenig operationalisierbare *Systemphilosophie* ist insgesamt eine politische Ideologie, die an der herrschaftlichen „Arbeitsteilung" als einem Über-/Unterordnungsverhältnis strikt festhält, verstanden als *organisierte Komplexität* und *dynamische Stabilität*. Luhmann hat mit seiner Konstruktion von Wirklichkeit mithin ein „Gesamtkunstwerk" begrifflicher Kombinatorik und entwicklungslogischer Bestimmungen geschaffen, das für krude Empiristen wie für diskursethische Normativisten ein großes Ärgernis, aber auch eine Herausforderung darstellt. Als differenzierte Systemphilosophie offener Gesellschaften westlicher Spielart auf höchster Abstraktionsstufe ist sein Grundriß einer allgemeinen Theorie (im doppelten Sinne) „unüberbietbar" und wird auch in Zukunft ein Hauptgegenstand sozialwissenschaftlicher Kontroversen sein.

Richard Münch geht „theoriebautechnisch" einen etwas anderen Weg, obschon auch er, zumindest implizit, auf eine fachuniversale Theoriebildung ausgerichtet ist. Insbesondere anhand des *Interpenetrationstheorems* ist es ihm um übergreifende Ansätze einer normativen Idee der *voluntaristischen* Ordnung im Blick auf die *institutionelle Struktur der Moderne* zu tun. Bedauerlich ist, daß Münch sich mit den Ansätzen von Luhmann nur gelegentlich auseinandersetzt, was jedoch auch vice versa leider der Fall ist. Darüber hinaus neigt er bisweilen zu einer Parsons- und Weber-Orthodoxie und sind die aufgebotenen Diagramme und Schemata nach meinem Eindruck insgesamt zu komplett, um neben Handlungs- und Orientierungsmöglichkeiten auch Realitätsbrüche einzufangen.

Wie dem auch im einzelnen jeweils sei, ist generell festzuhalten, daß Münch immerhin von einer *voluntaristischen Theorie des Handelns* ausgeht, wobei politische Entscheidungen und ihre Implementation seitens *korporativer Akteure* auf politischen Strukturen beruhen, die den Machteinsatz im Rahmen eines Herrschaftsgefüges definieren, mobilisieren und legitimieren. Die Interpenetration der gesellschaftlichen Subsysteme erfordert die Interaktion ihrer Rollenträger, die durch die Nutzung der generalisierten Austauschmedien unterstützt wird. Die Verknüpfung von *Symbolkomplexität* und *Handlungskontingenz*, die Interpenetration der Subsysteme als *Evolutionsprinzip* und alle weiteren Annahmen begründen eine soziologische Theorie der Politik, die in ihren Grundmustern und normativen Bezügen auf Parsons aufbaut und nach der Logik des Austauschparadigmas konstruiert ist, also Genese und Wandel gleichermaßen einschließt.

Die Pointe des Ansatzes von Münch ist vor allem darin zu sehen, daß die zunehmende Interpenetration unter den Bedingungen gesellschaftlicher Differenzierung die allein noch mögliche Form der *Integration* im Bezugsrahmen *moderner* Gesellschaften darstellt, wobei Konsensualisierungs- und Vermittlungsprozesse vorauszusetzen sind, entscheidungstheoretische und diskursethische Prinzipien in reziproker Weise zu verknüpfen sind, um (prinzipiell wie aktuell) systemspezifische Antworten auf Sinnfragen und Probleme der Zeit zu ermöglichen. Moderne politische Institutionen sollen vermitteln und entscheiden, um legitimationsfähig zu bleiben. *Modernisierung* wird dabei aus der Interpenetration unterschiedlicher Handlungssphären erklärt, was neue Begrenzungen einschließt, aber auch Kombinationsgewinne erhoffen läßt. *Interpenetration* ist in diesem Sinne eine Form geregelter Reziprozität von Subsystemen unter Erhaltung ihrer produktiven Spannung als gesamtgesellschaftliche Handlungspotentialität und innovative Steigerungsfähigkeit. Diese normativ-kritische Idee der handlungstheoretisch akzentuierten Systemtheorie Münchs will Freiheit, Rationalität, Solidarität und aktive Weltgestaltung miteinander verbinden im Hinblick auf einen voluntaristischen Ordnungsentwurf.

Eine politikwissenschaftliche Konzeptualisierung, die an der *conditio humana* orientiert ist, muß allgemeines und konkretes Handeln, Systemtheorie und Systemanalyse auseinanderhalten, beide Ebenen indes aufeinander beziehen. Die Dialektik von Subjekt-Objekt, erstem und zweitem Handlungsbegriff, Lebenswelt und soziopolitischen Manifestationen, Subjektivierung und Verdinglichung, von Freiheitschancen und gesellschaftlichem Zwang, von Ich-Autonomie und Fremdbestimmung (womöglich als „Entlastung") ist eine Frage der in Geltung befindlichen *Institutionen* und der auf sie bezogenen subjektiven *Orientierungen*, im übrigen ein Hauptproblem der politischen Kulturforschung.

In bezug auf die Theorieanstrengungen von Münch, die ja noch längst nicht abgeschlossen sind (vgl. Münch 1986), erblicken wir das besondere Verdienst darin, daß nicht eine eindimensionale Rationalität von Subsystemen in idealtypischer Weise übersteigert wird, sondern ein *Zusammenhangsdenken* angeregt wird, Vereinseitigungen auf „erste" oder „zweite" Handlungsbegriffe vermieden werden, der Blick geöffnet wird für kumulative institutionelle Strukturierungen unter Einschluß von Handlungspräferenzen und -optionen. Allerdings überwiegen auch bei ihm *kunstvolle Schemata*, die nicht immer genügend „realitätsgesättigt" sind. Es bleibt überdies die offene Frage, wie „erster" und „zweiter" Handlungsbegriff — außer durch Interpenetration, so die allgemeine Sicht — näherhin zu vermitteln sind.

Unsere Betrachtung und Kritik der systemtheoretischen Entfaltungen in politikwissenschaftlicher Perspektive mag voreilig zu dem überaus kühnen Schluß führen, daß „Opas Politikwissenschaft" nunmehr endgültig gestorben sei oder aber in den wohlverdienten Ruhestand zu versetzen ist. Diese Auffassung wäre indes eher eine (Selbst-)Überschätzung dieser neuen sozialwissenschaftlichen Ansätze. Ältere Vertreter der Politikwissenschaft hierzulande haben gelegentlich einer fachinternen Auseinandersetzung um die *Policy-Forschung* in der Bundesrepublik (Hartwich 1985) sicherlich nicht ganz zu Unrecht zu verstehen gegeben, daß die traditionellen politikwissenschaftlichen Fragestellungen auch von den neuen Ansätzen bearbeitet werden, die allerdings gesteigerte Aufmerksamkeit durch ein

„parvenühaftes Neutönertum" (Hennis 1985, 123) erhielten, obwohl es sich, so Walter Euchner explizit zu Karl W. Deutsch und David Easton, oftmals um fruchtlose Glasperlenspiele gehandelt habe: „Kategoriensysteme ... werden auf die politische Landschaft von oben herabgesenkt, in der Hoffnung, diese dadurch vermessen zu können. Doch um wieviel besser findet sich die policy-Forschung (hier von mir in analogisierender Weise auf die Systemtheorie bezogen, A. W.) hinterher darin zurecht? Bleibt sie nicht eingeschlossen im Irrgarten ihrer Begriffstopographie, die sie für die politische Landschaft selbst hält?" (Euchner 1985, 133 f.) Und: „Der politologischen Rede von System und Funktion, erst recht von feed-back, Lernprozessen und dergleichen, bleibt deshalb immer ein Rest von Metaphorik und Gleichnis." (ebd., 135)

Michael Th. Greven, ein vergleichsweise jüngerer Vertreter der Politologenzunft, hat darüber hinaus die eigene Disziplin an die „Begriffe und Probleme von Macht, Herrschaft und Legitimität" erinnert und ihren Anspruch auf Beachtung in den neueren sozialwissenschaftlichen Ausrichtungen eingeklagt (Greven 1985, 143 ff.) Dieses Defizit ist auch für die Systemtheorie einschlägig, selbst in politikwissenschaftlicher Akzentuierung, der wir hier den Vorzug gegeben haben, vor allem, wenn Macht, Herrschaft und Legitimität in *ideologiekritischer* Absicht thematisiert werden. Die folgenden Ausführungen, die ihres Ausblickscharakters und der unabgeschlossenen Diskussion wegen kaum noch systematisch genannt werden können, versuchen demnach in kursorischer Weise bislang eher vernachlässigte Perspektiven oder neue Forschungsansätze vorzustellen, die politiktheoretisch noch hereinzuholen und zu verarbeiten sind, will man sich für oder gegen die Nützlichkeit der Systemtheorie entscheiden bzw. diese weiterentwickeln. Gleichwohl wird man sich mit der allgemeinen Systemtheorie nach wie vor gerade politikwissenschaftlich auseinandersetzen müssen; denn, wenn es zutrifft, daß die *beste Politikwissenschaft* diejenige ist, „die Fragen der institutionellen Ordnung, der ideengeschichtlichen Grundlagen, der Konflikt-, Konsens- und Machterwerbsprozesse und der Substanz politischer Entscheidungen gleichermaßen berücksichtigt" (M. G. Schmidt 1985, 139), dann haben die systemtheoretischen Konzeptualisierungen von Politik, wie wir gesehen haben, zu allen hier skizzierten Dimensionen und Aspekten etwas beizutragen, vielleicht mit der relativen Ausnah-

me (jedenfalls in bezug auf die Stärke und Richtung) der Konflikt-
und Substanzfragen.

Die weiteren Überlegungen unseres Ausblicks betreffen die Computerisierung und Weltmodelle (3.2), den Ansatz der Biopolitics
(3.3), beschäftigen sich mit dem defizienten Steuerungsmodus des
Staates (3.4) und den Entdifferenzierungstendenzen in der modernen Gesellschaft (3.5); im Schlußabschnitt (3.6) soll die Verknüpfung
der Handlungsbegriffe im Kontext institutionenentheoretischer Ansätze durch die politischen Elementarkategorien „Partizipation"
und „Vertrauen" erfolgen.

3.2 Computereinsatz und Weltmodelle

In der quantitativ-empirischen Analyse der internationalen Beziehungen, aber auch in anderen Politikfeldern, ist es zu einer zunehmenden Rezeption systemtheoretischer Kategorien zusammen mit einer brisant zu nennenden Entwicklung makroquantitativer, computergestützter Untersuchungsansätze, Modelle und Methoden gekommen, wodurch eine ökonomisierte und mathematisierte Politikforschung gegenüber herkömmlichen ideengeschichtlichen Orientierungen und Ansätzen nunmehr in Führung gegangen ist, zumal man von deskriptiven Statistiken zu multidimensionalen Modellen vorgestoßen ist, die als neue Analyseinstrumente spezifische Platzvorteile für sich beanspruchen können (vgl. Hübner-Dick 1980). Hierüber soll hier nicht im einzelnen reflektiert werden. Wir wenden uns statt dessen den Implikationen der *Computerisierung* (a) unter gesamtgesellschaftlich womöglich restriktiven und herrschaftlich-repressiven Ordnungsgesichtspunkten sowie den nunmehr möglichen *Globalmodellen* (b) zu, wobei letztere getragen waren von politisch-kritischen Intentionen, was für den Computereinsatz nicht ohne weiteres gilt.

a) Nachdem industriegesellschaftliche oder modernistische Werte wie Rationalisierung, technisch-wissenschaftlicher Fortschritt und Effektivierung zunehmend problematisiert werden und ihre magische Zauberkraft angesichts der globalen Umweltfolgen wohl endgültig verloren haben, mithin von einer tiefgreifenden Krise der technischen Zivilisation gesprochen werden muß, die als zunehmende Selbstdestruktivität, abnehmende Lösungskompetenz und eine schwindende Gesamteffizienz faßbar und konkret erlebt wird, stellt sich die Frage, welche Risiken und Chancen mit den „neuen Medien" und Informationstechniken, die entgegen dem allgemeinen Trend zugleich exponentielle Wachstumsbranchen sind, eröffnet werden. Die neuen Kommunikationstechnologien und Computerisierungsstrategien leiten spezifische Rationalisierungsprozesse ein, die als Umbruchprozesse, deren Startphase wir unmittelbar erleben, soziale und politische Implikationen haben, die demokratietheoretisch zu verorten sind. Verstärkt sich die „technokratische Elitenherrschaft", wie sie von vielen Kritikern bereits heute unterstellt wird, oder ergeben sich innerhalb der neuen *Informationsgesellschaft* bessere Chancen für politische Partizipation? (vgl. Ulrich 1984)

Die heute nicht mehr so ausgeprägte klassenorientierte soziale Konfliktkomponente hat sich zu einer Wertepolarisierung verschoben, insbesondere *postmaterialistische Lebensstile* sind im Vormarsch, die nicht mehr ohne weiteres und pejorativ als anomisch-subkulturelles Verhalten begriffen werden können. Die kanalisierten Verarbeitungsmuster des politisch-administrativen Systems greifen in dieser Hinsicht nicht mehr und können als neue Konfliktmuster auch nicht mehr in terms von „links"/„rechts"-Dimensionen ideologisch eingeschätzt werden, andererseits ist es nicht einfach von der Hand zu weisen, daß im Sinne altbekannter herrschaftlicher Strukturmuster die „neue Mikroelektronik" in der Weise politisch-ingenieurmäßig genutzt und ausgeschöpft wird, daß Informationen in bisher unbekannten Mengen und unbekannter Vollständigkeit wie bislang unbekannter Geschwindigkeit und Vielschichtigkeit miteinander verknüpfbar sind und kurzgeschlossen werden können, unter Umständen eben auch mit der telematisch-vernetzten „grenzüberschreitenden" Konsequenz, daß die entindividualisierten Datenmengen gemäß der Funktionslogik des Computers zur Überwachung und Kontrolle eingesetzt werden.

Der Computer stellt eine neue *Universaltechnik* dar mit einer mehrdimensionalen Anwendungsstruktur auf der Grundlage der Selektion und Verknüpfung von Informationen. Er dient der multifunktionalen Informationsspeicherung und -nutzung, der Kontrolle und Problemlösung, wobei die Informationsorganisation — nur für wenige „sichtbar" — in ihn hineinverlegt ist. Das Problematische hieran wird am Beispiel der elektronischen Kriegführung besonders deutlich, und die Befürchtung, daß eine nukleare Katastrophe durch einen Computerfehler ausgelöst wird bzw. „aus Zufall" eintritt, ist inzwischen gleichsam zu einer verbreiteten alltäglichen Horrorvorstellung geworden. Doch so weit brauchen wir gar nicht zu gehen, wenngleich die Computerisierung zuerst im militärischen Anwendungsbereich erfolgte. Insofern der Computer ein Verbundsystem von Informationsbeständen darstellt, wirkt er sich bereits in der alltäglichen Berufs- und Lebenspraxis als mehr und mehr strukturbestimmend aus:

„Mit dem Computer wird eine Systemstruktur entwickelt, die gekennzeichnet ist von dezentraler Technik, aber zentral verfügbarem Wissen. ... Die Grenzen bzw. die Reichweite dieses zusammenwirkenden Systems sind dabei nicht abzusehen, da es sich ständig unter Einbezug weiterer Kommunikationswege und Informationsverarbeitungstechniken ausdehnt. Bildschirme, Telefone, Satelliten, Fernschreiber, Datenbanken und Schreibmaschinen etc. werden so Bestandteil des gleichen Systems und beziehen sich auf die gleiche Basistechnik: den Computer. Die Durchsetzung aller gesellschaftlichen Bereiche mit computerabhängigen Informationsorganisationen bewirkt eine Vereinheitlichung der Informationsverarbeitung und Erfassung. ... (Es) müssen sich letztlich alle großen Informationsorganisationen auf das gleiche Instrument mit demselben Arbeitsverfahren und der gleichen Arbeitslogik beziehen. Das Ergebnis ist eine Austauschbarkeit, Vergleichbarkeit und Verknüpfbarkeit von Information durch die Technikbesitzer, wie sie in den traditionellen, uneinheitlichen und in viele einzelne Informationsbestände isolierten Informationsverwaltungen der Akten und Karteien nicht denkbar war." (Schnepel 1984, 80 f.)

Im integrierten Informationssystem wird die ehemals funktionale Beziehung immer mehr *auch* zur Kontrollbeziehung, insofern die für einen bestimmten Zweck abgegebenen Informationen gleichzeitig der Überprüfung und Ergänzung bereits im System gespeicherter Daten dienen. Der Systemcharakter des Computerverbundes kann über die Organisation der informationellen Umweltstrukturen zum Zwangscharakter werden, und es kann hier die systemtheoretisch problematische Integration zur imperativen Sozialintegration, zur Kolonialisierung von Lebenswelten entarten. Überspitzt formuliert: Wenn die moderne Bürowelt kein Papier mehr braucht, braucht die computerisierte Politik im sozialen Kontext keine Individuen mehr, die widerständige Bedürfnisse und Interessen haben. Diese Konsequenzen *muß* die Computerisierung der Gesellschaft und die wachsende Ausstattung mit technischen Kommunikationsmedien indes keineswegs haben. Im Gegenteil könnte sogar so argumentiert werden, daß mit Hilfe der Mikrocomputertechnik und elektronischen Zusatzeinrichtungen nicht eine „big brother"-Gesellschaft, vielmehr eine „direkte Demokratie" errichtet werden kann, die nicht am Großflächenstaat scheitert, sondern diesen sozialkommunikativ überwindet im Blick auf eine agora-Funktion der neuen Großpolis.

Dagegen spricht allerdings die herkömmliche politische Gestaltungsabsicht, ferner der durchwaltende Kommerzgedanke kapitalistisch geprägter Industriegesellschaften westlicher Provenienz, die eher auf ein Verfügungswissen angelegt sind, wie es sich noch stärker ausgeprägt in sozialistischen Staaten findet. Darüber hinaus ist der Computer bzw. das Computersystem bereits von sich aus zuvörderst ein Instrument von *Organisationen* mit entsprechender Ordnungswirkung, wobei die Scheinobjektivität des Computers als ein zusätzliches Distanzierungsmittel fungiert. Daneben wird auch der Computermarkt von einigen wenigen multinationalen Unternehmen beherrscht und werden bereits jetzt aufgrund der *Konzentration* von Datenbanken in den USA seitens der EG-Gesellschaften die Informationen in den Zeiten des preiswerten Nachttarifs via Satellit besorgt, so daß insgesamt eine Tendenz zu konstatieren ist, Informationsverarbeitung im Wege des grenzüberschreitenden Datenverkehrs auszulagern (vgl. Schnepel 1984, 163). Schon aufgrund dieser Nutzungsvoraussetzungen und neuen Abhängigkeitsstrukturen ist eine „Demokratisierung durch Computerisierung" unwahrscheinlich. Die Computerisierung aller Lebensbereiche legt, jedenfalls der Tendenz nach, eher eine „Technokratisierung" nahe, zumal mit einer computergestützten maschinellen Präzision, Systematik, Kontinuität und Totalität der Datenerfassung und -verarbeitung gerechnet werden kann, die welthistorisch ein Novum darstellt.

So erweist sich auch im Bereich der „neuen Medien" der für Einführungszwecke propagierte „aktive Dialog" oder die „Zweiwegkommunikation" („offener Kanal") zwischen Nutzern und Publikum tatsächlich sehr bald als die „Effektivierung und Perfektionierung der Einwegkommunikation für die Mediengewaltigen" (ebd., 288). Es kann daher zumindest vermutet werden, daß sich der Trend zu einer *programmierten Gesellschaft* noch verstärkt, ein Abweichen vom System und von der normierten Kunstwelt immer schwieriger und risikoreicher wird. Die Homuter-Gesellschaft (aus Homo und Computer) verheißt zwar auch Chancen einer breiteren Teilhabe am gesellschaftlich relevanten Informationsaufkommen, in realistischer Perspektive aber ist eine neofeudalistische Trennung in Informationsreiche und Informationsarme (bzw. -habenichtse) wahrscheinlicher. Die „Informationsgesellschaft" erfordert daher politisch-praktisch eine neue Form der *Sozialpartnerschaft*, d. h. „den stetigen, gegensätzliche Interessenlagen ausbalancierenden Dialog zwischen Wirtschaft, Gewerkschaften, Staat und Öffentlichkeit"; denn es gilt für alle, „Informationen − und damit Wissen − über tatsächliche, vorausschaubare Entwicklungen und Aktivitäten des jeweiligen anderen Partners frühzeitig zu bekommen, um den mit der Informatisierung sich einleitenden Erosionsprozeß politisch-legitimatorischer Wertestrukturen — der letztlich zum Schaden aller führt — noch zu verhindern." (Ulrich 1984, 25)

Diese *kritisch-aufklärerische Intention* war — cum grano salis — auch der Auslöser und konkrete Anlaß der jetzt zu behandelnden „Weltmodelle", womit der durchaus *ambivalente* Charakter sowohl des Computereinsatzes (als Analyse- und/oder Steuerungsinstrumment) als auch der Systemtheorie erneut zum sinnfälligen Ausdruck kommt.

b) *Weltmodelle* sind Simulationsmodelle im Hinblick auf globale Problemstellungen und zu prognostizierende Entwicklungsprozesse, deren Komplexität, Interdependenz und Dynamik nur mit Hilfe von Computern erfaßt und makroquantitativ berechnet werden kann: „Simulationsmodelle bestehen, vereinfacht gesprochen, aus einer Reihe von (mathematischen) Gleichungen, mit denen bestimmte reale Prozesse abgebildet werden. Diese Gleichungen enthalten Variablen, sich verändernde Faktoren, wie etwa Bevölkerung, und Parameter, die angeben, inwieweit bei einer Veränderung der Ernährung beispielsweise die Bevölkerungssterblichkeit anteilsmäßig steigt oder sinkt. Die Gleichungen selbst geben die funktionalen Zusammenhänge zwischen den Variablen mit den entsprechenden Parametern an." (Eberwein 1984, 5)

Die Stärke und Einzigartigkeit des Weltmodellierungsansatzes, einer breiten Öffentlichkeit bekanntgeworden durch den erfolgreichen Paukenschlag der „Grenzen des Wachstums" (Meadows 1973) des Club of Rome, liegt darin, grundlegende Strukturprobleme der Weltgesellschaft in dynamischer Sicht durch Sequenzen (Zeitreihen) sichtbar zu machen und zu verdeutlichen. Die Datenrevolution, die Entwicklung neuer mathematischer Methoden und Großrechner ermöglichten neue Einblicke in Interdependenzen und denkbare Zukunftsentwicklungen mit Langzeithorizonten, die Hochrechnungen können zudem ein „größeres Verständnis für die Funktionsweise der Welt als System" (ebd., 15) bewirken und Chancen einer soziopolitischen Umorientierung aufgrund erkannter Gefahren eröffnnen. Vor allem der naive Wachstumsglaube und/oder -fetischismus mit seinen langfristig fatalen Konsequenzen für die gesamte Menschheit wurde dadurch grundsätzlich erschüttert. Die Projektionen des Club of Rome, Weltmodellkonstruktionen der „ersten" Generation, waren in zugespitzter Sicht „Weltuntergangsmodelle" (models of doom), die eine kritische wissenschaftliche Auseinandersetzung über die Problematik des „Weltmodellbaus" und die Modellierungstechnik einleiteten, in deren Folge neue computergestützte Modelle entwickelt wurden, die den Hochrechnungszeitraum reduzierten, insofern Hochrechnungen mit zunehmendem Zeitraum immer ungenauer werden, und eine interne Ausdifferenzierung der Modellstrukturen und bereichsspezifischen Szenarios vornahmen.

Aber auch für diese Forschungsansätze gibt es (vor allem politische) „Grenzen". Ohne hier auf Einzelheiten eingehen zu können — im wesentlichen werden sieben Hauptmodelle unterschieden (Meadows — Forrester, Mesarović — Pestel, Leontief, „Fugi", „Moira", „Saru", „Globus") —, kann festgehalten werden (vgl. Bodemer 1984, Behrens/Noack 1984, 87 ff., Eberwein 1984), daß die Problemspezifikation den Fragehorizont insoweit begrenzt, als über die *politischen Prozesse* selbst mit den ausgereiftesten Techniken und raffiniertesten ökonomischen Modellen natürlich keine verläßlichen Prognosen erstellt werden können, die postulierten Gegensteuerungsmechanismen und Umverteilungen im Weltmaßstab eben *politisch* durchgesetzt werden müssen. Gleichwohl hatten diese neuen „approaches" als *Forschungsinstrument* den Vorteil, dynamische Konsequenzen eines komplexen theoretischen Aussagesystems über globale Wirkungszusammenhänge (auch in Rücksicht auf die „Nachrechnung" historischer Prozesse) zu validieren und systematisch zu verorten, zumal verbale Theorieanstrengungen in dieser Hinsicht sehr schnell Grenzen der Komplexität erreichen, die gedanklich kaum noch nachvollziehbar sind (Eberwein 1984, 18 f.)

Darüber hinaus stellt sich das Problem des *Transfers* dieser sozialwissenschaftlichen Langzeitforschung, was für politische Beratungsstrategien ohnedies gilt (vgl. Müller-Rommel 1984), nämlich was Politiker als Entscheidungsträger mit diesen Ansätzen konkret anfangen, wie sie besser vermittelt werden können und welche neuen Anforderungen sich auch für die politikwissenschaftliche Ausbildung und die Präsentation von Forschungsergebnissen stellen, will man nicht einem naiven Verwertungsglauben huldigen. Nur so könnte die „Steigerung der Innovationsfähigkeit bezüglich der Problemerkenntnis über längerfristige Entwicklungen" verbessert und die Abkehr vom politischen „Sichdurchwursteln" (muddling through) in sozialwissenschaftlich angeleiteter Weise approximativ erreicht werden.

In allgemein politischer und praktisch-ethischer Dimensionierung – und zwar im Hinblick auf die menschlichen Gegenseitigkeitsrelationen ziviler Gemeinschaft, *mutuality* und *civility* (Etzioni 1983, s. auch Harrington 1983) – benötigen wir ein *kritisches Zusammenhangswissen, moralische Phantasie und innovative Institutionen*:

> „Ob man die Dynamik der modernen Wissenschaft und Technik begrüßt oder beklagt – sicher ist, daß sie der alten Welt ein Ende bereitet hat, zugleich aber die neue Welt, die sie schuf, tödlich bedroht. Bleibt die Dynamik sich selber überlassen, so kann sie den Menschen und seine Kultur hinwegspülen. Selbst wenn die unvorstellbaren Massenvernichtungsmittel nicht eingesetzt werden sollten, so zerstört heute schon deren Herstellung die Umwelt. Damit (plus Hunger und Not, A. W.) ist im extremsten Fall eine Totalkatastrophe in Sicht. Aber selbst wenn diese ausbliebe, weil die jahrhundertealten Institutionen der Menschen – der Nationalstaat, die überlieferte Privatwirtschaft, die patriarchalische Familie, die Schule und Armee – vielleicht noch eine Weile standhalten und das Tempo des wissenschaftlich-technischen Fortschritts etwas verlangsamen, würde eines Tages der reißende Strom über die Ufer treten und zu einer Versumpfung der Gesellschaft und Kultur führen. ... Wollen wir weder hinweggespült werden noch im Sumpf versinken, müssen wir unsere Institutionen verändern und den Strom der Wissenschaft und Technik in neue Kanäle leiten. Eine solche Kanalisierung setzt freilich auch voraus, daß der Mensch sich selbst ändert. Er muß welt- und zukunftsoffener denken und handeln lernen. ... Vieles mag unwiederbringlich verloren und in Zukunft nicht mehr möglich sein, aber noch können wir zwischen verschiedenen Zukünften wählen." (Flechtheim 1985, 153)

Eine kritische Zukunftsforschung (Futurologie), so lautet unsere These, muß systemtheoretisch *und* demokratietheoretisch orientiert sein, sie muß über eine moralische Phantasie verfügen (Waschkuhn 1984b) und auch ein utopisches Denken beinhalten bzw. in produktiver Weise in sich aufnehmen. Insbesondere aber brauchen wir in politischer Hinsicht (auch in Analogie zu den zwei Handlungsbegriffen, die wir im Laufe dieser Arbeit analytisch unterschieden haben) eine *Doppelverlagerung der Kompetenzen* (Deutsch 1981, 99 f.): „Einerseits auf der höheren Ebene eine Stärkung der internationalen Organisationen, denn die Umweltverschmutzung, die Verseuchung und Vergiftung, der fall-out, die Kriegsgefahr, aber auch die Welthungersnot oder der Bevölkerungszuwachs bleiben nicht an Landesgrenzen stehen. ... Auf der anderen Seite brauchen wir eine Verlagerung nach unten, zur Dezentralisation, so daß man den Menschen näher kommt, damit das, was sie selbst in kleinen Gruppen entscheiden können, auch wirklich daheim und in kleinen Gruppen entschieden wird." Der letzte Gesichtspunkt wird pointiert auch in einem Bericht an den Club of Rome aufgegriffen:

> „Politik kann nicht mehr nach dem Schema: Geld auftreiben, Etats aufstellen und hinterher Bilanz ziehen, abgewickelt werden. Die Voraussetzung für die adäquate Lösung der anstehenden Probleme ist eine personelle und inhaltliche Umstrukturierung der politischen Führung, da sich in vielen Teilen der Welt die Politiker zum Abschaum der Menschheit degradiert haben. ... Wir brauchen keine Fernsehstars, sondern Vertreter des Volkes, ihnen muß die nötige Anerkennung und Unterstützung verschafft werden. — Allerdings dürfen wir nicht davon ausgehen, daß diese Männer und Frauen (welche das Vertrauen und die Unterstützung des Volkes haben und mit ihm arbeiten sowie bereit sind, die großen Aufgaben in Angriff zu nehmen, A. W.) in den bestehenden parlamentarischen Systemen durch demokratische Wahlen nach oben kommen. Wir brauchen andere Wege — und zwar schnell. Es müssen immer wieder neue Möglichkeiten ausprobiert werden, bis die richtigen Auswahlverfahren und Beteiligungsformen gefunden sind. Sie werden sich je nach Region und Gesellschaftssystem unterscheiden. Der zentrale Punkt ist jedoch überall derselbe: die aktive Mitwirkung der Menschen an der Basis ist die Voraussetzung jeder Entscheidungsfindung, und das erfordert dezentralisierte Machtstrukturen. Nur auf diese Weise werden wir unsere Lebens- und Arbeitswelt (und alles weitere, A. W.) so umgestalten können, daß Menschlichkeit und die Entfaltung unserer schöpferischen Kräfte den ersten Rang einnehmen." (Thapar 1984, 262 f.)

Hieran schließen wir in dem Abschnitt zur *Entdifferenzierung* (3.5) noch an. Zuvor aber ist die neue Ausrichtung der *Biopolitics* kurz zu behandeln — bereits Parsons kam von der Biologie her oder war stark an ihr interessiert, insofern er darin zeitlebens ein großes Anregungspotential erblickte (vgl. Parsons 1975 b, 1, 7, 49, 55) — und soll in systemtheoretischer Perspektive auf die „*Entzauberung des Staates*" eingegangen werden.

3.3 Exkurs: Politikwissenschaft und Biologie (Biopolitics)

Bei Luhmann, aber auch bei anderen Systemtheoretikern, ist die Heranziehung biowissenschaftlicher Forschungsergebnisse und die Verwendung biologischer Begriffe augenfällig, schon der Funktionsbegriff stammt ja aus der Biologie. Inzwischen hat sich, vor allem in den USA, aber auch anderswo, ein neues Forschungsgebiet etabliert, das *biopolitics* genannt wird (vgl. Flohr/Tönnesmann 1983). Der Bereich der „Biopolitics" umfaßt dabei alle Bemühungen, biowissenschaftliche Theorien, Methoden und Ergebnisse bei der politologischen Arbeit zu nutzen und dabei der stärkeren Orientierung der Sozialwissenschaften an den *life sciences* auch politikwissenschaftlich Rechnung zu tragen (ebd., 5). Der Forschungsbereich der Biopolitics hat sich gerade in den letzten Jahren stark entfaltet und differenziert, wenngleich man in Deutschland aufgrund des historisch belasteten Verhältnisses von Biologie und Politik auf besondere Rezeptionsschwierigkeiten stößt, die nicht nur darin bestehen, daß es von vornherein problematisch ist, biologische Einsichten umstandslos auf politische Bewertungen und Forderungen umzusetzen, sondern insbesondere auf der Sorge beruhen, daß damit politischer Mißbrauch getrieben werden könnte. Wir wollen dieses problematische Verhältnis daher hier kurz diskutieren, insofern sich womöglich auch für die politikwissenschaftliche Systemtheorie weitere interessante Forschungsperspektiven ergeben könnten.

Das ist schon deswegen naheliegend, da auch wir Menschen *Lebewesen* sind. Es kann daher „zumindest nicht ausgeschlossen werden, daß unser Handeln, Denken, Fühlen und Wahrnehmen durch biologische Faktoren beeinflußt werden. Somit steht, von der Politikwissenschaft her gesehen, eine sich mit den genannten Aspekten beschäftigende Disziplin unter totalem Relevanzverdacht. Dieser trifft außer der Psychologie eben auch die Biologie. ... Biopolitics ist der ernsthafte Versuch der Politikwissenschaft, diese Frage theoretisch und praktisch zu beantworten." Dabei behauptet innerhalb dieser sich ausdifferenzierenden Forschungsrichtung jedoch „niemand, politische Phänomene seien allein biologisch bedingt und somit biologisch voll erklärbar. Niemand nimmt für individuelles oder kollektives Verhalten auch nur überwiegend biologische Ursachen an.

Man vermeidet es also, die vertraute Einseitigkeit durch eine neue zu ersetzen." (ebd., 12)

„Biopolitics" ist daher auch kein eigener anthropologischer Ansatz, sondern eine neue, durchaus heterogene Sichtweise, die ihr Augenmerk auf wechselseitige Einflüsse richtet. Ganz entschieden werden vor allem sozialdarwinistische Annahmen und Verwendungsweisen abgelehnt, was im Zusammenhang mit *Evolutionstheorien* aber nicht immer gelingt, worauf wir weiter unten noch zurückkommen.

In soziobiologischer Sicht „besteht die Einzigartigkeit des Menschen in seiner Kulturfähigkeit, d. h. in der auf den Leistungen des menschlichen Gehirns basierenden Fähigkeit, durch Versuch und Irrtum, Nachahmen und Einsicht zu lernen, das auf diesem Wege erworbene Wissen mit Hilfe sprachlicher Symbole zu verschlüsseln, zu speichern und zu tradieren, so daß neben die genetische Weitergabe von Informationen die kulturelle Transmission tritt. Zwar können sich im Verhalten von Menschen Erbkoordinationen, angeborene Auslösemechanismen und Triebkomponenten ausdrücken, doch muß man grundsätzlich davon ausgehen, daß komplexere Verhaltensweisen von Menschen kulturell ‚überformt' sind, d. h. durch Lern- oder Sozialisationsprozesse ihre besondere Gestalt erhalten haben." (ebd., 23 f.) Kombinationen aus Ergebnissen sehr verschiedener Disziplinen wie Hirnforschung, Anthropologie, Soziologie und Ethnologie könnten daher auch von politikwissenschaftlicher Relevanz sein. Darüber hinaus ist die Frage nach der „*Natur der menschlichen Natur*" von jeher ein zentrales Thema der politischen Philosophie, gerade auch im Zusammenhang mit der Frage, inwieweit die bestehenden politischen Institutionen gut bzw. schlecht an die „menschliche Natur" angepaßt sind oder nicht (Somit/Slagter 1983, 31). Der Mensch ist schon von Platon und Aristoteles als ein soziales und politisches „Tier" gesehen worden, aber nur der mit Sprache begabte Mensch „ist in der Lage, neue und kompliziertere Formen von Organisation zu erfinden" und die „*zunehmend komplexere Selbststeuerung menschlicher Gesellschaften*" muß als „einer der bedeutendsten Trends in der kulturellen Evolution" angesehen werden (Corning 1983, 39 — Hervorhebung A. W.).

Wir können hier natürlich nicht die einzelnen Ansätze (Soziobiologie, Ethologie, Physiologie, biologische Verhaltensforschung, Humansoziobiologie, Psychophysiologie etc.) und Techniken (aus der Kinesik, Humanethologie, Semiotik, Experimentalbiologie etc.) behandeln oder im einzelnen würdigen, sondern wollen uns einigen *kritischen* Reflexionen zuwenden, die die Problematik dieser Bemühungen in zugespitzter Weise verdeutlichen. So erhebt Glendon Schubert zum Beispiel den Vorwurf, die soziobiologische Theorie führe in veränderter Gestalt „die sattsam bekannte Figur der Sozialwissenschaften wieder ein, nämlich den ‚homo oeconomicus‘, dessen ins Groteske übersteigerter Rationalismus noch immer in den vorherrschenden sozialen und politischen Ideologien der Gegenwart und in ihren institutionellen Verkörperungen herumgeistert"; das Surrogat lautet in diesem Fall: der „*bionische*" Mensch, der − so die Kritik − „gleichermaßen fleischlos" und „höchst einseitig in seinem Glauben an die natürliche Selektion" ist, dabei „unbekümmert darüber, in welchem Ausmaß das menschliche Verhalten überall in eine Matrix menschlicher Kultur eingebettet ist." (Schubert 1983 b, 111)

Die im Bereich der Soziobiologie und der biowissenschaftlich fundierten *Evolutionstheorien* wuchernden und ausufernden Metaphern anthropomorpher Art sind daher mit gebotener Vorsicht aufzunehmen; denn allgemein müssen wir uns vor einem Mythos der Wissenschaft hüten, den Richard C. Lewontin (1974) so beschreibt:

> „Es ist ein allgemein verbreiteter Mythos der Wissenschaft, daß Wissenschaftler Belege zu einem bestimmten Problem suchen und sodann durch Logik und ‚Intuition‘ das bilden, was für sie die vernünftigste Interpretation der Fakten zu sein scheint. Während sich die Fakten mehren, verändert sich der logische und ‚intuitive‘ Wert der verschiedenen Interpretationen, und schließlich ist ein Konsens über die Wahrheit der Angelegenheit erreicht. Dieser Bilderbuch-Mythos stimmt jedoch nicht mit der Wirklichkeit überein. Lange bevor noch der erste direkte Beweis vorliegt, begegnen Wissenschaftler dem Problem mit tief verwurzelten Vorurteilen ... A priori-Annahmen über die Wahrheit bestimmter ungelöster Fragen sind ganz einfach besondere Fälle allgemeiner Vorurteile." (zit. nach Subert 1983 b, 115 f.)

Peter Koslowski (1984) nähert sich dem Evolutionsthema von (sozial)philosophischer Seite. In seiner Auseinandersetzung mit *soziobiologischen Denkmustern* stellt er zunächst allgemein fest:

> „Evolution und Evolutionstheorie sind weithin zur vorherrschenden Grundlagentheorie der Wissenschaften geworden. ‚Evolution‘ gilt in verschiedenen Disziplinen als Grundprinzip alles Seienden. In Theorien der Biologie und Sozialwissenschaft nimmt die Evolutionstheorie die Stelle einer ‚prima

philosophia' ein. Es ist ein Signum der Moderne, in der Evolution das Grundprinzip des Seienden zu sehen und die Gesamtwirklichkeit als Evolutionsprozeß zu begreifen, dessen Prinzipien in der Evolutionstheorie formuliert sind. Mit der Sicht der Welt als Prozeß, in der das Universum und alle komplexen Systeme des Lebendigen als Ergebnis eines Evolutionsprozesses verstanden werden, tritt die Moderne in den Gegensatz zur Kosmologie und Metaphysik des Ordo- und Substanzgedankens der Antike und des Mittelalters." (Koslowski 1984, 9)

Die Neuzeit setzt gegen die ,,Wiederkehr des Gleichen in der Substanz" wie ,,gegen die ,Beherrschung durch das übergroße Objekt' (Hegel) ... die sich frei entfaltende Evolution der menschlichen Subjektivität." (ebd., 10) Damit verbunden war und ist die Gefahr, daß eine völlig freigelassene Evolution sich in Beliebigkeit und Leere verliert, die sich absolut setzende Subjektivität unter Umständen im politisch motivierten Terrorismus endet. Analoge Gefährdungen werden von Koslowski der Soziobiologie und ihren Theorieansätzen zugeschrieben, sofern die Person und ihre Subjektivität ,,nur noch als Kreuzungspunkt und zufällige Einheit sich übergreifender sozialer und biologisch-genetischer Systemfunktionen begriffen" wird und ,,Freiheit in der Evolutionstheorie nur mehr als Zufall denkbar ist" (ebd., 10 f.). Die Moderne ist in dieser Sicht ,,ebensosehr Geschichte der Freiheit" wie ein ,,Prozeß des Antiquiert- und Obsoletwerdens des Menschen und seiner Subjektivität vor seinem eigenen objektivierenden Selbstverständnis" (ebd., 11).

Die Soziobiologie habe mit ihrem *reduktionistischen* Programm in dem Pluralismus der evolutionstheoretischen Prinzipien eine monistische Stellung bezogen mit dem Versuch oder erhobenen Anspruch, ,,den Pluralismus der Prinzipien der natürlichen und sozialen Evolution und Selektion zu überwinden und eine Theorie eines einheitlichen, beide Seinsbereiche übergreifenden Evolutionsprozesses zu entwickeln" im Sinne einer darwinistisch interpretierten Gesamtevolution (ebd., 12). Jedoch seien die Ansätze der Soziobiologie nicht in der Lage, eine angemessene Theorie der *Intentionalität* als Vermögen des Handelns und des *Bewußtseins* in bezug auf dieses Handeln zu entwickeln. Die Soziobiologie habe als Totaltheorie einen außerwissenschaftlichen Weltbildcharakter, sie sei als evolutionstheoretischer *Monismus* eine Form von Metaphysik und könne die Aufgabenstellung der Erklärung, Motivierung, Kontingenzbewältigung und Selbstinterpretation des Menschen nicht erfüllen (ebd., 70 ff.).

Von *soziologischer* Seite her argumentiert Walter L. Bühl (1984a). Er kritisiert die Evolutionstheorie, wie sie sich im obigen Kontext, aber auch sonst darstellt, als eine „Modewissenschaft", die zu „übelsten Mißverständnissen" führe. Zu beachten sei stets, daß „Natur" und „Kultur" als *Fikta* zu begreifen sind, die in jeder Gesellschaft anders gefaßt seien und sowohl biologisch als auch kulturell, nämlich *koevolutionär* bestimmt sind: „Die soziale Evolution schreitet voran, indem in einer Gesellschaft (genauer: einer kulturell geprägten ‚Zuchtpopulation') bestimmte Verhaltensformen und Sozialorganisationen, ethische Normen und Alltagspraktiken ausgelesen und (in bestimmten statistischen Verteilungsmustern) bevorzugt werden, insofern sie eine ausgewogene Reproduktion in einer bestimmten Umwelt bzw. einen reproduktiven Vorteil gegenüber einer anderen Gesellschaft sichern." (Bühl 1984a, 306) Der Mensch ist als ein „komplexer Primat" in seinem *Sozialverhalten* „gerade auf kein festes Sozialmuster festgelegt", vielmehr „zu einer großen Variationsbreite von Sozialverhalten und Sozialorganisationen fähig" (ebd., 310f.). Von entscheidender Bedeutung für die *soziale Evolution* des Menschen ist „die *Interaktion* zwischen Individuum und Kollektivum, und zwar sowohl in der Kooperation und in verschiedenen Formen des altruistischen Verhaltens wie in der Konkurrenz und in der Durchsetzung des individuellen Eigeninteresses oder auch des Gruppenvorteils", so daß das *menschliche Sozialverhalten* „nicht in einer moralischen Dauerüberhebung gegen die Natur bestehen" kann, „sondern es muß zu einer ‚evolutionär stabilen Strategie' finden bzw. schon gefunden haben, wenn es bisher doch so erfolgreich war und auch in Zukunft Aussicht auf Erfolg haben soll" (ebd., 312).

Insbesondere ist in *evolutionstheoretischer* Perspektive die „Institutionalisierung und Implementation eines allgemeinverbindlichen Wertsystems erforderlich, dessen Symbolismus gewöhnlich nicht nur über die genetisch begrenzten Primärgruppenbezüge, sondern auch über den aktuellen Bestand der Kulturgemeinschaft hinausreicht. Diese Stufe der Sozialität ist nur durch eine planmäßige Sozialisation über das Lernen von allgemeingültigen Verhaltensregeln, von Werten und Prioritäten zu erreichen, die persönlich (d. h. ohne Rücksicht auf den jeweiligen Gruppenbezug) als verbindlich angesehen werden." (ebd., 315)

Der tatsächliche Selektionsvorgang im Kontext der Evolutionsfähigkeit oder langfristigen Adaptilität der Sozialordnung bzw. des institutionalisierten Sozialverhaltens aber ist so komplex und verwickelt, daß er im Einzelfall nach wie vor kaum prognostizierbar ist oder sein wird, so daß Stufenkonstruktionen zurückzuweisen sind zugunsten eines Mehrebenenansatzes, wobei übrigens „mehr Differenzierung" auch „weniger Wandel" bedeuten kann, so daß die systemtheoretischen Grundüberzeugungen angesichts von Welt- und Systemkomplexität unter kontingenten Bedingungen allenfalls *Plausibilitätsannahmen* sind, insofern eine breite Polymorphie des Sozialverhaltens zu unterstellen ist. Es ist dies der Grundgedanke der ansonsten esoterischen Theorie Luhmanns, „Bestand" in reflexiver Weise als „Änderbarkeit des Bestehens", als ein „Zugleich seines So-seins-und-auch-anders-sein-könnens" zu „definieren" (Scholz 1982, 138), mithin auf Potentialitäten und nicht auf Bestimmtheiten zu setzen. Damit wird der Vorwurf der Ahistorizität vom „Möglichkeitshorizont" her unterlaufen, aber zugleich eine inhaltliche Beliebigkeit (jedoch nicht „Willkürlichkeit") unterstellt, die mit den Reduktions- und Komplexitätssteigerungsannahmen (von „Welt"- resp. „System"-Komplexität) durch zunehmende subsystemische Differenzierung und Interpenetration evolutionstheoretisch nicht ohne weiteres „aufgehoben" werden kann:

> „Völlig ahistorisch und auch systemtheoretisch unbedarft ist die Unterstellung, daß sich soziale Systeme immer in Richtung einer höheren Komplexität entwickeln müssen bzw. daß die Komplexität auch die Sicherheit des Überlebens erhöhen könnte. Diesem Glauben haben aber nur die frühen Evolutionsstudien im Rahmen der Allgemeinen Systemtheorie gehuldigt. Eine eingehendere Beschäftigung mit der Evolutionsproblematik hat dann schon bald gezeigt, daß die Komplexität voller sozialer Perversionen steckt bzw. daß am Ende einer progressiv komplexen Entwicklung in aller Regel die Katastrophe und der soziokulturelle Verfall oder Untergang steht. Die Komplexität des sozialen Systems ist – wenn sie falsch organisiert ist – gerade die größte Gefahr der sozialen Evolution." (Bühl 1984a, 323 f.)

„Evolution" ist daher „nicht gleich Evolution"; denn: „Mit den Konzepten des dynamischen komplexen Systems und der evolutionär stabilen Strategie ist nun allerdings alle Heilsgewißheit des Evolutionismus (oder auch die Unheilsgewißheit des Devolutionismus) dahin. Es wird Ernst mit der Evolution; denn die Evolution verhält sich nicht evolutionistisch, in der Evolution gibt es nichts geschenkt. Die evolutionäre Höhe korreliert wohl mit einem größeren Handlungsspielraum, aber auch mit größerer Riskiertheit: d. h. mit einer immer größeren Abhängigkeit von den technischen Apparaturen und sekundären Organisationen, mit einer wachsenden Untergangsdrohung für immer größere Populationen (möglicherweise für die ganze Menschheit), mit einer geringeren Verhaltenssicherheit bzw. einer zunehmenden psychischen Desorientierung für viele, mit einer sich steigernden Eigendynamik (und möglicherweise Lebensfremdheit oder sogar Lebensfeindlichkeit) der symbolischen Repräsentationen und Akte." (ebd., 325) Anders gelagerte Fälle und soziohistorische Abläufe hätten demnach zuvörderst die Qualität *politischer Ereignisse.*

3.4 Der defiziente Steuerungsmodus des Staates

Helmut Willke (1983) hat im Rahmen einer *Steuerungstheorie hoch-komplexer Gesellschaftssysteme* die These aufgestellt, „daß der Staat nicht — wie Marx dachte — abstirbt, weil er funktionslos wird, sondern daß er auf der Strecke gesellschaftlicher Evolution bleibt, weil er nicht funktionstüchtig genug ist." (Willke 1983, 49) Hierfür sind analytisch drei Prozesse zu unterscheiden (und historisch zurechenbar), die diese Entwicklung befördert haben: (1) die Steigerung der Eigenkomplexität gesellschaftlicher Systeme, (2) die Steigerung der Weltkomplexität und (3) die Verlagerung des Zeithorizontes und der operativen Perspektive in die Zukunft (ebd., 50 ff.).

Das heißt aber auch, daß „der Problemdruck jeweiliger zukünftiger Gegenwarten zunimmt" (ebd., 51). Dies war auch der kritische Grundtenor der oben behandelten „Weltmodelle". Die langfristigen Folgewirkungen politischer Handlungsstrategien, die oftmals konterintuitiv sind, werden unter Umständen strukturell unbeherrschbar.

Auf der gesamtgesellschaftlichen/nationalstaatlichen Makroebene (hier der westlichen Demokratien) ergeben sich *neue Entscheidungs- und Selektionsprobleme.* Systemtheoretisch erwächst mehr und mehr die Aufgabe einer reflexiven output-Kontrolle und einer responsiven input-Aufnahme, normativ wie praktisch müssen Vermittlungs- und Konsensualisierungsprozesse eingeleitet und institutionalisiert werden. Während entwickelte sozialistische Gesellschaften politisch auf einen Grad an „Überintegration" festgelegt sind, der sie dem Idealtypus eines „*disaggregativen Systems*" annähert (wobei „schon minimale Äußerungen der Independenz eines Teils oder Bereiches ... zu symptomatischen Überreaktionen des Staates" führt — „sei dies die Veröffentlichung eines moderat kritischen Buches, das Komponieren aufmüpfiger Lieder, kleinere Krawalle von Jugendlichen oder örtlich begrenzte Streiks"), bewegen sich die entwickelten westlichen Gesellschaften auf den Idealtypus eines „*dissipativen Systems*" zu, das seine „Ordnung durch die übersummenhafte Kombination von Fluktuationen gewinnt" (ebd., 83).

Es ist nicht leicht zu verstehen, was damit gemeint ist. Die „Politik der Vermeidungsimperative" ist in westlichen Gesellschaften gestreuter, insofern kein absoluter Primat der Politik angestrebt wird, andere (und unterschiedliche) Teilsystemrationalitäten prinzipiell anerkannt und Ordnungsleistungen auch als Ergebnis der Um weltrelationen erwartet werden. Die fortschreitende Binnendifferenzierung dramatisiert die Frage der „Systemidentität" angesichts von Komplexität und Kontingenz auf allen Ebenen. Die (insbesondere gegen *Parsons*) gewendete Problemstellung lautet: „Nach der Entzauberung mythischer, religiöser, naturrechtlicher und ideologischer Weltbilder fehlt in der modernen Gesellschaft jener integrative Automatismus, mit dem durch die Institutionalisierung allgemeiner Werte und ihrer Internalisierung im Individuum gleichzeitig das Gesellschaftssystem seine Einheit durch die Identitätsbildung der Subjekte, wie auch die Individuen ihre Identität durch die Einheit des gesellschaftlich verbindlichen Weltbildes herstellten." (ebd., 95) Die Herstellung reflektierter Identität im Hinblick auf die Möglichkeit einer Gesamtrationalität, die nicht metaphysisch oder ideologisch affiziert oder fundiert und darüber hinaus auf Partizipation gerichtet und zukunftsorientiert ist, bleibt abhängig von einer „validen Theorie *gesellschaftlicher Differenzierung*"; denn „nur wenn die vielschichtigen Brüche und Verwerfungen, Indifferenzen und Interdependenzen der segmentären, schichtungsmäßigen und − primär − funktionalen Differenzierung entwickelter Gesellschaften angemessen berücksichtigt werden, besteht Aussicht, adäquat komplexe Mechanismen der mehrseitigen Abstimmung und Konsensbildung modellieren zu können." (ebd., 97)

Insofern ist auch die „Lösung" von Habermas in bezug auf einen durch kommunikatives Handeln erzielbaren Konsens über verallgemeinerungsfähige Interessen zu einfach, zumal verständigungsorientiertes Handeln nicht gerade als Normalfall oder der wichtigste Typ sozialen Handelns anzusehen ist (vgl. Haferkamp 1984). Die Spannweite aus funktionaler Differenzierung sich ergebender *sozietaler Steuerungsprobleme* wird hierdurch schon sachlich nicht erreicht. Die „Komplexifizierung und Spezifizierung von System-Umwelt-Relationen" in bezug auf „handlungsleitende Moralen" (Willke 1983, 99) ist anders, über den Umweg der „Reflexion" und „gesellschaftlichen Selbstthematisierung", in Angriff zu nehmen, die neue Integrationsformen und damit einen *neuen Steuerungsbedarf* erzeugen.

Da nun die Logik gesellschaftlicher Evolution nicht die Logik von Maschinen ist, kommt es − und das ist die Leitidee der Evolution lebender Systeme – auf die „Selbst-Transzendenz bestehender Systeme in höhere Emergenzniveaus der Komplexitätsverarbeitung" ganz wesentlich an. Auch hier veranschaulicht ein stark metaphorischer Systemvergleich gegenwärtige Steuerungsprobleme:

> „Gegenwärtige entwickelte Gesellschaften verfügen ... zwar über höchstentwickelte ökonomische und militärische Technologien; aber sie gleichen übertrainierten Kraftprotzen, die immer wieder feststellen müssen, daß Muskeln allein keine Handlungsfähigkeit in schwierigen Situationen verbürgen. Demgegenüber verfügen entwickelte sozialistische Gesellschaften über relativ fortgeschrittene Kontroll- und Steuerungstechniken; aber sie gleichen asketischen und intoleranten Gurus, die nicht verstehen können, daß der Körper Befehle des Kopfes ignoriert, weil er zu schwach ist, um handlungsfähig zu sein. ... Wenn man in der Geschichte der Evolution lebender Systeme nach ähnlich dramatischen Beispielen sucht, dann gleichen die westlichen Industrieländer mächtigen Dinosauriern, deren winziges Gehirn nicht mehr in der Lage ist, die riesigen Körpermassen zu koordinieren und zu kontrollieren. Und ideologisch integrierte sozialistische Staaten erinnern an frühere Hochkulturen wie das Azteken- oder Inka-Reich, deren innere Schwäche es zuließ, daß sie unter dem Ansturm einer Handvoll Schwadroneure zusammenbrachen." (ebd., 14)

„Postmoderne" Gesellschaften (die natürlich immer noch „moderne" Gesellschaften sind, insofern ist der Begriff der „*Postmoderne*" ein mißverständliches Schlagwort) benötigen daher „sowohl hohe Kontroll- und Steuerungskapazitäten als auch effektive und responsive Mechanismen der Konsensbildung als Basis innerer Stärke". Grundsätzlich gilt, daß eine neue Entwicklungsstufe (ein neues Emergenzniveau) erst dann etabliert ist, „wenn die Re-organisation des Systems neue Gesamteigenschaften (emergente Eigenschaften) zeitigt". Dabei wird nicht die Maximierung von Teil-Kapazitäten, sondern die Optimierung der Umwelttauglichkeit des Systemganzen zum Kriterium der Evolutionsstrategie (ebd., 15).

Es kommt im Rahmen einer allgemeinen Steuerungstheorie komplexer Systeme für die westlichen Demokratien in reflexiver und selbst-referentieller Weise darauf an, *hohe relative Autonomie* und *hohe spezifische Offenheit* gegenüber den Umwelten auszusteuern („societal dynamics"), um zu einer *organisierten Komplexität* zu gelangen, die von den Teilen auf Ganzheiten, von der Aggregation auf Emergenz schaltet (ebd., 26). *Reflexion* im Sinne von Selbstthematisierung ist sonach „die Fähigkeit, die eigene Identität im

Spiegel ihrer Außenansicht zu betrachten und diese Beziehung zu sich selbst auch noch unter dem Gesichtspunkt der Einheit des Systems zu organisieren"; sie setzt „ein hochentwickeltes intermediäres Netz zwischen input und output der Kommunikationsverarbeitung voraus; aber andererseits wird die Fähigkeit zur Reflexion, zur Selbstthematisierung oder Selbstreferenz für hochkomplexe Systeme insofern zur Überlebensfrage, als die Einheit des differenzierten Ganzen sensible Balancierungsprozesse zwischen den Teilen und vorausschauende Abstimmungsprozesse mit relevanten Umweltsystemen erfordern" (ebd., 94).

„Reflexion heißt dann, daß ein bestimmtes System seine Identität selbst noch zum Thema machen kann und daraus eine Strategie der produktiven Auseinandersetzung mit seiner Umwelt macht. Reflexion impliziert mithin, daß Identität zum relationalen Begriff wird und gerade nicht mehr als unverrückbare Entelechie verstanden werden kann." (ebd.)

Auf der Grundlage dieser allgemeinen systemtheoretischen Bestimmungen entfaltet Willke unter dem Titel „*Entzauberung des Staates*" ein Steuerungsmodell, das auf einer Emergenz von Kreisbeziehungen, auf *retikularen Relationen* von Teilsystemen beruht. Mit anderen Worten: die gesellschaftlichen Teilsysteme (wie Ökonomie, Politik, Technologie, Religion, Erziehung und Kunst) müssen zur *kontextsensitiven* Eigenkontrolle gebracht und die funktional ausdifferenzierten Teilbereiche auf diese Weise „re-integriert" werden, um die „*Ko-Evolution*" neuer Steuerungsformen zu ermöglichen.

Die „analytische Rekonstruktion gesellschaftlicher Evolutionsstrategien" ist dabei „weder mit technokratischer Entwicklungsplanung noch mit deterministischer Geschichtsphilosophie gleichzusetzen. Es geht weder darum, gegenwärtige Fehlentwicklungen mit noch mehr eindimensionaler ,Rationalisierung' zu übertünchen, noch darum, sich mit folgenlosen utopischen Gegenmodellen aus der Affäre zu ziehen. Realität und Potentialität eines Gesellschaftssystems sind sehr eng miteinander verkettet. Die Selbst-Transzendenz eines Systems zu fördern heißt, seine Potentiale sichtbar zu machen, die sich aus dem komplexen Zusammenspiel evolutionärer Transformationsketten von Teilen, Ganzem und jeweiliger Umwelten ergeben. Die Rede von Evolutions*strategien* weist darauf hin, daß im Gegensatz zur biologischen Evolution die Evolution sozialer Systeme pragmatisch und normativ von handelnden Subjekten mitgetragen wird, mithin die Menschen tatsächlich (in bestimmten Gesellschaften und in bestimmten begrenzten Aspekten) sich selbst ihre Zukunft machen." (ebd., 117 f.)

Willke geht in diesem Zusammenhang von der „Eigenständigkeit systemischen Handelns" aus, was hier nicht näher erörtert werden soll. Entscheidender ist die Frage, der wir uns jetzt zuwenden, „warum der Staat als herkömmliche Institution gesellschaftlicher Steuerung nicht mehr ausreicht und welche Steuerungsformen der Steuerungskapazität des Staates überlegen sind" (ebd., 119).

Die hierarchische Steuerung ist für *hochkomplexe* Systeme defizient. Das Organisationsprinzip der Hierarchie stößt auf Grenzen, die in paradox anmutender Weise aus der eigenen Leistungsfähigkeit resultieren: „der Aufbau immer komplexerer Systeme mithilfe hierarchischer Strukturen führt zu dem Punkt, an welchem der raum-zeitlich-energetische Aufwand hierarchisch korrekter Interaktionen zwischen den betroffenen Komponenten und Ebenen für das Ganze untragbar wird und neue Formen der Organisation von Komplexität erfunden werden müssen." (ebd., 120) Hochkomplexe Systeme beruhen nach wie vor auf der bereichsweisen Verwendung hierarchischer Organisationsmuster, sie sind jedoch zusätzlich oder bereichsweise alternativ auf den Einbau lateraler Relationen angewiesen, die gegenstrukturelle Koordinationen erlauben und dadurch Prozesse der Meta-Steuerung oder Selbst-Regulierung ermöglichen. Auf einer höheren Stufe der *evolutionären Emergenz* gelangen hochkomplexe Systeme demnach gleichsam zu einer „organischen" Gesamtqualität vernetzter Teilsysteme (ebd., 120 f.)

Willke, der als bundesrepublikanische Beispiele insbesondere die „Konzertierte Aktion", den „Wissenschaftsrat" und die „Konzertierte Aktion im Gesundheitswesen" behandelt, vertritt insgesamt die Auffassung, daß trotz/wegen der Leistungsfähigkeit und Vernetztheit hochkomplexer Systeme (und in Entsprechung zur Diskussion um den „Neokorporatismus") prinzipiell (also nicht immer aktuell) *soziale Verhandlungssysteme* geschaffen werden müssen als „Formen der Intermediatisierung differenzierter Subsysteme und Teilrationalitäten durch Diskurs" (ebd., 116).

International werden von Willke zu diesen neuen Steuerungsformen gerechnet:

„In *Österreich* die traditionsreiche Einrichtung der ‚Sozialpartnerschaft' (mit den Akteuren Bundeskammer der gewerblichen Wirtschaft, dem österreichischen Gewerkschaftsbund, der Präsidentenkonferenz der Landwirtschaftskammern und dem Arbeiterkammertag), insbesondere die Paritätische Kommission für Preis- und Lohnfragen; in der *Schweiz* die Experten-kommission und die ‚Vernehmlassungsverfahren' im Rahmen eines umfas-senden Zusammenhangs von Konkordanzmechanismen; in *Schweden* die ebenso traditionsreichen dreiseitigen königlichen Kommissionen; in den *Niederlanden* ein weitverzweigtes Netz ‚konsozialer' Gruppenkooperation, vor allem der ‚Sozial-Ökonomische Rat'; in *Großbritannien* die dreiseiti-gen Kommissionen, vor allem die Commission on Industrial Relations, die Health and Safety Commission, die Prices Commission, der Advisory Con-ciliation and Arbitration Service, das Manpower Committee und das Na-tional Economic Developmental Council sowie der inzwischen gescheiter-te ‚social contract'; in *Frankreich* im einschränkenden Rahmen der plani-fication die Konzertierungsaktivitäten des Commissariat Général du Plan und die branchenspezifischen Commissions de Modernisation sowie der (re-lativ bedeutungslose) Wirtschafts- und Sozialrat; für *Italien* läßt sich außer-halb der informellen ‚contrattazione' etwa die Diskussion um den ‚histori-schen Kompromiß' nennen − eine Regierungsbeteiligung der Kommuni-sten könnte dort eine der Praxis in *Finnland* vergleichbare Konzertierung der Einkommenspolitik bringen. Auf der Ebene der *Europäischen Gemein-schaft* ist der Wirtschafts- und Sozialausschuß zu nennen, der allerdings nur beratende Stimme hat und mit seinen 144 Mitgliedern bereits zu groß ist, um effektiv arbeiten zu können. In den *USA* fehlen bislang Institutionen zur Konzertierung der Einkommens- oder gar der Konjunkturpolitik. Die ‚regulatory agencies' sind relativ autonome Instrumente der Bundesver-waltung, denen aus den nur zweiseitigen und deshalb zu engen Beziehun-gen zu einer spezifischen Klientele erhebliche Probleme der Implementie-rung erwachsen. Auch das steuerungstheoretisch interessante ‚Council of Economic Advisers' kann nicht als Konzertierungsinstrument gesehen wer-den, da es nur drei Experten (zuzüglich Stab und externen Beratern) um-faßt, nicht aber die Tarifparteien. Der Versuch einer ‚guidepost-policy' kommt konzertierter Verhaltensabstimmung der wirtschaftspolitischen Akteure noch am nächsten. In *Japan* gibt es überhalb der spezifischen Amalgamierung von Arbeitnehmer- und Arbeitgeberinteressen auf Unter-nehmensebene einige Einrichtungen auf sozietaler Ebene, in welchen Re-präsentanten der beiden großen Gewerkschaftsdachverbände mit Vertre-tern des Staates zusammenarbeiten: die ‚Deliberation Councils on Labor Administration' und die Labour Relations Committees." (ebd., 125 f.)

Diese alternativen Formen sozietaler Steuerung seien die ersten sicht-baren Folgen einer *veränderten Tiefenstruktur*, die Vorboten und Optionen möglicher Zukunften und möglicher Gesellschaften. Die-se *Verhandlungssysteme* „kristallisieren sich an Brennpunkten ge-samtgesellschaftlicher Komplexprobleme, an welchen aufgrund sen-sibler Interdependenzen mehrerer Teilbereiche hierarchisch struktu-rierte staatliche Steuerung nicht ausreicht" (ebd., 126). Der *relative*

Autonomieanspruch gesellschaftlicher Teilsysteme und der *Steuerungsanspruch des Staates als politischer Gesamtrepräsentant* können an ihren Spannungspunkten mit Hilfe der neuen *Verhandlungssysteme* koordiniert und zum produktiven Ausgleich gebracht werden. Darüber hinaus muß „gegenüber der liberalistischen Ethik des Besitzindividualismus der Teile, seien es Individuen, Institutionen oder sozietale Akteure, ... eine systematische Ethik des Ganzen wirksam werden", zumal der Staat „als die herkömmliche Verkörperung des Gesamtinteresses, als traditionale Formel für die Einheit der Gesellschaft, ... mit der Entwicklung zum Sozial-, Wohlfahrts- und Steuerungsstaat" ein spezifisches „,Interesse an sich selbst' entdeckt" hat (ebd., 129).

Die *Gesamtsystemethik* kann daher im Rahmen hochkomplexer Gesellschaften überwiegend nur noch mit Hilfe integrativer Instanzen aus der Interaktion aufgeklärter Teilsysteme resultieren: das jedenfalls ist der normative Anspruch der hier nur skizzierten Konzeption Helmut Willkes, die eine *anwendungsorientierte* allgemeine Systemtheorie zum Inhalt hat.

Hiernach fungiert *Reflexion* als Interaktionsprinzip differenzierter Teile, das den „Widerspruch zwischen Potenz und Riskiertheit" der funktional spezifizierten Teile eines interdependenten Ganzen „aufzuheben" in der Lage ist. Sie wirkt sich aus als eine „gesamtsystemisch erzwungene Selbstselektivität der Teile", die die Überzahl von Optionen auf „die sehr begrenzte Zahl intersubsystemisch kompatibler Optionen reduziert" (ebd., 129 f.). Die Reflexion als Selbstbeschränkung aufgrund der Einsicht in Integrations- und Steuerungszwänge des Gesamtsystems ist mithin eine Aufgabenstellung, die (sub)*systemisch* zu leisten ist. Der Hintergrund dieser Annahmen ist, wie bereits mehrfach herausgestellt, ein tiefgreifender *Funktionswandel des Staates* in entwickelten westlichen Gesellschaften; denn:

> „Die normativen Postulate des Sozial- und Wohlfahrtsstaates verpflichten den Staat zu gesellschaftsweiten Integrations- und Steuerungsleistungen, welche ohne Mitwirkung der betroffenen gesellschaftlichen Akteure weder konzipiert noch implementiert werden können. Dieser Prozeß hebt nicht nur die sozietalen Akteure in einen para-staatlichen Status; er verändert vor allem Funktion und Selbstverständnis des Staates: vom hoheitlichen Souverän zum primus inter pares, vom unparteiischen Dritten zum engagierten Beteiligten. Und es scheint, als mache es diese Umwälzung für alle

gesellschaftlichen Akteure notwendiger, an die Stelle der traditionellen Subordination und einseitigen Interessenartikulation eine reflektierte Mitverantwortung für das Ganze in Betracht zu ziehen." (ebd., 131)

Diese *Tendenzaussagen* (um mehr handelt es sich wohl nicht) sind bestenfalls plausibel. Die tatsächliche Praxis, z. B. der „Konzertierten Aktion", widerspricht in vielerlei Hinsicht dem hier Vorgetragenen (zumal es die „Konzertierte Aktion" auch nicht mehr gibt). Das spricht allerdings nicht gegen das womögliche funktionale Erfordernis einer *neuen Interaktionsgrundlage* zwischen Staat und gesellschaftlichen Teilen. Daß es sich um eine „Entwicklungslogik neuer Steuerungsinstrumente" handelt, bleibt bislang jedoch eher eine (steuerungstheoretisch interessante) Behauptung. Andererseits ist davon auszugehen, daß nur an Optionen angeschlossen werden kann, die im begrenzten Horizont der jeweils anderen Systeme stehen (und vice versa), so daß kombinatorische Gewinne, die erwartet werden, unter Umständen äußerst gering sind oder ganz ausbleiben.

Die Konzeption Willkes ist daher sehr voraussetzungsreich und über weite Strecken eher Wunschdenken als Realanalyse. Gleichwohl kann seinen systemtheoretischen Intentionen in handlungs(an)leitender Hinsicht durchaus zugestimmt werden, wenn er durchgängig ausführt, daß mit neuartigen Zusatzeinrichtungen der Interessenmediatisierung, Konsensbildung und Systemintegration der Grad an *Responsivität* wächst, insgesamt höhere Verkehrs- und Ausdrucksformen politischer Legitimität erreicht werden könnten. Der *empirische* Nachweis bleibt uns dadurch aber nicht erspart.

Zu kritisieren ist des weiteren, daß Willke vornehmlich organisationssoziologische Untersuchungen für seine Politikanalysen heranzieht, sich systemtheoretisch zu sehr auf „Staat" und „Regierung" kapriziert, „Diskurse" lediglich auf der Systemebene ansetzt, alles in allem zu sehr vom „zweiten" Handlungsbegriff her denkt, die gescheiterten Versuche mit nicht-hierarchischen Steuerungsweisen (z. B. die politikwissenschaftlichen Ansätze zur politischen Planung und Verwaltungsreform) ungenügend berücksichtigt hat (vgl. Ronge 1984). Für die Vermittlung von „erstem" (noch subjektnahen) Handlungsbegriff und „zweitem" Handlungsbegriff, eine von uns bevorzugte analytische Unterscheidung (Waschkuhn 1981), müssen demnach zusätzlich eher *handlungstheoretisch* orientierte Konzeptualisierungen und Problemlösungsversuche in Ansatz gebracht werden. Hierauf beziehen sich unsere Schlußüberlegungen (3.6), die systemtheoretisch noch ausbaufähig sind.

Schließlich kann festgestellt werden, daß Willke mit seinem *approach* zwar die politische Autonomie des Staates relativiert, den Staatsbegriff dennoch zu holistisch faßt. Vor allem wird von ihm — wie von den meisten Systemtheoretikern — die politische Tatsache des womöglich fundamentalen Regierungswechsels in der Konkurrenzdemokratie vernachlässigt. Allerdings können die jeweiligen politischen „Wenden" auch (anders intendierte!) *politische Inversionen* zur Folge haben oder von ihnen begleitet sein. wie jüngst Dietrich Thränhardt (1984) aufgezeigt hat.

Aber noch eine Eigenart westlicher Demokratien gilt es zu berücksichtigen, die gegenwärtig in der Diskussion ist, nämlich *Entdifferenzierungstendenzen*, die von den neuen sozialen Bewegungen gegen „Systemfunktionalität" in Gang gebracht werden. Unter *„Systemfunktionalität"* kann im weitesten Sinne mit Georg Vobruba folgendes Faktorenbündel als Symptomskala verstanden werden: „die zunehmende Aufhebung der Artikulationsmöglichkeiten eigen-sinniger Subjektivität zugunsten ihrer An- und Einbindung in gesellschaftliche Aggregate und deren Eigengesetzlichkeit" (Vobruba 1983, 159). Das Moment subjektiver Autonomie wird unterlaufen durch Funktionalisierung von Subjektivität: „Die relative Eigenständigkeit des Handelns wird gemäß den Systemerfordernissen funktionalisiert, individuelle Motive werden für die Erhaltung gesamtgesellschaftlicher Tatbestände mobilisiert" (ebd., 163). Und Handeln erfährt durch seine Inpflichtnahme für Systemzwecke eine Aufwertung zur systemgestaltenden Instanz mit der Konsequenz, daß dem Handeln nicht mehr der Spielraum zur Konstitution von gesellschaftlicher Rationalität eröffnet wird, „die aus der Summe aufeinander abgestimmter individueller Handlungsrationalitäten erwächst, sondern es ist vorweg auf Fortschreibung des Systemzusammenhangs festgelegt. Der Begriff der gesellschaftlichen Rationalität, in dessen Namen die Internalisierung von Systemerhaltung als Sachzwang stattfindet, ist vom Status quo usurpiert." (ebd., 163 f.)

Das liest sich gerade so, als ob einige der systemtheoretischen Annahmen insbesondere Luhmanns zur repressiven Wirklichkeit geworden sind — und so wird er ja auch vielfach politisch im Sinne eines

„pessimistischen Realismus" von denen rezipiert, die seine des öf-
teren aufblitzenden Zynismen für die Reproduktion tatsächlicher
politik-technokratischer Herrschaftsmuster halten, obwohl er hierfür insgesamt sicherlich viel zu abstrakt formuliert und seine Theorieanstrengungen schon deswegen überhaupt nicht in dieser Weise
„operationalisierbar" sind. Systemintegration auf der Theorieebene
und Sozialintegration aber sind auseinanderzuhalten, wenngleich
auch (stets asymmetrische) Entsprechungsverhältnisse vorliegen.
Der Widerstand gegen Systemideologien der geschilderten Art, sollten sie tatsächlich real wirkmächtig sein, kann dann zum *Planungswiderstand* und muß politiktheoretisch zum *Entdifferenzierungs-
postulat* führen (bis hin zur „Herrschaftsfreiheit" als einem kon-
struktiv verstandenen „Anarchismus").

3.5 Entdifferenzierungstendenzen in der modernen Gesellschaft

Eine systemtheoretisch anders akzentuierte Sichtweise, die teilweise quer zu gängigen Evolutionsannahmen steht, hat Harald Mehlich (1983 a, 1983 b) eingenommen und *partizipationstheoretisch* auszubauen versucht. Sein Ausgangspunkt ist, daß im Zeichen des postmaterialistischen Wertwandels und in Anbetracht der neuen sozialen Bewegungen in nahezu allen westlichen Demokratien (vgl. Barnes/Kaase 1979) *Planungswiderstände* („ziviler Widerstand") entstanden sind, so daß von einer „motivlosen Akzeptierung politischer Entscheidungen" seitens eines pauschal loyalen Publikums, so die Gedankenfigur Luhmanns, nicht mehr unbedingt und in allen Fällen gesprochen werden könne. Politik steht allgemein unter einem erhöhten *Rechtfertigungsdruck* und *Legitimationszwang*: „Es hat den Anschein, daß im Zuge des Wertewandels die Prämissen politischer Planung in einen tendenziell unüberwindbaren Kontrast zu den Wertorientierungen des politischen Publikums geraten sind, so daß die Frage naheliegt, ob langfristig überhaupt noch die Durchsetzung infrastruktureller Entscheidungen möglich sein wird. Die Implementation erweist sich jedenfalls immer deutlicher als Nadelöhr, vor dem sich ein Entscheidungsstau ungeahnten Ausmaßes angesammelt hat." (Mehlich 1983 b, 138)

Damit geht zugleich ein *Bedeutungsverlust* der repräsentativen Form von Demokratie einher und die Widerstandsmotive gewinnen aufgrund des prekären Sozialisationsklimas zum Teil eine „Eigendynamik", die auch den Gewalteinsatz nicht mehr völlig ausschließt (Gegenmachtbildung, „Gewalt gegen Sachen"). Planungswiderstand als eine bestimmte Form von Anomie und politisch dysfunktionaler Interpretation der „Publikumsrolle" kann zu einem „schwarzen Machtmarkt" im politischen System mit subversiven Folgen führen. Er kann in seiner Gesamtheit als ein konkurrierender Machtschwerpunkt, als eine Art Nebencode von Macht begriffen werden: „Planungswiderstand beruht dann auf der Überlastung des Hauptcodes und läßt sich als informale Macht begreifen, die gegenüber dem Hauptcode illegitim ist und einen lediglich inoffiziellen Stellenwert besitzt." (Mehlich 1983 a, 190)

Insofern Identität (i. S. von Systemidentität) einen jeweils spezifischen Modus der Abgrenzung von der Umwelt meint und sich auf die Selektionsweisen des politischen Systems gegenüber seiner Umwelt bezieht, läßt sich auch „nicht ausschließen, daß die gegenwärtigen Trends auf eine letztlich politisch destruktive ‚Identitätsdemontage' hinführen. Dies wäre gleichbedeutend mit dem Ende der funktional differenzierten Gesellschaft." (ebd., 195)

Die gegenwärtigen Protestphänomene stellen in *aktueller* Hinsicht die politisch-administrativen Handlungsvorgaben und Sollzustände infrage, *prinzipiell* damit verbunden ist die Frage, ob in der modernen Gesellschaft so etwas wie ein sachzwanghafter „Automatismus" in der Weise besteht, „daß, gleichsam als Antwort auf gesellschaftlichen Komplexitätsdruck, immer schon teilsystemfunktionale Lösungen generiert werden. Ob Gesellschaft in diesem Sinne als ultrastabiles System begriffen werden kann, steht nicht von vornherein fest." (ebd., 126) Im Gegensatz zum *funktionalen Differenzierungsprimat* moderner Gesellschaft und gegen ihre theoretischen Rechtfertigungs- und Begründungsmuster sind daher nach wie vor auf der realen Ebene gegenläufige Prozesse möglich, die dieses Leitprinzip unterlaufen. Neben den *evolutiven* Prozessen der *Ausdifferenzierung* sind somit unter bestimmten Umständen auch *devolutive Entdifferenzierungsprozesse* wirksam, die unter dem Gesichtspunkt der *Akzeptanz* vor allem die „Rollentrennung" von „Entscheidenden" und „Entscheidungsabnehmern" und damit die *kollektive Verbindlichkeit* politischer Entscheidungen nicht mehr hinreichend gewährleisten, wobei der Nebencode konkurrierender Macht kontextabhängiger und konkreter ist (und im Falle weiterer Expansion durchaus strukturwirksam werden kann).

Mit anderen Worten: „Dem Anspruch nach reklamiert die Politik zwar nach wie vor für sich die Kompetenz, Entscheidungen kollektive Bindungsfähigkeit zu verleihen und die Implementation zu sichern; aber angesichts des Umstandes, daß das Publikum sich bei der Artikulation seines Protestes nicht auf den institutionalisierten Instanzenzug des politischen Systems einläßt und unkonventionelle Wege des Widerstandes wählt, schwinden im Resultat die Möglichkeiten zur Unterscheidung von Entscheidenden und Entscheidungsabnehmern tendenziell. Zwar entscheidet die Politik nach wie vor, allerdings hat das protestierende Publikum eine erhebliche Verhinderungsmacht aufgebaut, die einer faktischen Entscheidungskompetenz gleichzusetzen ist. Der Protest gewinnt seine politische Virulenz vor allem aus dem Umstand, daß er an einer neuralgischen Stelle des politischen Prozesses, nämlich dem Nadelöhr der Planungsimplementation, ansetzt. Vor diesem Engpaß besteht schon jetzt ein erheblicher Implementationsstau infrastruktureller Planungsvorhaben, so daß bei anhaltenden Widerständen eine globale Implementationsunfähigkeit der Politik zu erwarten ist. Ein solcher Fall würde aber die Existenzberechtigung des politischen Systems unmittelbar in Frage stellen." (Mehlich 1983 b, 142 f.)

Unter *Entdifferenzierung* versteht Mehlich allgemein einen Prozeß, „der eine Auflösung ausdifferenzierter gesellschaftlicher Teilsysteme zur Folge hat, der also die moderne Gesellschaft als funktional differenzierte Gesellschaft in Frage stellt. Während man die Ausdifferenzierung gesellschaftlicher Teilsysteme als evolutionären Prozeß betrachten kann, handelt es sich bei *Entdifferenzierungstendenzen* um *Devolution*. Zentrales Merkmal von Entdifferenzierungsprozessen ist die Abkehr von zentralen Funktionsprinzipien moderner Gesellschaft, wobei der wichtigste Aspekt wohl in der Indirektheit und Unvermitteltheit der Handlungsbezüge liegen dürfte. Alle Tendenzen, die auf eine Verkürzung dieser funktionalen Interdependenzketten hinauslaufen, lassen sich als Entdifferenzierung bezeichnen." (ebd., 145)

In diesem Sinne kann auch das Institut der politischen Wahl als ein Mechanismus der Entdifferenzierung verstanden werden; denn hierbei handelt es sich um eine hochformalisierte, institutionell abgesicherte und temporäre Aufweichung zentraler Strukturprinzipien des politischen Systems, insofern zumindest partiell die etablierte Rollentrennung von Entscheidenden/Entscheidungsabnehmern aufgehoben wird. Ein weiteres Beispiel kann in der „Politisierung der Verwaltung" (vgl. Kevenhörster 1977) erblickt werden. Es ist daher die grundsätzliche Frage, die Mehlich aufwirft, bis zu welchem Grade Entdifferenzierungsprozesse jeweils als funktional/dysfunktional einzustufen sind und wann („Schwellenwert") sie zu Stabilitätsrisiken für das Gesamtsystem werden. Auf der anderen Seite stellt sich zugleich die Frage nach *Stabilisierungsoptionen*, die dem politischen System zur Verfügung stehen, wobei es offensichtlich ist, daß formale Mehrheiten als Legitimationsgrund politischen Handelns brüchig bzw. politiktheoretisch durchaus ambivalent zu beurteilen sind (vgl. Guggenberger/Offe 1984).

Den neuen Protestphänomenen, wie immer man sie politisch bewertet, ist insbesondere gemeinsam, daß sie ein *diffuses Unbehagen* artikulieren, „das daraus resultiert, daß immer mehr Subsysteme zweckrationalen Handelns in vormals lebensweltliche Sphären penetrieren" (Mehlich 1983 b, 138 f.), demgegenüber die „Forderung nach einem größeren Maße der Beteiligung am Zustandekommen politischer Entscheidungen" (ebd., 143) erhoben wird (Postulat der Partizipationsausweitung). Gefordert wird also ein „Mehr an materialer Demokratie", wobei eine relativ große Entfernung zwischen dem Wahlakt der Bürger und den anschließend tatsächlich vollzogenen Entscheidungen konstatiert wird (Mehlich 1983 a, 198 f.), so daß festgehalten werden kann: „Die politische Virulenz der mit den unkonventionellen Protesten verbundenen Partizipationsforderungen ist vor allem darin zu erblicken, daß die für die Stabilität des politischen Systems konstitutive Einhaltung offizieller Kanäle der Einflußnahme auf das Zustandekommen politischer Entscheidungen unterlaufen wird. Das institutionell vorhandene Partizipationsinventar des politischen Systems (Wahl) erweist sich zunehmend als unzureichend, um noch länger als adäquates Komplement für den vorhandenen Partizipationsdruck fungieren zu können." (Mehlich 1983 b, 144)

Will man angesichts des Politisierungs- und Partizipationsdrucks am Erfordernis funktionaler Differenzierung (und Spezifizierung) festhalten – und das ist eine *conditio sine qua non* für die Idee und Struktur der Moderne –, nimmt man also die funktionale Differenzierung als Ausgangsdatum, dann sind (im Sinne einer Stabilisierungsstrategie) Partizipationsformen zu institutionalisieren, die sowohl *system*integrative Legitimationseffekte als auch *sozial*integrative Partizipationseffekte erzielen (Mehlich 1983 a, 209). Die *Lebenswelt* als Basis zur Herstellung subjektiver Sinnentwürfe muß gegen den Durchgriff lebensweltfremder Rationalitäten geschützt werden durch Beteiligungsverfahren, die zusätzlich zum Arsenal der repräsentativen Formen inhaltsfixiertere und implementationsbezogene Modi politischer Beteiligung eröffnen. Eine wichtige „Stabilisierungsstrategie" wird dabei in dem Verfahren und der Konzeption der *Planungszelle* (Dienel 1978) gesehen, die als ein neuartiger „komplementärer Rollenkomplex" im politischen System (fallbezogen) fungieren kann, insofern hierdurch einerseits Optionen zur Intensivierung von Demokratie in einer mit den Bestandsbedingungen der modernen Gesellschaft kompatiblen Weise geboten, andererseits Variabilisierungseffekte der Politikimplementation erzielt werden können (vgl. Mehlich 1983 a, 239 f.).

Wir können auf das Modell der Planungszelle hier nicht detailliert eingehen (vgl. Waschkuhn 1984, 323 ff.), sondern nur einige Grundzüge herausstreichen. Es handelt sich um ein Laienplanungssystem, das als eine neue Form der Bürgerbeteiligung (ausgewählt nach dem Zufallsprinzip) in Analogie zum Geschworenenmodell die politische Sozialisation befördert, neue Informationen bereitstellt, in die Fähigkeit einübt, im langfristigen Interesse der Allgemeinheit zu denken, relativ schichtenneutral, universell und simultan verwendbar ist. Es bleibt aber im Status der (weithin unverbindlichen) politischen Beratung im Bereich der politischen Entscheidungsvorbereitung, so daß nur schwer zu sehen ist, wie mit diesem Konstrukt Widerstandsphänomene „pazifiziert" werden können. Allerdings ist es das Verdienst der Konzeptualisierungsversuche von Mehlich und Dienel, wieder verstärkt vom „*ersten*" Handlungsbegriff her zu denken und *induktives* Systemvertrauen ermöglichen zu wollen.

Indes verfehlen diese Ansätze weithin die *Intentionalität* der neuen sozialen Bewegungen (von der Bürgerinitiativbewegung, der Frauenbewegung über die Ökogruppen bis hin zur Friedensbewegung und politisch-parlamentarisch repräsentiert durch die neuen Parteiungen der Grünen und/oder Alternativen Listen). Die Dichotomie von „alter" und „neuer" Politik, die Zweiteilung in eine „Mehrheits-" und eine „Gegengesellschaft", verweist nämlich auch auf andere *Sinnzusammenhänge*. Die Stichworte einer sich ausbreitenden Zeitkritik (in der vielfältig „beschädigten Welt") lauten: Parteien-, Staats- und Politikverdrossenheit, Sinndefizit und Fortschrittsskepsis, Wachstumskritik und Wertwandel, Unsicherheit in der Operationalisierung von Zukunftsperspektiven sowie allgemein eine Verengung der Entscheidungs- und Handlungsspielräume von Politik. In diesem Kontext sind die neuen sozialen Bewegungen offenbar darin erfolgreich, neue *soziale Milieus* aufzubauen bzw. darin Wurzeln zu schlagen. Sie symbolisieren eine neue politische Kultur, die *lebensweltlich* verankert sein will.

Es geht bei diesen neuen sozialen Bewegungen, wie z. B. Wilfried Nelles ausführt, darum, „wie die Aufgaben, die in der herrschenden Ideologie dem Privatbereich zugeordnet werden, ohne daß dieser diese erfüllen kann, neu institutionalisiert werden können, mit anderen Worten, wie eine Sphäre nicht funktionalisierter Sozialbeziehungen gerettet werden kann." (Nelles 1983, 85) Die neuen sozialen Bewegungen als „Formen gesellschaftlicher Subjektivität" bzw. einer „Politik in erster Person", die eine positive Protestformation gegen die „Kolonialisierung der Lebenswelt" darstellen, kämpfen und streiten für eine relative Autonomie jenseits einer sie abweisenden Marginalisierung. Es sind insofern autonomistische Ansätze, die einen *neuen Lebensstil* vorbildhaft in Szene setzen wollen; sie sind „Zwischeninstitutionen" mit diskursivem Anspruch, der nicht durch Planungszellen abgearbeitet werden kann. Eine langfristige Stabilisierung des angestrebten *kommunikativen Handelns* setzt daher auch Entdifferenzierungsstrategien außerhalb der Lebenswelt voraus: „Deshalb bedürfen die praktischen Versuche zur Verteidigung bzw. Ausweitung einer rationalisierten, kommunikativ strukturierten Lebenswelt einer politischen Abstützung, wenn sie nicht partikularistisch und ständig in ihrer Existenz bedroht bleiben sollen." (ebd., 98)

Die alternativen Bewegungen sind daher als ein ganzheitliches kulturelles Phänomen zu begreifen, welche neue *Identitätsbildungsversuche* unternehmen, die vom „ersten" Handlungsbegriff her angeleitet sind; sie wollen als ein „unverwechselbares Ich" wahrgenommen werden und revoltieren gegen die „Nivellierung, Anonymisierung, Entwertung des Einzelnen, Konkreten, Einzigartigen und Lebendigen", sie wenden sich ab von der systemtheoretisch induzierten „*dominanten Entindividualisierung*" (Nelles 1984, 434); denn auch das vermeintlich *Private* ist zutiefst *politisch* (ebd., 436), sofern es *öffentlich* wird.

In politischer Dimensionierung kann als *Sinnregel sozialen und politischen Wandels* (prinzipiell und aktuell) somit festgehalten werden: „Wenn aufgrund spezifischer Struktur- und Problemlagen hochentwickelter Industriegesellschaften das Vertrauen in die etablierten Parteien und tradierten Verfahrenswege der parlamentarisch-repräsentativen Demokratie und der von ihnen vermittelten politischen Kultur schwindet, dann werden, wenn auch nicht im gleichen Maße, neue Beteiligungsformen oder -potentiale virulent, die im Rahmen der gesetzten Ordnung auf einen neuen Lebensstil verweisen und eine alternative politische Kultur mehrheitsfähig zu machen versuchen, die ihrerseits eine neue Legitimitätsgrundlage politischen Handelns bieten kann oder darstellen soll." (Waschkuhn 1984, 349)

Damit stehen wir erneut vor der (in dieser Arbeit durchgängig thematisierten) Frage, wie „erster" und „zweiter" Handlungsbegriff zu *vermitteln* sind. Wir wollen diese Fragestellung nunmehr im Kontext einer *politischen Institutionentheorie* einer politiktheoretisch überzeugenden Antwort und damit einer hoffentlich allseits akzeptierten *Problemlösung* zuführen, indem Partizipation und Vertrauen als Elementarformen politischer Praxis und Grundbedingungen demokratischer Rationalität als *intermediäre Vermittlungsinstanzen* der zwei Handlungsbegriffe (als auch konkurrierender Politikansprüche) aufgeboten werden.

3.6 Politische Institutionen, Partizipation und Vertrauen

Institutionen sind, allgemein gesprochen, ein universelles Merkmal menschlichen Zusammenlebens. Sie sind Manifestationsformen oder Symbolnetze von Handlungsregelmäßigkeiten oder -gewohnheiten, die im öffentlichen Gebrauch sind und soziohistorisch als auf „relative Dauer" gestellt zu betrachten sind. Hinzu kommt, ebenfalls noch sehr vereinfacht gesagt, daß durch Institutionen menschliche Bedürfnisse befriedigt und soziale Interaktionen strukturiert werden. Es werden damit zugleich Machtpositionen festgelegt, Handlungsmöglichkeiten ausgegrenzt, gesellschaftliche Freiheitschancen eröffnet und individuelle Freiheitsschranken errichtet. Institutionen sind auch Regeln in unseren Köpfen und eine kollektive Gedächtnisstütze einmal getroffener, verbindlicher und verpflichtender Festlegungen (vgl. u. a. Höffe 1980). Institutionen stehen somit im Spannungsfeld und Bedingungszusammenhang von Bedürfnissen und Interessen, sozialen Normen und kulturellen Werten, im Kontext von Arbeit, Sprache, Interaktion und Herrschaft.

Politische Institutionen sind hierbei in systemtheoretischer Sicht, wie wir gesehen haben, auf den Bereich der Herstellung allgemeinverbindlicher Entscheidungen und ihre Durchsetzbarkeit bezogen. Im weitesten Sinne strukturieren sie den gesamtgesellschaftlichen Meinungs-, Willensbildungs- und Entscheidungsfindungsprozeß, der demokratietheoretisch auf eine kommunikative Öffentlichkeit ausgerichtet ist. Im Blick auf die prozessual-dynamische Kategorie des sozialen und politischen Wandels müssen nicht nur Institutionalisierungsleistungen für eine Sozietät als funktional notwendig oder „eufunktional" erachtet werden, sondern es sollten auch vermeintlich „dysfunktionale" Entinstitutionalisierungsprozesse möglich sein, die wiederum zu neuen Institutionalisierungen führen, indem sie mehrheitlich anerkannten oder kollektiv zu vereinbarenden Sinngehalten entsprechen, die eine neue soziokulturelle Gemeinsamkeit als nunmehr „selbstverständlich" begründen bzw. neu definieren, jedoch im geschichtlich-gesellschaftlichen Prozeß nach wie vor modifiziert und überschritten werden können. Damit ist zugleich die jeweils gesellschaftsspezifische Frage nach der Öffentlichkeit und Verbindlichkeit von Herrschaft, von systemisch strukturierten Handlungs- und Entscheidungsregeln sowie ihrer Legitimation gestellt, insofern jede politische Kultur ihre eigenen Werte und Normen instituiert, woran sich die vergesellschafteten Individuen für ihren Handlungs-vollzug nach Möglichkeit zu orientieren haben.

Der Sozialphilosoph und Soziologe Arnold Gehlen (1904–1976) hat – vor allem in seinen einschlägigen Werken „Der Mensch" und „Urmensch und Spätkultur" – eine anthropo-biologisch fundierte Institutionenlehre ausgearbeitet, wobei wir auch hier zwischen *zwei* sich gegenüberstehenden *Handlungsbegriffen* eine analytische Unterscheidung vornehmen können.

In seiner elementaren Anthropologie stellt Gehlen die zweckrational gerichtete Naturveränderung ins Lebensdienliche, also die Verfügbarmachung von „Welt" als primäres Erfordernis des instinktreduzierten „Mängelwesens" Mensch heraus. Es erhebt sich dabei die (auf die Institutionenproblematik bezogene) grundsätzliche Frage, wie der gegenüber der Animalität auf das Konstituens eigener Handlung in der Welt verwiesene Mensch überhaupt zu kulturspezifischen Regelmäßigkeiten als seiner gleichsam „zweiten Natur" gelangen kann: „So fragen, heißt das Problem der Institutionen stellen. Man kann geradezu sagen, wie die tierischen Gruppen und Symbiosen durch Auslöser und durch Instinktbewegungen zusammengehalten werden, so die menschlichen durch Institutionen und die darin erst ‚sich feststellenden' quasiautomatischen Gewohnheiten des Denkens, Fühlens, Wertens und Handelns, die allein als institutionell gefaßte sich vereinseitigen, habitualisieren und damit stabilisieren. Erst so werden sie in ihrer Vereinseitigung gewohnheitsmäßig und einigermaßen zuverlässig, d. h. voraussehbar." (Gehlen 1978, 79)

Insbesondere geht es darum, *Institution* und *Handlung* miteinander zu verflechten; denn: „Alles gesellschaftliche Handeln wird nur durch Institutionen hindurch effektiv, auf Dauer gestellt, normierbar, quasiautomatisch und voraussehbar" (Gehlen 1977, 42) und „der Stoff, aus dem die Institutionen sich erheben, sind wiederum die ineinander verschränkten, regulierten, obligatorisch gewordenen wirklichen Handlungen selbst" (ebd., 9). Jedoch verbürgt ein primär an den Sacherfordernissen lebensdienlicher Handlung unmittelbar orientiertes, subjektiv-zweckmäßiges Verhalten nicht unbedingt auch ein gut verspanntes, daseinssicherndes Institutionennetz, vielmehr muß nach Gehlen ein *ideatives Bewußtsein* hinzukommen, um die perspektivisch verorteten sekundär-objektiven Zweckmäßigkeiten festzuhalten: „Die Institutionen halten also objektive, übergreifende

Zweckmäßigkeiten fest, sie kristallisieren sie, nachdem sie durch ein ideatives Verhalten freigelegt wurden, und deshalb ist ihre Idée directrice, ihre Führungsnorm stets diejenige Idee, an der sich das ideative Bewußtsein zuerst orientiert hatte." (Gehlen 1978, 403)

Der ideative Topos selbst wird zum Leitmotiv, zum cantus firmus sozialer Interaktionen, um den Menschen auf Dauer zu *entlasten* von der Drangsal subjektiver Motivationen und fallweiser Entscheidungszumutungen — und das ausdifferenzierte Ensemble gesellschaftlicher Institutionen tritt sodann in die „*Selbständigkeit des Eigenauthentischen*" ein. Dadurch gibt Gehlen den „kurzschlüssigen Funktionalismus" seiner Anthropologie auf, deren adäquate Praxisform („*erster*" Handlungsbegriff) sonst im bedingungslosen Herstellen praktisch-technischen Verfügenkönnens läge, zugunsten einer der Tendenz nach positiven Ontologie der Institutionen. Im Zusammenhang der Vermittlung von Individuum, Außenwelt und Gesellschaft wird von Gehlen jetzt das „rituell-darstellende Verhalten" als affirmativer („*zweiter*" Handlungsbegriff) eingeführt. Der „Ritus" ist exemplarisch für darstellendes Verhalten und das „Darstellen" wiederum der gesuchte Gegenbegriff zum „Verfügen" zweckrationaler Handlungen (das war der „erste" Handlungsbegriff). Allein im Darstellungscharakter menschlichen Weltverhaltens wird das Gesollte für Gehlen gegenständlich und *verobjektiviert* sich zum Seienden: der *darstellende Ritus* wird zum Webmuster gesellschaftlicher Institutionen (vgl. Weiß 1971).

Die Strukturaffinität von darstellendem/institutionalisiertem Verhalten befördert die tätige Identifikation zu einer mimetischen Hinnahme, und durch das „Sich-konsumieren-lassen" seitens omnipotenter (und zugleich unverfügbarer) Institutionen soll für den Menschen die „Geburt der Freiheit aus der Entfremdung" glücken. Ein analoges Problemverständnis zeigt sich bei den institutionstheoretischen Ansätzen von Talcott Parsons und Niklas Luhmann, wie oben bereits kurz dargetan. So gelangt Parsons vom „unit act" seines voluntaristisch akzentuierten Handlungsbezugsrahmens mittels eines normativen Integrationsansatzes, durch Interpenetration und vertikale Differenzierung von Teilsystemen, zu einem strukturell-funktionalen Systemverständnis: die dyadische Interaktion von ego-alter verschränkt sich zu einem System neuer Ordnung, das aus typisierten Verhaltensformen besteht. Hier ist in Entsprechung zu Gehlen im Verlaufe der Theorieentfaltung gleichfalls eine Schwerpunkt-verlagerung des analytischen Blickwinkels hervorzuheben, insofern statt des „ersten" Handlungsbegriffes *voluntaristischer Subjektivität* jetzt ein *generalisiertes „Systemhandeln"* in den Vordergrund rückt („zweiter" Handlungsbegriff), das sich in der Verschränkung des Rollenbegriffs mit dem des Handlungssubjektes äußert und auf *Institutionen* bezogen ist.

Der (bei Gehlen und Parsons) *„erste"* Handlungsbegriff − „zweck-rationales Instrumentalhandeln" bzw. „voluntaristischer Handlungs-akt" − ist *subjekt*orientiert, während der *„zweite"* Handlungsbe-griff − „rituell-darstellender Verhaltenstypus" resp. „verallgemeiner-tes Systemhandeln" − auf *Institutionen* gerichtet ist. Die „Institu-tionalisierung" erweist sich im Rahmen dieser Theorien als ein „ge-neralisiertes Mißtrauen" (positiv als „Entlastung" verstanden) ge-genüber den zumindest potentiell mit kritischer Vernunft, argumen-tativem Sprachvermögen und sinnhaften Politikvorstellungen begab-ten (und hierin womöglich verständigungsorientierten) konkret han-delnden Menschen. Mit der institutionstheoretischen Akzentuierung erlischt bei Parsons und Gehlen zugleich die Bedeutung des noch subjektnahen Handlungsverständnisses, das fortan als hierin aufgeho-ben gilt: Handeln wird zu weithin rezeptivem oder adaptivem Ver-halten generalisiert.

Die analytische Unterscheidung zwischen einem (subjektnahen) „ersten" und einem (systemisch-institutionsbezogenen) „zweiten" Handlungsbegriff betrachten wir − im Sinne von „Problembegriffen" − für das Institutionenthema und die allgemeine Systemtheorie als heuristisch sinnvoll. Wir können uns insoweit auch auf Hans Hafer-kamp beziehen, wenn er in bezug auf die „Struktur elementarer so-zialer Prozesse" von einem *Veränderungs- und Verdinglichungszir-kel* spricht:

> „Das auf die Produktionen, Typifikationen, Verteilungen und Verinner-lichungen folgende soziale Handeln kann eine Wiederholung vergangenen Handelns sein. Bei dauernden Wiederholungen handeln die Akteure immer in vorgegebenen Handlungsbahnen. Sie erkennen nicht mehr die Wirklich-keit als eine von ihnen geschaffene und daher auch zu verändernde. Wir nennen diesen Zusammenhang Verdinglichungszirkel. − Andererseits be-steht die ursprüngliche Produktivkraft fort. Sie läßt neue Zusammenhän-ge von Produktionen, Typifikationen, Verteilungen und Verinnerlichun-gen entstehen. Wir nennen diesen Zusammenhang Veränderungszirkel."
> (Haferkamp 1973, 197)

Es ist offensichtlich, daß beide Dimensionen im Lichte einer *dynamischen Institutionentheorie* zusammengebracht werden müssen. Ebenso wie wissenschaftstheoretisch „individualistische" und „kollektivistische" Erklärungsansätze als *komplementäre* Anschlußtheorien zu begreifen sind, müssen Form und Substanz, Institutionalisierungs- und Entinstitutionalisierungsprozesse gleichermaßen theoretisch-analytisch (zudem in systematisch-vergleichender wie gesellschaftskonstruktiver Weise) erfaßt werden. Die meisten Institutionentheoretiker kaprizieren sich indes auf die von ihnen *hypostasierte Systemebene*, die mit dem „zweiten" Handlungsbegriff angezielt wird, während der „erste" Handlungsbegriff lediglich für die — sozusagen „einmalige" und weit zurückliegende — Institutionen*genese* als konstitutiv erachtet wird.

Eine rigorose Betrachtungsweise *vom System her* bevorzugt, wie wir aufgewiesen haben, vor allem Niklas Luhmann. Die Individuen nehmen im Hinblick auf das „Erleben" von Politik *Publikumsrollen* ein, insofern ihnen weithin nur ein „nahezu motivloses, selbstverständliches Akzeptieren bindender Entscheidungen" verbleibt. Luhmanns Systemphilosophie weist dabei zahlreiche Analogien zur Konzeptualisierung Gehlens auf: „Als Konsequenz folgt bei beiden Ansätzen, daß Institutionen bzw. Systeme qua Selektionsleistung, d. h. durch ihre notwendige Voraussetzung für menschliches Handeln und Überleben, Eigenwert bzw. ontologischen Status erhalten." (G. Schmid 1974, 129) Demgegenüber ist der Ansatz von Parsons insofern vergleichsweise subjektfreundlicher, da er „Harmonisierungen" vorsieht und die voluntaristische Ausrichtung bei ihm nicht völlig in Vergessenheit gerät, sondern lediglich „entproblematisiert" wird aufgrund normativ-systemintegrativer Bezüge. Richard Münch schließlich versucht, die Handlungsausrichtung systemtheoretisch einzufangen bzw. die systemtheoretischen Relationen auf Handlungen zurückzuführen. Institutionen sind für Münch nur angemessen zu verstehen, wenn sie unter dem Gesichtspunkt der *Interpenetration* verortet werden: eine Institution ist als ein spezifiziertes normatives Muster anzusehen, dessen „Überlebenserfolg" von der Einbettung in die lebensweltliche Tradition einer Gemeinschaft, von der Durchsetzung durch Machtmobilisierung und Charisma sowie von der Anpassung an situativ wechselnde Lernerfahrungen, Interessen und Nutzenkalkulationen abhängig ist bzw. beeinflußt wird (Münch

1984, 51). Institutionen als *Muster kollektiver Ordnungen* gehen dabei jedoch nicht in der verfestigten Regelhaftigkeit auf unter Vernachlässigung des konkreten Individuums, das seinerseits die vier Aspekte der Bedürfnisstruktur, Persönlichkeit, kollektiven Mitgliedschaft und kulturellen Identität umfaßt (ebd., 53 ff.)

Im Hinblick auf einige Positionen und Ergebnisse der hier nur kurz erläuterten *allgemeinen Institutionentheorie*, vor allem in bezug auf das Spannungsfeld und den Begründungszusammenhang von Institutionen, ist zunächst festzuhalten: Wir kommen an Institutionen als Handlungsregelmäßigkeiten, die ihrem Anspruch nach auf relative Dauer gestellt sind, nicht vorbei; was aber mitbegriffen und mitanalysiert werden muß, ist der den soziopolitischen Wandel bestimmende Umstand, daß es sich stets um *Institutionalisierungs- und Entinstitutionalisierungsprozesse* handelt. Hierbei ist weder die Systemebene zu hypostasieren noch das vereinzelte Handlungssubjekt zu verabsolutieren, insofern *politisches* Handeln per definitionem *kollektives* Handeln ist und im Ergebnis auf Institutionalisierungen gerichtet ist. In die Institutionentheorien insbesondere von Gehlen, Parsons und Luhmann (cum grano salis auch von Münch) sind jedoch die kollektiv handelnden „Menschen" und ihr Sinnverständnis, gerade in Rücksicht auf den Institutionen*wandel*, wieder „einzubringen" (d. h. es ist auch dem „ersten" Handlungsbegriff erneut Aufmerksamkeit zu schenken bzw. dieser wieder stärker zu akzentuieren im Sinne „lebensweltlicher" Ansprüche). Auf keinen Fall kann, erkenntnistheoretisch betrachtet, so vorgegangen werden − und dazu neigt die moderne Systemtheorie −, als ob das System den Menschen mit seinen interaktiven Handlungsstrukturen, Interessen und Bedürfnissen erst a posteriori *setzt*. Andererseits ist nicht unbedingt ein „Diskursuniversum" anzustreben und es muß auch nicht „Herrschaftsfreiheit" erzielt werden, sondern konkret geht es um die Legitimität, Qualität und Organisation *öffentlicher Herrschaft*, die auf Institutionen gestellt ist.

Des weiteren läßt sich resümieren:

− Institutionen sind Manifestationen von „Leitideen", ihnen korrespondiert ein „ideatives Bewußtsein", das auf der Subjektseite „soziale Individualitäten" mit institutionalisierten Rollenintegraten oder werthaft festgelegten Sinnpräferenzen begründet.

- Institutionen als regulative Sinnsynthesen befördern der Tendenz nach einen affirmativen Handlungstypus des „rituell-darstellenden Verhaltens" (Gehlen) oder „verallgemeinerten Systemhandelns" (Parsons), so daß der voluntaristische oder zweckrationale Handlungsbegriff nicht mehr disponibel ist.
- Institutionen sind auch Regeln in unseren Köpfen bzw. „Objekte, die in uns wohnen" (Hauriou 1965, 28), d. h. ihre Normenstruktur wird über Sozialisationsprozesse internalisiert und auf legitimitätserzeugende Werte des übergeordneten kulturellen Systems bezogen (Parsons).
- Institutionen vereinseitigen, habitualisieren und stabilisieren Handlungsgewohnheiten zu kulturspezifischen Regelmäßigkeiten (Gehlen) des „Erlebens und Handelns" (Luhmann), die dank der „Hintergrunderfüllung" von Vitalinteressen (Gehlen) sowie ihres Entlastungs- und Verpflichtungscharakters wegen dazu führen (oder auch verleiten können), „Konsens erfolgreich zu überschätzen" (Luhmann).
- Institutionen haben eine Verselbständigungs- oder Verdinglichungstendenz zum „Eigenauthentischen", dem aus anthropologischen Gründen eine „institutionelle Selbstentfremdung des Menschen" als Bedingung der Möglichkeit seiner besonderen „Freiheit" entspricht, sich von den Institutionen „konsumieren" zu lassen (Gehlen), auch politisch verstanden im Sinne eines „nahezu motivlosen, selbstverständlichen Akzeptierens bindender Entscheidungen" (Luhmann).
- Institutionen bleiben generell zustimmungsbedürftig; sie sind auf „Gemeinsamkeitsbekundungen" (Hauriou, Deutsch) oder auf einen „Vertrauensvorschuß" („sozialer und politischer Kredit") angewiesen, um ihren normativen Verbindlichkeitsanspruch aufrechterhalten zu können; sie müssen reflexiv werden und bedürfen der Institutionalisierung selbst (Luhmann).
- *Politische Institutionen* sind, vor allem in *systemtheoretischer* Perspektive, auf den Bereich der Herstellung allgemeinverbindlicher Entscheidungen und ihre Durchsetzbarkeit (über das Medium der Macht als „Steuerungssprache" und/oder die Mobilisierung spezifischer Ressourcen) bezogen; sie dienen der Erfassung/Reduktion von „Weltkomplexität" und der subsystemspezifischen Steigerung von „Eigenkomplexität" in Rücksicht auf die Herausforderungen, Erwartungen und Ansprüche der (internen/externen) Umwelten.
- Institutionen strukturieren im *weitesten* Sinne den gesellschaftlichen Meinungs-, Willensbildungs- und Entscheidungsfindungsprozeß im Kontext von Arbeit, Sprache, Interaktion und Herrschaft. Im *engeren* Sinne werden damit zugleich Machtpositionen festgelegt, Handlungsmöglichkeiten ausgegrenzt, gesellschaftliche Freiheitschancen eröffnet und individuelle Freiheitsschranken errichtet.
- *Ungelöst,* theoretisch-analytisch wie praktisch, bleibt das Problem oder die Fragestellung, *wie* „erster" und „zweiter" Handlungsbegriff in demokratietheoretisch überzeugender Weise „zusammengebracht" werden können, will man nicht den einen Aspekt vernachlässigen, den anderen

überbetonen, was handlungs- und systemtheoretisch gleichermaßen unbefriedigend ist und institutionstheoretisch „aufgehoben" werden müßte im Sinne einer „dynamischen Institutionentheorie" (wenngleich die meisten Institutionentheoretiker dazu neigen, die System- bzw. Institutionenebene zu hypostasieren).

Gerade der letzte Punkt ist erneut aufzugreifen, da er im Zentrum der institutions- und/oder systemtheoretischen Diskussion steht. Hierbei werden von mir *Partizipation* und *Vertrauen* als die Subjektseite und die Institutionenebene *vermittelnde* Kategorien eingesetzt (Waschkuhn 1984).

Auszugehen ist davon, daß bereits der Begriff der Gesellschaft einen umfassenden Handlungszusammenhang meint, der vieldimensional ist. Im Hinblick auf das ausdifferenzierte politische Teilsystem (im traditionellen Verständnis: Staat und Regierung) sind grob gesehen zwei Perspektiven möglich: Beteiligung an oder Vertrauen in Politik, wie sie ausgeübt werden sollte oder (raumzeitlich gebunden) tatsächlich gehandhabt wird. Diese Unterscheidung ist noch zu einfach, wenngleich bereits hier festgestellt werden kann: Partizipation und Vertrauen sind *Elementarformen* politischer Praxis und *Bedingungen* demokratischer Rationalität. In politikwissenschaftlicher Sicht kann zwischen einem „induktiven" und einem „deduktiven" Vertrauen unterschieden werden (Bußhoff 1975, 188 ff.). Deduktives Vertrauen (z. B. in die Regierung) und induktives Vertrauen (in bezug auf politisch neu einzubringende Sinnvorstellungen, z. B. seitens der sog. „neuen sozialen Bewegungen") verweisen zugleich auf unterschiedliche Partizipationsgrade und -formen. Man könnte auch formulieren: *deduktives* Vertrauen ist *output*-bezogen, *induktives* Vertrauen ist *input*-orientiert. Während deduktives Vertrauen nur indirekt auf Partizipation verwiesen ist, ist induktives Vertrauen direkt auf Partizipation gestellt. Hierzu gehören „Handelnkönnen" (Handlungskompetenz) und „Regelverständnis" (rule understanding) als ihre Verursachungskapazitäten, die aufeinander bezogen sind und darüber entscheiden, was sachlich jeweils kontinuiert/diskontinuiert werden kann und soll: *Handelnkönnen* hängt ab von den situativen Umständen sozialen Handelns sowie der Artikulations-, Organisations- und Konfliktfähigkeit der Betroffenen und Interessierten; *Regelverständnis* setzt die Informiertheit über die konstitutionellen/institutionellen Rahmenbedingungen sowie Geltungsüberzeugungen von Politikinhalten im jeweiligen System bzw. das

Eingewiesensein in die spezifischen Strukturen und Entscheidungs-
hierarchien im konkreten Anwendungsfall – für das fokale (Sub-)
System und sein konstellatives Umfeld – voraus.
Wir können insoweit festhalten:

(1) Politische Aktivität ohne handlungsbegleitende Regelkenntnis ist in
bezug auf ihre Durchsetzungschancen sinnlos, wenn man den „revolutionären Sprung" (jedenfalls für hochentwickelte Industriegesellschaften) einmal außer Betracht läßt; (2) Regelverständnis ohne *aktuelle* Handlungs-
bereitschaft kann als politische Teilnahme aufgrund eines normativ-legi-
timatorisch geltenden und/oder sozialdominanten deduktiven Vertrauens
betrachtet werden; (3) *manifeste* Handlungsabsichten *und* Regelverständnis kennzeichnen demgegenüber politische Beteiligungsformen aufgrund
eines überwiegend induktiven Vertrauens ihrer Handlungsträger. (4) Der
jeweilige Anlaß des Versuchs der Umsetzung von bislang vernachlässigten
Handlungszielen in gesellschaftliche Praxis sowie die Aussichten ihres allgemeinverbindlichen Vollzugs können als „Schnittpunkte" verallgemeinerungsfähiger Interessen im Spannungsfeld von Ideologie und Realität
bezeichnet werden, die auf die gesellschaftlich wiedereinzuholende oder
i n s t i t u t i o n e l l erneuerungsbedürftige *Koordination induktiven/de-*
duktiven Vertrauens im Rahmen einer dynamisch-responsiven Demokratie verweisen.

Hierbei handelt es sich um analytische Unterscheidungen, die in der
Realität nicht so einfach zu trennen, sondern aufeinander bezogen
sind. Dennoch kann eine tendenzielle Gewichtung der Relationengefüge und Korrelationsverhältnisse dahingehend erfolgen, daß deduktives Vertrauen sich im Kontinuum von Partizipation und Vertrauen eher hinordnet zum „pauschalen Systemvertrauen" ohne (jedenfalls nicht direkte) Partizipation und damit *Abhängigkeitsstruk-*
turen befestigt, induktives Vertrauen hingegen als „*Machbarkeits-*
vertrauen" auf direkte Partizipation angewiesen ist. Mit anderen
Worten: Die allgemeine Institutionentheorie, wie wir sie in den
Grundzügen erörtert haben, bevorzugt deduktives Vertrauen („von
den Institutionen abgeleitet") und vernachlässigt (auch aufgrund
der „Funktionalisierung von Subjektivität") die partizipationsbe-
tonte induktive Vertrauenskomponente, die auf schöpferisch zu Ge-
staltendes hindrängt. Für eine *dynamisch-responsive Demokratie*
(Uppendahl 1981) als Manifestationsform öffentlicher Herrschaft,
die auf Institutionalisierungs- und Entinstitutionalisierungsprozesse
gestellt ist, kommt es insbesondere darauf an, induktives und deduktives Vertrauen zu *koordinieren*.

In Rücksicht auf politisches Handeln ist im Falle *deduktiven* Vertrauens die „Erwartungssicherheit" nach festgelegten Regeln ableitbar, Vertrauen mithin als institutionalisiert bereits vorhanden, Partizipation also nicht unbedingt erfordert oder veranlaßt, während für *induktives* Vertrauen die aktive Teilhabe an einem politischen Kommunikations- und Lernprozeß unerläßlich oder geboten ist.

Die meisten demokratietheoretischen Problemstudien (natürlich nicht die partizipatorischen, die zum anderen Extrem neigen) und auch die funktionalistischen Systemmodelle behandeln demgegenüber nahezu ausschließlich ein deduktives Vertrauen (jedenfalls der Sache, nicht dem Begriff nach) im Hinblick auf das Verhältnis der politischen „Eliten" zum (Wahl-)„Publikum" und erachten die außerhalb des formalen Wahlaktes sozialdominante Apathie (oder „Massenloyalität") als einen Indikator für politische Stabilität. Instituierendes „induktives Vertrauen" im Zusammenhang mit Partizipationsausweitungen und neu zu institutionalisierenden Einwirkungschancen auf die gesamtgesellschaftliche Sinngebung durch eine Politik „in erster Person" aufgrund gegen das „Erleiden von Politik" gerichteter, prinzipieller „Betroffenheit" und sozialer Phantasie wurde bislang eher für „anomisches" Verhalten gehalten (und nicht etwa als eine aktiv-authentische Form politischer Praxis angesehen), das politiktheoretisch als marginal zu bewerten sei.

Hinter dieser politisch-symbolischen Fehleinschätzung steht nicht nur ein herkömmliches Politik-, sondern auch ein traditionelles Institutionenverständnis, nach welchem unter *politischen Institutionen* insbesondere die Staatsorgane (z. B. Regierung, Parlament) und bestimmte Organisationen (z. B. Parteien, Gewerkschaften) oder Verfahrensregeln (z. B. Wahl, Mehrheitsprinzip) verstanden werden. Aber auch hier hat sich die sozialwissenschaftliche Perspektive (und Terminologie) durchgesetzt. So wird die Regierung (government) im Anschluß an Easton als Teilkategorie des umfassenderen Konzepts des politischen Systems angesehen, die den Umwandlungsprozeß von „inputs" in „outputs" leistet bzw. die Funktion erfüllt, allgemeingültige Regeln zu erlassen (rule making), diese auszuführen (rule application) und um ihre Einhaltung besorgt zu sein (rule adjudication). Ohne hier auf Einzelheiten eingehen zu können, ist für den gesamten Bereich der wirtschaftlichen, sozialen und politischen Institutionen von einer *funktionalen Politikverflechtung* auszugehen.

Man kann aber auch von einer *Selektivität politischer Institutionen* sprechen, insofern bereits die *institutionelle Struktur* wie ein „Filtersystem" wirkt und neben bestimmten Handlungsregeln auch Ausschließungsregeln und „non decisions" produziert (Offe 1972, 65 ff.). Auch für Wahlen gilt, daß „nicht alles" gewählt werden kann bzw. der Einfluß (z. B. im Hinblick auf die Kandidatenaufstellung) ungleich verteilt ist. Darüber hinaus muß die Tendenz zur „Selbstperpetuierung der Machtpositionen politischer Eliten" (Offe 1984, 161) als problematisch eingestuft werden. Ebenso ist die Mehrheitsregel als Entscheidungsprinzip zumindest dann ambivalent zu beurteilen, wenn Entscheidungen in existentiell wichtigen Fragen anstehen, die hochrangig streitbefangen und deren Folgen womöglich irreversibel sind. Die aktuelle Diskussion um die „Grenzen der Mehrheitsdemokratie" (Guggenberger/Offe 1984) muß daher als ein Indiz dafür gewertet werden, daß Institutionen, verstanden als *öffentliche Regelsysteme*, in Rücksicht auf ihren Geltungs- und Verpflichtungscharakter trotz der ihnen eigentümlichen „Beharrungskraft" (aufgrund ihres systemischen „Eigensinns", dem stets ein Autoritätsgefälle anhaftet) selbst dem Wandel unterworfen sind.

Eine politikwissenschaftliche Institutionentheorie muß daher (im Unterschied zur Institutionenkunde) die Auseinandersetzungen um den postmaterialistischen Wertwandel (Barnes/Kaase 1979, Klages/Kmieciak 1981) und vieles mehr in diskursiver Weise miteinbeziehen. Praktisch gewendet sind im Lichte einer Konzeption differenzierter legitimer Politik stets aufs neue responsive *Vermittlungs- und Konsensualisierungsprozesse* in möglichst allen Politikfeldern und Lebensbereichen zu instituieren. Im Hinblick auf ein neues Paradigma politischer Ordnung kann insoweit dem legitimationstheoretischen Axiom von Karl W. Deutsch gefolgt werden: „Die Zeiten, wo eine Regierung in allen Fragen für das Volk entscheiden konnte und von ihm gebührenden Dank und Passivität erwartete, sind im Schwinden. Immer stärker bricht die Notwendigkeit hervor, eher *mit* den Menschen als *für* sie zu handeln." (Deutsch 1976, 510) Der „erste" Handlungsbegriff und „induktives" Vertrauen sind daher für eine dynamische Institutionentheorie kategorial unerläßlich.

Partizipation und Vertrauen werden dabei keineswegs maximalistisch verstanden. So ist in diesem Zusammenhang hervorzuheben, daß insbesondere induktives Vertrauen Demokratisierungsprozesse in allen gesellschaftlichen Teilsystemen voraussetzt, deren Grenzen dort liegen, wo deduktives Vertrauen sich noch oder wieder als sozialdominant erweist. Insgesamt zielt unser Ansatz auf eine *rational-aktivistische* politische Kultur. Hierunter versteht die politische Kulturforschung, die sich stark an die allgemeine Systemtheorie angelehnt hat, einen kulturellen Typus, bei welchem der Bürger ebenso rational wie informiert handelt, nach allgemeinen Prinzipien und aufgrund seines kalkulierten Selbstinteresses, so daß hier von einem *input*-orientierten Modell rational motivierter politischer Partizipation ausgegangen werden kann (Reichel 1981, 31).

Der „erste" und der „zweite" Handlungsbegriff sind dabei als *reziproke Sinnvermittlungsebenen* zu begreifen. Systemtheoretisch ist die theoretische Sprache mit der kommunikativen Wirklichkeit zu verknüpfen, politikwissenschaftlich eine Interpenetration von Theorie und Empirie herzustellen, die Partizipation und Vertrauen als Elementarformen politischer Praxis und Bedingungen politischer Rationalität begreift und zugleich gesamtgesellschaftliche Sinnangebote des Politischen unterbreitet. Die Systemtheorie muß künftig stärker *demokratietheoretisch* akzentuiert sein, sie muß Handlungsoptionen erlauben, anbieten, problematisieren, auszeichnen und anregen. Dabei darf der status quo nicht überhöht werden, dürfen Institutionen nicht verdinglicht, sondern müssen für sozialen und politischen Wandel offen sein. Insgesamt ist in die allgemeine Systemtheorie noch mehr politikwissenschaftliche Phantasie zu investieren, und es muß ein innovativer Raum verbleiben auch für die Konkretisierung von Utopien, die in der Gestalt *kollektiver Rationalitäten* die Steigerungsfähigkeit individueller Freiheitschancen schon vom Ansatz her mitbegreifen und substantiell einschließen (Goodwin 1984). Diese Anstrengung wird sicherlich mühsam, aber nicht vergebens sein.

Literaturverzeichnis

Acham, Karl, 1983: Philosophie der Sozialwissenschaften, Freiburg/München

Ackermann, Paul, Landfried, Klaus, Wagner, Adolf, Wehling, Hans-Georg, 1980: Politik. Ein einführendes Studienbuch, Hamburg

Ackoff, Russell L., Emery, Fred E., 1975: Zielbewußte Systeme. Anwendung der Systemforschung auf gesellschaftliche Vorgänge, Frankfurt/M.—New York

Adriaansens, Hans P. M., 1980: Talcott Parsons and the conceptual dilemma, London

Alemann, Ulrich von (Hrsg.), [2]1978: Partizipation—Demokratisierung—Mitbestimmung, Opladen

Alexander, Jeffrey C., 1982: Theoretical Logic in Sociology, 4 Bde., Vol. I: Positivism, Presuppositions, and Current Controversies, London u. Henley, Vol. II: The Antinomies of Classical Thought: Marx and Durkheim, Berkeley, Los Angeles, Vol. III: The Classical Attempt at Theoretical Synthesis: Max Weber, Vol. IV: The Modern Reconstruction of Classical Thought: Talcott Parsons, London u. Henley

Almond, Gabriel A., Powell, C. Bingham, jr., [2]1978: Comparative Politics: System, Process, and Policy, Boston—Toronto

Almond, Gabriel A., Verba, Sidney (Hrsg.), 1980: The Civic Culture Revisited, Boston—Toronto

Apel, Karl-Otto, 1973: Tranformation der Philosophie, Frankfurt/M.

Arbeitsgruppe Soziologie, 1978: Denkweisen und Grundbegriffe der Soziologie, Frankfurt/M.—New York

Ashby, Ross, 1974: Einführung in die Kybernetik, Frankfurt/M.

Aulin, Arvid, 1982: The Cybernetic Laws of Social Progress, Oxford u. a.

Baker, Kendall L., Dalton, Russell J., Hildebrandt, Kai, 1981: Germany Transformed — Political Culture and the New Politics, Cambridge, Mass.

Bammé, Arno, Feuerstein, Günter, Genth, Renate, Holling, Eggert, Kahle, Renate, Kempin, Peter, 1983: Maschinen—Menschen, Mensch—Maschinen. Grundrisse einer sozialen Beziehung, Reinbek b. Hamburg

Barber, Bernard, Inkeles, Alex (Hrsg.), 1971: Stability and Social Change. A Volume in Honor of Talcott Parsons, Boston

Barnes, Samuel H., Kaase, Max et al., 1979: Political Action: Mass Participation in Five Western Democracies, Beverley Hills—London

Baumert, Jürgen, 1981: Art. „Schule", in: M. Greiffenhagen u. a. (Hrsg.), Handwörterbuch zur politischen Kultur der Bundesrepublik Deutschland, Opladen, S. 438—444

Behrens, Henning, Noack, Paul, 1984: Theorien der Internationalen Politik, München

Benseler, Frank, Hejl, Peter M., Köck, Wolfram K. (Hrsg.), 1980: Autopoiesis, Communication and Society, Frankfurt/M.—New York

Berger, Peter L., Luckmann, Thomas, [2]1971: Die gesellschaftliche Konstruktion der Wirklichkeit, Frankfurt/M. ([4]1974)

Bergmann, Joachim E., 1967: Die Theorie des sozialen Systems von Talcott Parsons. Eine kritische Analyse, Frankfurt/M.

Bergmann, Werner, 1981: Die Zeitstrukturen sozialer Systeme, Berlin

Bermbach, Udo (Hrsg.), 1984: Politische Theoriegeschichte (= Sonderheft 15 der Politischen Vierteljahresschrift), Opladen

Bershady, Harold J., 1973: Ideology and Social Knowledge, Oxford

Bertalanffy, Ludwig von, 1970: Aber vom Menschen wissen wir nichts, Düsseldorf

—, [6]1979: General System Theory, New York

Beyme, Klaus von, [4]1980: Die politischen Theorien der Gegenwart, München

Black, Max (Hrsg.), 1961: The Social Theories of Talcott Parsons. A Critical Examination, Englewood Cliffs, N. J.

Blauberg, Igor V. et al., 1977: Systems Theory: Philosophical and Methodological Problems, Moskau

Bluhm, William T. (Hrsg.), 1982: The Paradigm problem in political science, Durham, N. C.

Bodemer, Klaus, 1984: Art. „Globalmodelle", in: Andreas Boeckh (Hrsg.), Internationale Beziehungen, München—Zürich, S. 175—182

Boeckh, Andreas (Hrsg.), 1984: Internationale Beziehungen. Theorien—Organisationen— Konflikte, München—Zürich

Bogdany, Franz Josef, 1980: „Soziobiologie — Möglichkeiten und Grenzen der ‚Neuen Synthesis‘ ", in: Kölner Zeitschrift für Soziologie und Sozialpsychologie 32, H. 2, S. 312—324

Bohnen, Alfred, 1975: Individualismus und Gesellschaftstheorie, Tübingen

—, 1984: „Handlung, Lebenswelt und System in der soziologischen Theoriebildung: Zur Kritik der Theorie des kommunikativen Handelns von Jürgen Habermas", in: Zeitschrift für Soziologie 13, H. 3, S. 191—203

Bossel, Hartmut, Klaczko, Salomon, Müller, Norbert, 1976: Systems Theory in the Social Sciences, Basel u. Stuttgart

Bottomore, T. B., 1975: Sociology as Social Criticism, London

Bourricaud, François, 1981: The Sociology of Talcott Parsons, Chicago U. P.

Brandenburg, Alois Günter, 1971: Systemzwang und Autonomie. Gesellschaft und Persönlichkeit bei Talcott Parsons, Düsseldorf

Bremer, Stuart A., Kappel, Rolf, Otto, Peter, Weck, Hannelore, Widmaier, Ulrich, 1980: Weltmodellstudien, Kronberg/Ts.

Brewer, Gary D., deLeon, Peter, 1983: The Foundations of Policy Analysis, Homewood/Ill., Dorsey

Bruckmann, Gerhart (Hrsg.), 1980: Input—Output Approaches in Global Modeling, Oxford u. a.

Buckley, Walter, 1967: Sociology and Modern Systems Theory, Englewood Cliffs, N. J.

Buczylowski, Ulrich, 1975: „Das ‚politische System‘ David Eastons", in: Wilfried Röhrich (Hrsg.), Neuere politische Theorie, Darmstadt, S. 110—124

Bühl, Walter L., 1970a: „Ariel und Kaliban. Zur Theorie der Institutionalisierung", in: Der Staat 9, S. 365—386

—, 1970b: Evolution und Revolution. Kritik der symmetrischen Soziologie, München

—, 1973: „Theorie und Paratheorie", in: Günter Albrecht, Hansjürgen Daheim, Fritz Sack (Hrsg.), Soziologie, Festschr. für René König, Opladen, S. 48—67

—, (Hrsg.), 1975: Funktion und Struktur. Soziologie vor der Geschichte, München

—, 1976: „Ethologie und Politikwissenschaft", in: Zeitschrift für Politik 23, S. 135—156

—, 1978: Transnationale Politik, Stuttgart

—, 1982: Struktur und Dynamik des menschlichen Sozialverhaltens, Tübingen

—, 1983: „Die ‚postindustrielle Gesellschaft': Eine verfrühte Utopie?", in: Kölner Zeitschrift für Soziologie und Sozialpsychologie 35, S. 771—780

—, 1984a: „Gibt es eine soziale Evolution?", in: Zeitrschrift für Politik 31, H. 3, S. 302—332

—, 1984b: „Ein neues Paradigma oder ein neuer Mythos?", in: Zeitschrift für Politik 31, H. 3, S. 333—341

Bunge, Mario, 1977: „The GST Challenge to the Classical Philosophy of Science", in: International Journal of General Systems 4, S. 29—37

Burrell, Gibson, Morgan, Gareth, 1979: Sociological Paradigms and Organisational Analysis, London

Busse-Steffens, Meggy, 1980: Systemtheorie und Weltpolitik, München

Bußhoff, Heinrich, 1975: Systemtheorie als Theorie der Politik, München

—, 1980: Der politische Code. Soziale Evolution und politische Steuerung, Stuttgart

—, 1984: Politikwissenschaftliche Theoriebildung, Köln—Wien

Calvert, Peter, 1983: Politics, Power and Revolution. A Comparative Analysis of Contemporary Government, New York

Castoriadis, Cornelius, 1984: Gesellschaft als imaginäre Institution. Entwurf einer politischen Philosophie, Frankfurt/M.

Cavallo, Roger E., 1979: General Systems and Social Science Research, Boston

— (Hrsg.), 1982: Systems Methodology in Social Science Research, Boston u. a.

Checkland, Peter, 1981: Systems Thinking, Systems Practice, Chicester u. a.

Chilcote, Ronald H., 1981: Theories of Comparative Politics. The Search for a Paradigm, Boulder, Colorado

Churchman, C. West, 1981: Der Systemansatz und seine „Feinde", Bern u. Stuttgart

Claußen, Bernhard, Wasmund, Klaus (Hrsg.), 1982: Handbuch der politischen Sozialisation, Braunschweig

Clemenz, Manfred, 1970: Soziologische Reflexion und sozialwissenschaftliche Methode, Frankfurt/M.

Coleman, James S., 1979: Macht und Gesellschaftsstruktur, Tübingen

Conradt, David P., 1980: „The Changing German Culture", in: Gabriel A. Almond, Sidney Verba (Hrsg.), The Civic Culture Revisited, Boston—Toronto, S. 212—272

Corning, Peter A., 1975: „Toward a Survival-Oriented Policy Science", in: Social Science Information 14/5, S. 59—86

—, 1983: „Politik und Evolution: Kybernetik und Synergismus in der Entstehung komplexer Gesellschaften", in: Heiner Flohr, Wolfgang Tönnesmann (Hrsg.), Politik und Biologie, Berlin u. Hamburg, S. 38—60

Cortés, Fernando, Przeworski, Adam, Sprague, John, 1974: Systems Analysis for Social Scientists, New York

Dahrendorf, Ralf, 1974: Pfade aus Utopia. Zur Theorie und Methode der Soziologie. Gesammelte Abhandlungen I, München

Davies, Morton R., Lewis, Vaughan, A., 1971: Models of Political Systems, London

Deutsch, Karl W., ³1973: Politische Kybernetik. Modelle und Perspektiven, Freiburg i. Br.

—, 1976: Staat, Regierung, Politik. Eine Einführung in die Wissenschaft der vergleichenden Politik, Freiburg i. Br.

—, 1978: „Über die Lernfähigkeit politischer Systeme", in: Hans Lenk, Günter Ropohl (Hrsg.), Systemtheorie als Wissenschaftsprogramm, Königstein/ Ts., S. 202—220

—, 1979a: Tides Among Nations, New York (Essaysammlung)

—, 1979b: Der Westen — seine Merkmale und seine Strategien der Zukunft, St. Gallen

—, 1980a: „Political Research in the Changing World System", in: International Political Science Review 1, Nr. 1, S. 23—33

—, 1980b: „Weltmodellstudien als Entscheidungshilfen der Politik", in: Stuart A. Bremer u. a., Weltmodellstudien, Königstein/Ts., S. 1—20

—, 1981: „Die politischen Herausforderungen der 80er Jahre", in: Bruno Fritsch (Hrsg.), Die Herausforderungen der 80er Jahre, Diessenhofen, S. 79—101

—, Fritsch, Bruno, 1980: Zur Theorie der Vereinfachung: Reduktion von Komplexität in der Datenverarbeitung für Weltmodelle, Königstein/Ts.

—, Domingues, Jorge I., Heclo, Hugh, 1981: Comparative Government: Politics of Industrialized and Developing Nations, Boston u. a.

Dienel, Peter C., 1978: Die Planungszelle. Der Bürger plant seine Umwelt. Eine Alternative zur Establishment-Demokratie, Opladen

Döbert, Rainer, 1973: Systemtheorie und die Entwicklung religiöser Deutungssysteme. Zur Logik des sozialwissenschaftlichen Funktionalismus, Frankfurt/M.

Doeker, Günther (Hrsg.), 1971: Vergleichende Analyse politischer Systeme, Freiburg i. Br.

Dougherty, James E., Pfaltzgraff, Robert L., 1981: Contending Theories of International Relations, New York

Drewe, Paul, 1966: „Die ‚strukturell-funktionale Theorie' und der soziale Wandel", in: Kölner Zeitschrift für Soziologie und Sozialpsychologie, 18, S. 329—336

Dubiel, Helmut, 1973: Identität und Institution, Düsseldorf

Durkheim, Emile, ²1965: Die Regeln der soziologischen Methode, Neuwied

Dux, Günter, 1982: „Die Rekonstruktion der Anfänge" (zu Jürgen Habermas, Theorie des kommunikativen Handelns), in: Soziologische Revue 5, H. 4, S. 381—389

Easton, David, ²1964: The Political System. An Inquiry into the State of Political Science, New York

—, 1965: A Framework for Political Analysis, Englewood Cliffs, N. J.

— (Hrsg.), 1966: Varieties of Political Theory, Englewood Cliffs, N. J.

—, 1975: „A Re-Assessment of the Concept of Political Support", in: British Journal of Political Science 5, S. 435—457

—, 1978: „Grundkategorien zur Analyse des politischen Systems", in: Klaus Türk (Hrsg.), Handlungssysteme, Opladen, S. 258—272 (Auszug aus: Easton, A Systems Analysis of Political Life)

—, [3]1979: A Systems Analysis of Political Life, Chicago, London (pap. ed.)

—, 1981: „The Political System Besieged by the State", in: Political Theory 9, S. 303—325

—, Dennis, Jack, 1969: Children in the Political System: Origins of Political Legitimacy, New York

Eberwein, Wolf-Dieter (Hrsg.), 1983: Politische Stabilität und Konflikt. Neue Ergebnisse der makro-quantitativen Politikforschung (Politische Vierteljahresschrift, Sonderheft 14), Opladen

—, 1984: „Die Zukunft als Problem der Gegenwart. Weltmodelle — Rückblick und Ausblick", in: Beilage zum „Parlament" (aus politik und zeitgeschichte B 34/84), 25. August, S. 3—19

Ehrmann, Henry W., 1973: „Unterschiedliche Regierungsformen in systemtheoretischer Analyse", in: Günther Doeker, Winfried Steffani (Hrsg.), Klassenjustiz und Pluralismus. Festschr. für Ernst Fraenkel, Hamburg, S. 239—250

Ehrmann, Jürgen, 1972: „Einige Kritikpunkte zum systemtheoretischen Ansatz am Beispiel ‚Politische Kybernetik' von Karl W. Deutsch", in: Arbeitspapiere zur politischen Soziologie, H. 1, München, S. 43—55

Eisenstadt, Shmuel N., 1979: Tradition, Wandel und Modernität, Frankfurt/M.

—, 1984: Policy Studies and the Democratic Polity, Ms. Jerusalem

Elder, Charles D., Cobb, Roger W., 1983: The Political Uses of Symbols, New York—London

Eley, Lothar, 1972: Transzendentale Phänomenologie und Systemtheorie der Gesellschaft, Freiburg i. Br.

Elias, Norbert, 1970: Was ist Soziologie? München

Elkins, David J., Simeon, Richard E. B., 1979: „A Cause in Search of its Effect, or What Does Political Culture Explain?", in: Comparative Politics 11, S. 127—145

Emery, Fred, 1977: Futures we are in, Leiden

Ericson, Richard F. (Hrsg.), 1979: Improving the Human Condition: Quality and Stability in Social Systems, Berlin

Esser, Hartmut, Klenovits, Klaus, Zehnpfennig, Helmut, 1977: Wissenschaftstheorie II, Stuttgart

Etzioni, Amitai, 1975: Die aktive Gesellschaft. Eine Theorie gesellschaftlicher und politischer Prozesse, Opladen

—, 1983: An Immodest Agenda. Rebuilding America Before the 21st Century, New York u. a.

Euchner, Walter, 1985: „Stoßseufzer eines traditionalistischen Policy-Analysis-Muffels", in: Hans-Hermann Hartwich (Hrsg.), Policy-Forschung in der Bundesrepublik Deutschland, Opladen, S. 132—137

Eugène, Jacques, 1981: Aspects de la théorie générales des systèmes, Paris

Falter, Jürgen W., Fenner, Christian, Greven, Michael Th. (Hrsg.), 1984: Politische Willensbildung und Interessenvermittlung, Opladen

Fehr, Helmut, 1979: Soziale Kontinuität und sozialer Wandel. Zum Erklärungsanspruch funktionalistischer Sozialstrukturanalysen, Frankfurt/M.—New York

Firey, Walter, 1977: The Study of Possible Societies, Austin (Texas)

Flechtheim, Ossip K., 1985: „Die Herausforderung der Zukunft und die Futurologie", in: Die Neue Gesellschaft/Frankfurter Hefte 32, H. 2, S. 152—160

Flechtner, Hans-Joachim, [4]1969: Grundbegriffe der Kybernetik, Stuttgart

Flohr, Heiner, 1982: „Biopolitics — Versuche jenseits des Kulturismus", in: Politische Vierteljahresschrift. PVS-Literatur, 23, S. 196—203

—, Tönnesmann, Wolfgang, 1983: „Die Bedeutung der Life Sciences für die Politikwissenschaft. Selbstverständnis und Grundlagen von Biopolitics", in: dies. (Hrsg.), Politik und Biologie, Berlin u. Hamburg, S. 11—30

—, Tönnesmann, Wolfgang (Hrsg.), 1983: Politik und Biologie. Beiträge zur Life-Sciences-Orientierung der Sozialwissenschaften, Berlin u. Hamburg

Foerster, Heinz von, 1974: „Kybernetik und Bionik", in: Wolf D. Keidel et al. (Hrsg.), Kybernetik und Bionik, München, S. 27—46

—, Zopf, George W. (Hrsg.), 1962: Principles of Self-Organization, New York—Oxford

Forrester, J. W., 1972: Grundsätze einer Systemtheorie, Wiesbaden

Forrester, Jay, 1972: Der teuflische Regelkreis. Das Globalmodell der Menschheitskrise, Stuttgart

Frei, Daniel (Hrsg.), [2]1977: Theorien der internationalen Beziehungen, München

Freire, Vieira, Paulo, 1983: Systemforschung und Politische Theorie. Zur Anwendbarkeit der Systemforschung in der modernen Politischen Theorie, Phil. Diss. München

Friedman, J., Rowlands, M. J. (Hrsg.), 1971: The Evolution of Social Systems, Gloucester

Friedrich, Jürgen, Sens, Eberhard, 1976: „Systemtheorie und Theorie der Gesellschaft", in: Kölner Zeitschrift für Soziologie und Sozialpsychologie 28, S. 27—47

Fritscher, Wolfgang, 1983: „Jenseits der Modernisierungsstrategie", in: Werner von der Ohe, ders. (Hrsg.), Münchner Beiträge zur Entwicklungssoziologie (Soziologenkorrespondenz NF 10), München, S. 14—46

Fuchs, Dieter, 1981: „Dimensionen politischer Unterstützung", in: Max Kaase, Hans-Dieter Klingemann (Hrsg.), Politische Psychologie, Opladen, S. 208—225

—, 1984: Zur Entwicklung der Unterstützung des politischen Systems der Bundesrepublik Deutschland, Ms. (Tagung des Arbeitskreises „Politische Kulturforschung" der Deutschen Vereinigung für Politische Wissenschaft in Königstein/Ts., 26.—28. Sept.)

Gabriel, Oscar W., 1978: „Systemtheorien", in: ders. (Hrsg.), Grundkurs Politische Theorie, Köln—Wien, S. 223—266

Gantzel, Klaus Jürgen (Hrsg.), 1973: Internationale Beziehungen als System (Politische Vierteljahresschrift, Sonderheft 5), Opladen

Garbe, Detlef, 1985: „Die Quadratur der Gesellschaft" (Rez. von R. Münch, Die Struktur der Moderne), in: Frankfurter Allgemeine Zeitung Nr. 23, 28. Januar, S. 22

Gehlen, Arnold, [4]1977: Urmensch und Spätkultur, Frankfurt/M.—Bonn

—, [12]1978: Der Mensch. Seine Natur und seine Stellung in der Welt, Wiesbaden

Gerhardt, Uta, 1972: Rollenanalyse als kritische Soziologie, Neuwied u. Berlin

Geser, Hans, 1983: Strukturformen und Funktionsleistungen sozialer Systeme, Opladen

Gessenharter, Wolfgang, 1971: „Die Bedeutung der Kybernetik für das Studium politischer und sozialer Systeme", in: D. Oberndörfer (Hrsg.), Systemtheorie, Systemanalyse und Entwicklungsländerforschung, Berlin, S. 247—316

Geulen, Dieter, 1977: Das vergesellschaftete Subjekt. Zur Grundlegung der Sozialisationstheorie, Frankfurt/M.

Geyer, R. Felix, 1980: Alienation Theories. A General Systems Approach, Oxford, New York u. a.

—, van der Zouwen, Johannes (Hrsg.), 1978: Sociocybernetics Bd. 1, Leiden

Giddens, Anthony, 1970: „Marx, Weber, and the Development of Capitalism", in: Sociology 4, S. 289—310

—, 1979: Central Problems in Social Theory, London

Giegel, Hans Joachim, 1975: System und Krise. Kritik der Luhmannschen Gesellschaftstheorie, Frankfurt/M.

Giesen, Bernard, 1975: „Funktionalismus und Systemtheorie", in: Horst Reimann u. a., Basale Soziologie: Theoretische Modelle, München bzw. Opladen, S. 146—174

Giesen, Bernd, 1984: „Von Elfenbeintürmen sieht man weiter" (Essay über R. Münch, Theorie des Handelns), in: Soziologische Revue 7, H. 1, S. 15—19

Gikas, Michael, Vierke, Wolfgang, 1981: Methodologische Probleme des soziologischen Funktionalismus, München

Gilles, Ernst-Dieter, 1974: Struktur und Dynamik soziologischer Systeme, München—Wien

Glanville, Ranulph, 1979: „The Form of Cybernetics: Whitening the Black Box", in: General Systems Research: A Science, a Methodology, a Technology, Louisvill, Kentucky, S. 35—42

Görlitz, Axel, 1980: Politikwissenschaftliche Theorien, Stuttgart u. a.

Goodman, Nelson, 1984: Weisen der Welterzeugung, Frankfurt/M.

Goodwin, Barbara, 1984: „Utopie und Rationalität", in: Karl-Peter Markl (Hrsg.), Analytische Politikphilosophie und ökonomische Rationalität, Bd. 2, Opladen, S. 254—278

Gotesky, Rubin, Laszlo, Ervin (Hrsg.), 1971: Evolution — Revolution, New York

Gouldner, Alvin W., 1974: Die westliche Soziologie in der Krise, 2 Bde., Reinbek b. Hamburg

Grathoff, Richard, Waldenfels, B. (Hrsg.), 1983: Sozialität und Intersubjektivität, München

Greiffenhagen, Martin u. Sylvia, Prätorius, Rainer (Hrsg.), 1981: Handwörterbuch zur politischen Kultur der Bundesrepublik Deutschland, Opladen

Greven, Michael Th., 1974a: „Zur Konstitutionsproblematik politischer Theorie am Beispiel der kybernetischen Systemtheorie", in: Kölner Zeitschrift für Soziologie und Sozialpsychologie, 26, S. 70—90

—, 1974b: Systemtheorie und Gesellschaftsanalyse. Kritik der Werte und Erkenntnismöglichkeiten in Gesellschaftsmodellen der kybernetischen Systemtheorie, Darmstadt—Neuwied

—, 1983: „Gesellschaftliche Probleme als Anstoß und Folge von Politik. Institutionelle Aspekte", in: Hans-Hermann Hartwich (Hrsg.), Gesellschaftliche Probleme als Anstoß und Folge von Politik, Opladen, S. 510—525

—, 1985: „Macht, Herrschaft und Legitimität. Eine Erinnerung der Politologen an die Grundfragen ihrer Disziplin", in: Hans-Hermann Hartwich (Hrsg.), Policy-Forschung in der Bundesrepublik Deutschland, Opladen, S. 143—147

Grimm, Klaus, 1974: Niklas Luhmanns „soziologische Aufklärung" oder Das Elend der aprioristischen Soziologie, Hamburg

Gripp, Helga, 1978: „Die Suche nach einem Neuen Lebensstil — ein sinnvoller Ausweg aus einem gesamtgesellschaftlichen Dilemma?", in: Karl Ernst Wenke, Horst Zilleßen (Hrsg.), Neuer Lebensstil — verzichten oder verändern? Opladen, S. 248—289

—, 1984: Jürgen Habermas. Und es gibt sie doch — Zur kommunikationstheoretischen Begründung von Vernunft bei Jürgen Habermas, Paderborn u. a.

Grün, Josef, Wiener, Detlef, 1984: Global denken — vor Ort handeln. Weltmodelle von Global 2000 bis Herman Kahn, Freiburg

Grünberger, Johann, 1981: Die Perfektion des Mitglieds. Die soziologische Systemtheorie als eine Soziologie regelgeleiteten Verhaltens, Berlin

— 1985: „Das Auge des Systems: Handeln und Beobachten in den sozialen Systemen N. Luhmanns", in: Politische Vierteljahresschrift. PVS-Literatur 26, H. 1, S. 5—12

Guetzkow, Harold, Valadez, Joseph J. (Hrsg.), 1981: Simulated International Processes. Theories and Research in Global Modeling, Beverly Hills—London

Guggenberger, Bernd, Offe, Claus (Hrsg.), 1984: An den Grenzen der Mehrheitsdemokratie. Politik und Soziologie der Mehrheitsregel, Opladen

Habermas, Jürgen, Luhmann, Niklas, 1971: Theorie der Gesellschaft oder Sozialtechnologie — Was leistet die Systemforschung? Frankfurt/M.

Habermas, Jürgen, 1981a: „Talcott Parsons — Problem der Theoriekonstruktion", in: Joachim Matthes (Hrsg.), Lebenswelt und soziale Probleme, Frankfurt/M.—New York, S. 28—48

—, 1981b: Theorie des kommunikativen Handelns, Bd. 1: Handlungsrationalität und gesellschaftliche Rationalisierung, Bd. 2: Zur Kritik der funktionalistischen Vernunft, Frankfurt/M. (zu Parsons S. 295—444)

—, 1983a: „Die Verschlingung von Mythos und Aufklärung", in: Karl Heinz Bohrer (Hrsg.), Mythos und Moderne, Frankfurt/M., S. 405—431

—, 1983b: Moralbewußtsein und kommunikatives Handeln, Frankfurt/M.

—, 1984: Vorstudien und Ergänzungen zur Theorie des kommunikativen Handelns, Frankfurt/M.

—, 1985a: „Die Neue Unübersichtlichkeit. Die Krise des Wohlfahrtsstaates und die Erschöpfung utopischer Energien", in: Merkur. Deutsche Zeitschrift für europäisches Denken, 39, H. 1 (Nr. 431), S. 1—14

—, 1985b: Der philosophische Diskurs der Moderne, Frankfurt/M., S. 426 ff.

Hamilton, Peter, 1983: Talcott Parsons, Chicester, New York

Händle, Frank, Jensen, Stefan (Hrsg.), 1974: Systemtheorie und Systemtechnik, München

Haferkamp, Hans, 1972: Soziologie als Handlungstheorie, Düsseldorf

—, 1973: Die Struktur elementarer sozialer Prozesse, Stuttgart

—, 1983: Soziologie der Herrschaft, Opladen

—, 1984: „Interaktionsaspekte, Handlungszusammenhänge und die Rolle des Wissenstransfers. Eine handlungstheoretische Kritik der Theorie des kommunikativen Handelns", in: Kölner Zeitschrift für Soziologie und Sozialpsychologie 36, H. 4, S. 783—798

Haftendorn, Helga (Hrsg.), 1975: Theorie der Internationalen Politik, Hamburg

Hanssmann, Friedrich, 1978: Einführung in die Systemforschung. Methodik der modellgestützten Entscheidungsvorbereitung, München

Harrington, Michael, 1983: The Politics at God's funeral. The Spiritual Crisis of Western Civilization, New York

Hartmann, Heinz (Hrsg.), [2]1973: Moderne amerikanische Soziologie, Stuttgart

Hartmann, Jürgen (Hrsg.), 1980: Vergleichende Politische Systemforschung. Konzepte und Analysen, Köln—Wien

Hartwich, Hans-Hermann (Hrsg.), 1983: Gesellschaftliche Probleme als Anstoß und Folge von Politik, Opladen

— (Hrsg.), 1985: Policy-Forschung in der Bundesrepublik Deutschland, Opladen

Hauck, Gerhard, 1984: Geschichte der soziologischen Theorie, Reinbek b. Hamburg

Hauriou, Maurice, 1965: Die Theorie der Institution und zwei andere Aufsätze, hrsg. von Roman Schnur, Berlin

Heidenheimer, Arnold J., Heclo, Hugh, Adams, Carolyn Teich, 1983: Comparative Public Policy, London, Basingstoke

Heidorn, Joachim, 1982: Legitimität und Regierbarkeit, Berlin

Heim, Ronald, Palm, Günther (Hrsg.), 1978: Theoretical Approaches to Comlex Systems, Berlin u. a.

Hejl, Peter M., 1982 a: Sozialwissenschaft als Theorie selbstreferentieller Systeme, Frankfurt/M.—New York

—, 1982 b: „Die Theorie autopoietischer Systeme: Perspektiven für die soziologische Systemtheorie", in: Rechtstheorie 13, S. 45—88

Heintz, Peter, 1982: Die Weltgesellschaft im Spiegel von Ereignissen, Diessenhofen

Helbig, Ludwig, 1979: Sozialisation. Eine Einführung, Frankfurt/M. u. a.

Helle, Horst Jürgen (Hrsg.), 1982: Kultur und Institution, Berlin

Hemminger, Hansjörg, 1983: Der Mensch — eine Marionette der Evolution? Frankfurt/M.

Hennis, Wilhelm, 1985: „Über die Antworten der eigenen Wissenschaftsgeschichte und die Notwendigkeit, ‚zentrale Fragen' der Politikwissenschaft stets neu zu überdenken", in: Hans-Hermann Hartwich (Hrsg.), Policy-Forschung in der Bundesrepublik Deutschland, Opladen, S. 122—132

Heppel, Hans-Georg, 1983: Macht und Rationalität als Grundprobleme einer politischen Theorie, Phil. Diss. Univ. Augsburg

Herrera, Amilcar, Scolnik, Hugo u. a., 1977: Grenzen des Elends. Das Bariloche-Modell, Frankfurt/M.

Hesse, Heidrun, 1985: „Widersprüche der Moderne. Einwände gegen Habermas' Konzept kommunikativer Rationalität", in: Gerhard Gamm (Hrsg.), Angesichts objektiver Verblendung. Über die Paradoxien kritischer Theorie, Tübingen, S. 252—281

Hettlage, Robert, 1984: „Der lange Mensch der Biologie durch die Sozial- und Geisteswissenschaften", in: Zeitschrift für Politik 31, H. 2, S. 135—174

Hinz, Erhard, 1982: Denken und Systemtheorie, Weinheim u. Basel

Höffe, Otfried, 1980: „Freiheit in sozialen und politischen Institutionen", in: Jörg Splett (Hrsg.), Wie frei ist der Mensch? Zum Dauerkonflikt zwischen Freiheitsidee und Lebenswirklichkeit, Düsseldorf, S. 54—82

Holland, Ray, 1977: Self and Social Context, New York

Holzer, Horst, 1977: Gesellschaft als System. Makrosoziologische Systemtheorie in der Soziologie der USA und der BRD, Frankfurt/M.

—, 1978: Evolution oder Geschichte? Einführung in Theorien gesellschaftlicher Entwicklung, Köln

Hondrich, Karl Otto, 1972: „Systemanalyse, Politische Ökonomie, Bedürfnistheorie", in: Kölner Zeitschrift für Soziologie und Sozialpsychologie, 24, S. 232—247

—, 1973: „Systemtheorie als Instrument der Gesellschaftsanalyse", in: F. Maciejewski (Hrsg.), Theorie der Gesellschaft oder Sozialtechnologie, Supplement 1, Frankfurt/M., S. 88—114

—, Matthes, Joachim (Hrsg.), 1978: Theorienvergleich in den Sozialwissenschaften, Darmstadt u. Neuwied

Honneth, Axel, Joas, Hans (Hrsg.), 1986: Kommunikatives Handeln, Frankfurt/M.

Horn, Klaus, Schülein, Johann August, 1976: „Politpsychologische Bemerkungen zur Legitimationskrise", in: Peter Graf Kielmansegg (Hrsg.), Legitimationsprobleme politischer Systeme (Politische Vierteljahresschrift, Sonderheft 7), Opladen, S. 123—178

Hubig, Christoph (Hrsg.), 1982: Ethik institutionellen Handelns, Frankfurt/M.—New York

Hübner, Kurt, Vuillemin, Jules (Hrsg.), 1983: Wissenschaftliche und nichtwissenschaftliche Rationalität, Stuttgart—Bad Cannstatt

Hübner-Dick, Gisela, 1980: Simulation internationaler Beziehungen. Möglichkeiten und Grenzen von „System Dynamics" in der Analyse internationaler Politik, Frankfurt/M.

Hütter, Joachim, 1976: Einführung in die internationale Politik, Stuttgart

Irrgang, Bernhard, 1985: „Im Anfang war der Egoismus: Die Soziobiologie als Neubegründung der Sozialphilosophie?", in: Alfred Schöpf (Hrsg.), Aggression und Gewalt. Anthropologisch-sozialwissenschaftliche Beiträge, Würzburg, S. 227—245

Israel, Joachim, 1977: Die sozialen Beziehungen, Reinbek b. Hamburg

Iwand, Wolf Michael, 1983: Paradigma Politische Kultur, Phil. Diss. TH Aachen

Jantsch, Erich, 1975: Design for Evolution, New York

—, 1980: The Self-Organizing Universe: Scientific and Human Implication of the Emerging Paradigm of Evolution, Oxford

—, Waddington, C. H. (Hrsg.), 1976: Evolution and Consciousness, London u. a.

Japp, Klaus-Peter, 1984: Art. „Systemtheorie", in: Harald Kerber, Arnold Schmieder (Hrsg.), Handbuch Soziologie, Reinbek b. Hamburg, S. 598—603

Jensen, Stefan, 1976: Einleitung zu T. Parsons, Zur Theorie sozialer Systeme, Opladen, S. 9—67

—, 1978: „Interpenetration — Zum Verhältnis personaler und sozialer Systeme?", in: Zeitschrift für Soziologie 7, H. 2, S. 116—129

—, 1980a: Einleitung zu T. Parsons, Zur Theorie der sozialen Interaktionsmedien, Opladen, S. 7—55

—, 1980b: Talcott Parsons. Eine Einführung, Stuttgart

—, 1983: Systemtheorie, Stuttgart u. a.

—, 1984: „Aspekte der Medien-Theorie: Welche Funktion haben die Medien in Handlungssystemen?", in: Zeitschrift für Soziologie 13, H. 2, S. 145—164

—, Naumann, J., 1980: „Commitments — Medienkomponenten einer ökonomischen Kulturtheorie?", in: Zeitschrift für Soziologie 9, S. 79—99

Jensen, V. J., Harré, R. (Hrsg.), 1981: The Philosophy of Evolution, Brighton

Joas, Hans, 1984: Besprechungsessay zu R. Münch, Theorie des Handelns, in: Kölner Zeitschrift für Soziologie und Sozialpsychologie 36, H. 1, S. 165—172

Käsler, Dirk, 1974: Wege in die soziologische Theorie, München

—, 1984: Soziologie: „Flug über den Wolken" (über Niklas Luhmanns „Soziale Systeme"), in: Der Spiegel 38, Nr. 50, S. 184—190

Kaiser, Reinhard (Hrsg.), 1980: Global 2000, Frankfurt/M.

Kanter, Rosabeth Moss, 1972: Commitment and Community, Cambridge, Mass.

Kappel, Rolf, Schwarz, Ingo A., 1981: Systemforschung 1970—1980. Entwicklungen in der Bundesrepublik Deutschland, Göttingen

Keidel, Wolf D., Händler, Wolfgang, Streng, Manfred (Hrsg.), 1974: Kybernetik und Bionik, München

Kellermann, Paul, 1967: Kritik einer Soziologie der Ordnung, Freiburg

Kelley, Harold H., 1979: Personal Relationships, New York

Kern, Lucian, Rünsch, Horst-Dieter (Hrsg.), 1972: Simulation internationaler Prozesse (Politische Vierteljahresschrift, Sonderheft 3/1971), Opladen

Kevenhörster, Paul (Hrsg.), 1977: Lokale Politik unter exekutiver Führerschaft, Meisenheim am Glan

—, 1984: Politik im elektronischen Zeitalter, Baden-Baden

Kiesler, Alfred (Hrsg.), 1971: The Psychology of Commitment, New York

Kiser, Larry L., Ostrom, E., 1982: „The Three Worlds of Action: A Metatheoretical Synthesis of Institutional Approaches", in: E. Ostrom (Hrsg.), Strategies of Political Inquiry, London, S. 179—222

Kiss, Gabor, 1973: Einführung in die soziologischen Theorien II, Opladen

Klages, Helmut, Kmieciak, Peter (Hrsg.), [2]1981: Wertwandel und gesellschaftlicher Wandel, Frankfurt/M.—New York

Klaus, Georg, [2]1965: Kybernetik und Gesellschaft, Berlin

—, 1969: Wörterbuch der Kybernetik, 2 Bde., Frankfurt/M.

Klima, Rolf, 1973: Art. „Sozialisation", in: Werner Fuchs, ders. u. a. (Hrsg.), Lexikon zur Soziologie, Opladen, S. 622 f.

Klir, George J. (Hrsg.), 1972: Trends in General Systems Theory, New York

— (Hrsg.), 1978: Applied Systems Research: Recent Developments and Trends, New York

Kochen, Manfred, Deutsch, Karl W., 1980: Decentralization: Sketches Towards a Rational Theory, Cambridge, Mass., Königstein/Ts.

Konegen, Norbert, 1973: Politikwissenschaft. Eine kybernetische Einführung, Düsseldorf

Kopp, Manfred, Müller, Hans-Peter, 1980: Herrschaft und Legitimität in modernen Industriegesellschaften, München

Koslowski, Peter, 1984: Evolution und Gesellschaft. Eine Auseinandersetzung mit der Soziobiologie, Tübingen

Krachtowil, Friedrich, 1972: „Strukturfunktionalismus und methodologische Probleme der politischen Entwicklungslehre", in: Zeitschrift für Politik, 19, S. 32—48

Kreckel, Reinhard, 1975: Soziologisches Denken, Opladen

Kremendahl, Hans, 1977: Pluralismustheorie in Deutschland, Leverkusen

Krippendorff, Klaus (Hrsg.), 1979: Communication and Control in Society, New York

Kuhn, Alfred, 1974: The Logic of Social Systems. A Unified, Deductive, System-Based Approach to Social Science, San Francisco u. a.

–, 1975: Unified Social Science, Homewood, Ill.

Kunze, Heinrich, 1972: Soziologische Theorie und Psychoanalyse. Freuds Begriff der Verdrängung und seine Rezeption durch Parsons, München

Kursbuch 75, 1984: Computerkultur, Berlin (März)

Lakatos, Imre, Musgrave, Alan (Hrsg.), 1974: Kritik und Erkenntnisfortschritt, Braunschweig

Lang, Eberhard, 1970: Zu einer kybernetischen Staatslehre, Salzburg–München

LaPorte, Todd R. (Hrsg.), 1975: Organized Social Complexity: Challenge to Politics and Policy, Princeton, N. J.

Laszlo, Ervin, 1970: System, Structure, and Experience, New York u. a.

–, 1972: Introduction to Systems Philosophy. Toward a New Paradigm of Contemporary Thought, New York u. a.

– (Hrsg.), 1972: The Relevance of General Systems Theory, New York

–, 1983: Systems Science and World Order. Selected Studies, Oxford

Lau, Ephrem Else, 1978: Interaktion und Institution, Berlin

Lehner, Franz, 1971: ,,Politische Wissenschaft mit neuen Perspektiven? Wissenschaftstheoretische Bemerkungen zu Karl W. Deutschs Politischer Kybernetik", in: Kölner Zeitschrift für Soziologie und Sozialpsychologie 23, S. 808–822

–, 1979: Grenzen des Regierens, Königstein/Ts.

Lenk, Hans, Ropohl, Günter (Hrsg.), 1978: Systemtheorie als Wissenschaftsprogramm, Königstein/Ts.

Lenk, Kurt, 1982: Politische Soziologie, Stuttgart u. a.

Leontief, Wassilij, 1977: The Future of the World Economy, New York, Oxford

Lepenies, Wolf (Hrsg.), 1981: Geschichte der Soziologie, 4 Bde., Frankfurt/M.

Lewontin, Richard C., 1974: The Genetic Basis of Evolutionary Change, New York

Linnemann, Hans u. a., 1977: MOIRA – Model of International Relations in Agriculture, Amsterdam

Linstone, Harold A., Simmonds, W. H. Clive (Hrsg.), 1977: Futures Research: New Directions, Reading, Mass.

Linz, Juan J., 1978: Crisis, Breakdown and Reequilibrium, Baltimore–London

Lipp, Wolfgang, 1968: Institution und Veranstaltung, Berlin

–, 1972: ,,Anomie, Handlungsmöglichkeit, Opportunismus. Grenzfragen der Systemtheorie", in: Zeitschrift für die gesamte Staatswissenschaft 128, S. 344–370

–, 1980: Biologische Kategorien im Vormarsch? Würzburg

–, 1985: Rez. zu Heiner Flohr, Wolfgang Tönnesmann (Hrsg.), Politik und Biologie, in: Soziologische Revue 8, H. 1, S. 50 f.

Lockwood, David, 1969: ,,Soziale Integration und Systemintegration", in: Wolfgang Zapf (Hrsg.), Theorien des sozialen Wandels, Köln u. Berlin, S. 124–137

–, 1971: ,,Probleme des Konflikts systematischer Sozialbeziehungen", in: Karl Hermann Tjaden (Hrsg.), Soziale Systeme, Neuwied u. Berlin, S. 173–195

Löfgren, Lars, 1977: „Complexity Descriptions of Systems", in: International Journal of General Systems 3, S. 197—214

Loh, Werner, 1972: Kritik der Theorieproduktion von N. Luhmann und Ansätze für eine kybernetische Alternative, Frankfurt/M.

Lohmann, Georg, 1980: „Gesellschaftskritik und normativer Maßstab", in: Axel Honneth, Urs Jaeggi (Hrsg.), Arbeit, Handlung, Normativität, Frankfurt/M., S. 234—299, bes. S. 261 ff.

Lompe, Klaus et al., 1983: Probleme politischer Planung heute (Politische Bildung 15 (1982), H. 2), Stuttgart

Loubser, Jan J., Baum, Rainer C., Effrat, Andrew, Lidz, Victor Meyer (Hrsg.), 1976: Explorations in General Theory in Social Science. Essays in Honor of Talcott Parsons, 2 Vol., New York—London (2. Bd. gekürzt dt. 1981 u. d. T.: Allgemeine Handlungstheorie, Frankfurt/M.)

Ludes, Peter, 1984: Rez. von N. Luhmann, Liebe als Passion, in: Soziologische Revue 7, H. 2 (April), S. 154 ff.

Luhmann, Niklas, 1968: Zweckbegriff und Systemrationalität, Tübingen (Neudruck Frankfurt/M. 1973)

—, 1969: „Klassische Theorie der Macht: Kritik ihrer Prämissen", in: Zeitschrift für Politik 16, S. 149—170

—, 1970: „Institutionalisierung — Funktion und Mechanismus im sozialen System der Gesellschaft", in: Helmut Schelsky (Hrsg.), Zur Theorie der Institution, Düsseldorf, S. 27—41

—, 1972 a: Rechtssoziologie, 2 Bde., Reinbek b. Hamburg

—, 1972 b: „Politikbegriffe oder die ‚Politisierung' der Verwaltung", in: Demokratie und Verwaltung, Schriftenreihe der Hochschule Speyer, Bd. 50, Berlin, S. 211 ff.

—, [2]1973: Vertrauen. Ein Mechanismus der Reduktion sozialer Komplexität, Stuttgart (1968)

—, [4]1974 ([5]1984): Soziologische Aufklärung 1. Aufsätze zur Theorie sozialer Systeme, Opladen (hierin insbesondere: „Soziologie als Theorie sozialer Systeme", S. 113—136: „Soziologie des politischen Systems", S. 154—177)

—, 1974: „Der politische Code: ‚Konservativ' und ‚progressiv' in systemtheoretischer Sicht", in: Zeitschrift für Politik 21, S. 253—271

—, 1975 a: Soziologische Aufklärung 2. Aufsätze zur Theorie der Gesellschaft, Opladen

—, [2]1975 b: Politische Planung. Aufsätze zur Soziologie von Politik und Verwaltung (hierin insbesondere: „Komplexität und Demokratie", S. 35—45), Opladen

—, 1975 c: Macht, Stuttgart

—, 1978 a: „Geschichte als Prozeß und die Theorie sozio-kultureller Evolution", in: Karl-Georg Faber, Christian Meier (Hrsg.), Historische Prozesse, München, S. 413—440

—, 1978 b: „Interpenetration bei Parsons", in: Zeitschrift für Soziologie, 7, S. 299—302

—, 1979 a: „Zeit und Handlung: Eine vergessene Theorie", in: Zeitschrift für Soziologie, 8, S. 63—81

—, 1979 b: „Theoretiker der modernen Gesellschaft. Talcott Parsons — Person und Werk", in: Neue Zürcher Zeitung, Nr. 137, Fernausgabe vom 16./17. Juni, S. 69

—, 1980a: Gesellschaftsstruktur und Semantik, Bd. 1, Frankfurt/M.
—, 1980b: „Talcott Parsons: Zur Zukunft eines Theorieprogramms", in: Zeitschrift für Soziologie, 9, H. 1, S. 5–17
—, 1981a: Gesellschaftsstruktur und Semantik, Bd. 2, Frankfurt/M.
—, 1981b: Politische Theorie im Wohlfahrtsstaat, München
—, 1981c: Soziologische Aufklärung 3. Soziales System, Gesellschaft, Organisation, Opladen
—, 1981d: Ausdifferenzierung des Rechts, Frankfurt/M.
—, 1981e: „Die Ausdifferenzierung von Erkenntnisgewinn: Zur Genese von Wissenschaft", in: Nico Stehr, Volker Meja (Hrsg.), Wissenssoziologie (Sonderheft 22/1980 der Kölner Zeitschrift für Soziologie und Sozialpsychologie), Opladen, S. 102–139
—, 1982a: Liebe als Passion. Zur Codierung von Intimität, Frankfurt/M.
—, 1982b: „Autopoiesis, Handlung und kommunikative Verständigung", in: Zeitschrift für Soziologie 11, H. 4, S. 366–379
—, 1982c: The Differentiation of Society, New York
—, 1983a: „Die Einheit des Rechtssystems", in: Rechtstheorie 14, S. 129–154
—, 1983b: „Das sind Preise", in: Soziale Welt 34, H. 2, S. 153–170
—, 1984a: „Individuum und Gesellschaft", in: Universitas 39, H. 1, S. 1–11
—, 1984b: Soziale Systeme. Grundriß einer allgemeinen Theorie, Frankfurt/M.
—, 1984c: „Die Wirtschaft der Gesellschaft als autopoietisches System", in: Zeitschrift für Soziologie 13, H. 4, S. 308–327
—, 1984d: „Staat und Politik. Zur Semantik der Selbstbeschreibung politischer Systeme", in: Udo Bermbach (Hrsg.), Politische Theoriengeschichte, Opladen, S. 99–125
—, 1985a: „Neue Politische Ökonomie", in: Soziologische Revue 8, H. 2, S. 115–120
— (Hrsg.), 1985b: Soziale Differenzierung. Zur Geschichte einer Idee, Opladen
—, 1986: Ökologische Kommunikation, Opladen
Maciejewski, Franz, 1972: „Sinn, Reflexion und System: Über die vergessene Dialektik bei Niklas Luhmann", in: Zeitschrift für Soziologie 1, S. 138–155
— (Hrsg.), 1973/74: Theorie der Gesellschaft oder Sozialtechnologie. Beiträge zur Habermas–Luhmann-Diskussion, Supplement 1/2, Frankfurt/M.
Maluschke, Günther, 1976: „Zur Legitimität politischer Institutionen und politischen Handelns", in: Zeitschrift für Politik 23, S. 366–376
Markl, Klaus-Peter (Hrsg.), 1984/85: Analytische Politikphilosophie und ökonomische Rationalität, 2 Bde., Opladen
Markovitz, Jürgen, 1979: Die soziale Situation, Frankfurt/M.
Martens, Bernd, 1984: Differentialgleichungen und dynamische Systeme in den Sozialwissenschaften: Stabilität, Katastrophen und Komplexität dynamischer Modelle, München
Marwedel, Peter, 1976: Funktionalismus und Herrschaft, Köln
Maturana, Humberto R., 1982: Erkennen: Die Organisation und Verkörperung von Wirklichkeit, Braunschweig
Meadows, Dennis u. a., 1973: Die Grenzen des Wachstums, Reinbek b. Hamburg
Meadows, Donella, Richardson, John, Bruckmann, Gerhart (Hrsg.), 1982: Groping in the dark. The first decade of global modelling, Chicester u. a.

Mehlich, Harald, 1983a: Politischer Protest und Stabilität. Entdifferenzierungstendenzen in der modernen Gesellschaft, Frankfurt/M.–New York

–, 1983b: „Politischer Protest und gesellschaftliche Entdifferenzierung", in: Peter Grottian, Wilfried Nelles (Hrsg.), Großstadt und neue soziale Bewegungen, Basel–Boston–Stuttgart, S. 134–153

Menzies, Ken, 1976: Talcott Parsons and the social image of man, London u. a.

Merton, Robert, 1968: Social Theory and Social Structure, New York (enl. ed.)

Mesarović, Mihailo, Pestel, Eduard, 1974: Menschheit am Wendepunkt, Stuttgart

Messelken, Karlheinz, [2]1970: Politikbegriffe der modernen Soziologie, Köln–Opladen

–, 1975: „Die struktural-funktionale Konzeption des politischen Systems: Talcott Parsons", in: Wilfried Röhrich (Hrsg.), Neuere politische Theorie, Darmstadt, S. 26–62

Meyer, Peter, 1982: Soziobiologie und Soziologie, Darmstadt–Neuwied

Mickel, Wolfgang W. (Hrsg.), 1983: Handlexikon zur Politikwissenschaft, München

Miebach, Bernhard, Strukturalistische Handlungstheorie. Zum Verhältnis von soziologischer Theorie und empirischer Forschung im Werk Talcott Parsons, Opladen

Mills, C. Wright, 1963: Kritik der soziologischen Denkweise, Neuwied–Berlin

Mirbach, Thomas, 1984: „Das ‚Projekt' der Moderne" (zu Jürgen Habermas, Theorie des kommunikativen Handelns), in: Politische Vierteljahresschrift. PVS-Literatur 25, H. 1/84, S. 5–16

Mitchell, William C., 1967: Sociological Analysis and Politics. The Theories of Talcott Parsons, Englewood Cliffs, N. J.

Mols, Manfred, 1971: „Der Anspruch generaltheoretischer Exaktheit: Bemerkungen zu einigen Arbeiten politikwissenschaftlicher Systemanalyse", in: Dieter Oberndörfer (Hrsg.), Systemtheorie, Systemanalyse und Entwicklungsländerforschung, Berlin, S. 63–131

Morét, Jürgen, 1983: Über die subjektive Konstruktion sozialer Wirklichkeit, Diss. Wuppertal

Mühlfeld, Claus, Schmid, Michael (Hrsg.), 1974: Soziologische Theorie, Hamburg

Müller-Rommel, Ferdinand, 1984: „Sozialwissenschaftliche Politik-Beratung", in: Beilage zum „Parlament" (aus politik und zeitgeschichte B 25/84), S. 26–39

Münch, Richard, 1976a: Theorie sozialer Systeme, Opladen

–, 1976b: Legitimität und politische Macht, Opladen

–, 1979/80: „Talcott Parsons und die Theorie des Handelns", in: Soziale Welt 30, S. 385–409 und 31, S. 3–47

–, 1980: „Über Parsons zu Weber: Von der Theorie der Rationalisierung zur Theorie der Interpenetration", in: Zeitschrift für Soziologie 9, H. 1, S. 18–53

–, 1982a: Basale Soziologie: Soziologie der Politik, Opladen

–, 1982b: Theorie des Handelns, Frankfurt/M.

—, 1982c: „Von der Rationalisierung zur Verdinglichung der Lebenswelt?" (zu: Jürgen Habermas, Theorie des kommunikativen Handelns), in: Soziologische Revue 5, H. 4, S. 390—397

—, 1984: Die Struktur der Moderne. Grundmuster und differentielle Gestaltung des institutionellen Aufbaus der modernen Gesellschaft, Frankfurt/M.

—, 1986: Die Kultur der Moderne, Bd. 1: Ihre Grundlagen und ihre Entwicklung in England und Amerika, Bd. 2: Ihre Entwicklung in Frankreich und Deutschland, Frankfurt/M.

Münch, Werner, 1971: „Der Begriffsapparat bei David Easton", in: Dieter Oberndörfer (Hrsg.), Systemtheorie, Systemanalyse und Entwicklungsländerforschung, Berlin, S. 201—245

Narr, Wolf-Dieter, 1967: „David Eastons Systemanalyse. Ein Königs- oder Holzweg einer allgemeinen Theorie des politischen Verhaltens", in: Politische Vierteljahresschrift 8, S. 424—444

—, 1969a: „Logik der Politikwissenschaft — eine propädeutische Skizze", in: Gisela Kress, Dieter Senghaas (Hrsg.), Politikwissenschaft, Frankfurt/M., S. 9—37

—, 1969b: Theoriebegriffe und Systemtheorie, Stuttgart u. a.

—, Runze, Dieter H., 1974: „Zur Kritik der politischen Soziologie", in: Supplement 2, hrsg. von F. Maciejewski, Frankfurt/M., S. 7—91

— (Hrsg.), 1975: Politik und Ökonomie — autonome Handlungsmöglichkeiten des politischen Systems, Opladen

Naschold, Frieder, 1971: „Die systemtheoretische Analyse demokratischer politischer Systeme", in: Probleme der Demokratie heute (= Politische Vierteljahresschrift, Sonderheft 2), Opladen, S. 3—39

—, ²1971: Systemsteuerung, Stuttgart u. a.

Neidhardt, Friedhelm, 1981: Art. „Familie", in: M. Greiffenhagen u. a. (Hrsg.), Handwörterbuch zur politischen Kultur der Bundesrepublik Deutschland, Opladen, S. 150—154

Nelles, Wilfried, 1983: „Neue soziale Bewegungen und alte Politik", in: Peter Grottian, ders. (Hrsg.), Großstadt und neue soziale Bewegungen, Basel u. a., S. 83—100

—, 1984: „Kollektive Identität und politisches Handeln in Neuen sozialen Bewegungen", in: Politische Vierteljahresschrift 25, H. 4, S. 425—440

Niedereichholz, Joachim, 1983: Art. „Politische Kybernetik", in: W. W. Mickel (Hrsg.), Handlexikon zur Politikwissenschaft, München, S. 388—395

Niemeyer, Harald (Hrsg.), 1980: Soziale Beziehungsgeflechte, Berlin

Nisbet, Robert A., 1969: Social Change and History, Oxford U. P.

Nohlen, Dieter, Schultze, Rainer-Olaf (Hrsg.), 1985: Politikwissenschaft. Theorien—Methoden—Begriffe, München—Zürich

Nolte, Helmut, 1970: Psychoanalyse und Soziologie, Stuttgart

Nora, Simon, Minc, Alain, 1979: Die Informatisierung der Gesellschaft, Frankfurt/M.—New York

Oberndörfer, Dieter (Hrsg.), 1971: Systemtheorie, Systemanalyse und Entwicklungsländerforschung, Berlin

Oelkers, Jürgen, 1984: „Neue Welt und altes Denken? Zur Argumentationsstruktur im Lernbericht des Club of Rome", in: Beilage zum „Parlament" (aus politik und zeitgeschichte, B 34/84), 25. August, S. 20—33

Oelmüller, Willi, 1973: „Zur Begründung von freiheitsfördernden Handlungszielen und Entscheidungskriterien", in: Franz Böckle, Ernst-Wolfgang Böckenförde (Hrsg.), Naturrecht in der Kritik, Mainz, S. 277—303

—, Dölle, Ruth, Piepmeier, Rainer, 1977: Diskurs: Politik, Paderborn

Offe, Claus, 1972: Strukturprobleme des kapitalistischen Staates, Frankfurt/M.

—, 1984: „Politische Legitimation durch Mehrheitsentscheidung?", in: Bernd Guggenberger, ders. (Hrsg.), An den Grenzen der Mehrheitsdemokratie, Opladen, S. 150—183

Parijs, Philippe van, 1981: Evolutionary Explanation in the Social Sciences, London

Parsons, Talcott, 1964: „Die jüngsten Entwicklungen in der strukturell-funktionalen Methode", in: Kölner Zeitschrift für Soziologie und Sozialpsychologie 16, S. 30—49

—, 1965: „An Outline of the Social System", in: ders., Edward A. Shils, Kaspar D. Naegele, Jesse R. Pitts (Hrsg.), Theories of Society, New York, London, S. 30—79

—, [4]1965: Structure and Process in Modern Societies, New York

—, 1966: Societies: Evolutionary and Comparative Perspectives, Englewood Cliffs, N. J.

—, 1967: Sociological Theory and Modern Society, New York

—, [5]1967: The Structure of Social Action, New York, London (1937)

—, 1968: Sozialstruktur und Persönlichkeit, Frankfurt/M.

—, [2]1968: Beiträge zur soziologischen Theorie, hrsg. von Dietrich Rüschemeyer, Neuwied—Berlin

—, [4]1968: The Social System, New York, London (1951)

—, 1969: Politics and Social Structure, New York

—, 1972: Das System moderner Gesellschaften, München

—, 1973: „Einige Grundzüge der allgemeinen Theorie des Handelns", in: Heinz Hartmann (Hrsg.), Moderne amerikanische Soziologie, Stuttgart, 2. Aufl., S. 218—226

—, 1975 a: Gesellschaften. Evolutionäre und komparative Perspektiven, Frankfurt/M.

—, 1975 b: „Die Entstehung der Theorie des sozialen Systems. Ein Bericht zur Person", in: ders., Edward A. Shils, Paul F. Lazarsfeld, Soziologie — autobiographisch, Stuttgart, S. 1—68

—, 1976: Zur Theorie sozialer Systeme, hrsg. von Stefan Jensen, Opladen

—, 1977: Social Systems and the Evolution of Action Theory, New York, London

—, 1978: Action Theory and the Human Condition, New York, London

—, 1980: Zur Theorie der sozialen Interaktionsmedien, hrsg. von Stefan Jensen, Opladen

—, 1982: On Institutions and Social Evolution. Selected Writings, hrsg. von Leon H. Mayhew, Chicago—London

—, 1986: Aktor, Situation und normative Muster, Frankfurt/M.

—, Bales, Robert F., Shils, Edward A., 1953: Working Papers in the Theory of Action, New York, London

—, Shils, Edward A., [5]1962: Toward a General Theory of Action, Cambridge, Mass. (1951)

—, Shils, Edward A., Naegele, Kaspar D., Pitts, Jesse R. (Hrsg.), 1965: Theories of Society, New York, London (1961)

—, Smelser, Neil J., ⁴1966: Economy and Society, London (1956)
—, Platt, Gerald M., 1973: The American University, Cambridge, Mass.
—, Shils, Edward A., Lazarsfeld, Paul F., 1975: Soziologie-autobiographisch, Stuttgart
Pattee, Howard H. (Hrsg.), 1973: Hierarchy Theory: The Challenge of Complex Systems, New York
Peccei, Aurelio (Hrsg.), 1983: Berichte an den Club of Rome. Der Weg ins 21. Jahrhundert, München
Pelinka, Anton, 1974: Dynamische Demokratie, Stuttgart u. a.
—, 1976: Politik und moderne Demokratie, Kronberg/Ts.
Pfeiffer, Rolf, Lindner, Helmut (Hrsg.), 1982: Systemtheorie und Kybernetik in Wirtschaft und Verwaltung, Berlin
Podak, Klaus, 1984: „Ohne Subjekt, ohne Vernunft. Bei der Lektüre von Niklas Luhmanns Hauptwerk ‚Soziale Systeme' ", in: Merkur. Zeitschrift für europäisches Denken 38, Nr. 429, S. 733—745
Pohlmann, Rosemarie (Hrsg.), 1980: Person und Institution, Würzburg
Popitz, Heinrich, 1980: Die normative Konstruktion von Gesellschaft, Tübingen
Popper, Karl R., ³1971: Das Elend des Historizismus, Tübingen (⁵1979)
—, ³1973: Die offene Gesellschaft und ihre Feinde, 2 Bde., Bern—München (⁶1980)
—, Eccles, J. C., 1977: The Self and its Brain, Berlin, London, New York (dt. München—Zürich 1982)
Powell, G. Bingham, 1982: „‚Functionalism' as a Paradigm in Political Science", in: William T. Bluhm (Hrsg.), The Paradigm Problem in Political Science, Durham, N. C.
Prätorius, Rainer, 1984: Soziologie der politischen Organisationen, Darmstadt
Prahl, Hans-Werner, 1981: Art. „Hochschulen", in: M. Greiffenhagen u. a. (Hrsg.), Handwörterbuch zur politischen Kultur der Bundesrepublik Deutschland, Opladen, S. 201—204
Prewo, Rainer, Ritsert, Jürgen, Stracke, Elmar, 1973: Systemtheoretische Ansätze in der Soziologie, Reinbek b. Hamburg
Preyer, Gerhard, Grünberger, Hans, 1980: „Die Problemstufenordnung in der systemtheoretischen Argumentation Niklas Luhmanns", in: Soziale Welt 31, S. 48—67
Rammstedt, Otthein, 1979: „Zur soziologischen Reorientierung am Subjekt", in: Helmut Moser (Hrsg.), Politische Psychologie. Politik im Spiegel der Sozialwissenschaften, Weinheim u. Basel, S. 259—286
Reichel, Peter, 1981: Politische Kultur der Bundesrepublik, Opladen
Reichwein, Roland, 1970/71: „Sozialisation und Individuation in der Theorie von Talcott Parsons", in: Soziale Welt 21/22, S. 161—184
Rescher, Nicholas, 1977: Methodological Pragmatism. A Systems-Theoretic Approach to the Theory of Knowledge, Oxford
Rex, John, 1970: Grundprobleme der soziologischen Theorie, Freiburg i. Br.
Ritsert, Jürgen, 1966: Handlungstheorie und Freiheitsantinomie, Berlin
—, 1968: „Substratbegriffe in der Theorie des sozialen Handelns. Über das Interaktionsschema bei Parsons und in der Parsonskritik", in: Soziale Welt 19, S. 119—137
—, 1975: Wissenschaftsanalyse als Ideologiekritik, Frankfurt/M.
Ritzer, George, 1981: Toward an Integrated Sociological Paradigm, Boston u. a.

Röhrich, Wilfried (Hrsg.), 1975: Neuere politische Theorie. Systemtheoretische Modellvorstellungen, Darmstadt

Ronge, Volker, 1984: Rez. von H. Willke, Entzauberung des Staates, in: Kölner Zeitschrift für Soziologie und Sozialpsychologie 36, H. 3, S. 626 ff.

—, Weihe, Ulrich (Hrsg.), 1976: Politik ohne Herrschaft? Antworten auf die systemtheoretische Neutralisierung der Politik, München

Rosen, Robert, 1977: „Complexity as a System Property", in: International Journal of General Systems 3, S. 227–232

Roth, Gerhard/Schwegler, Helmut (Hrsg.), 1981: Self-organizing Systems, Frankfurt/M.

Sarcinelli, Ulrich, 1984: „Politikvermittlung in der Demokratie", in: Beilage zum „Parlament" (aus politik und zeitgeschichte) B 50/84, 15. Dez., S. 3–13

Sartori, Giovanni (Hrsg.), 1984: Social Science concepts, Beverly Hills u. a.

Savage, Stephen P., 1981: The Theories of Talcott Parsons. The Social Relations of Action, New York

Sayre, Kenneth M., 1976: Cybernetics and the Philosophy of Mind, London, Henley

Scharpf, Fritz W., [2]1975: Demokratietheorie zwischen Utopie und Anpassung, Kronberg/Ts.

Scharpf, Fritz, Reissert, Bernd, Schnabel, Fritz, 1976/77: Politikverflechtung, Bd. I + II, Kronberg/Ts.

Schelsky, Helmut, [2]1973: „Zur soziologischen Theorie der Institution", in: ders. (Hrsg.), Zur Theorie der Institution, Düsseldorf (1970), S. 9–26

—, 1980: Die Soziologen und das Recht (hierin u. a. „Systemfunktionaler, anthropologischer und personfunktionaler Ansatz der Rechtssoziologie", S. 95–146, „Zur soziologischen Theorie der Institution", S. 215–231), Opladen

Schill, Bruno, 1964: Die Rezeption von Max Webers Lehre des sozialen Handelns durch Talcott Parsons, Diss. München

Schluchter, Wolfgang (Hrsg.), 1980: Verhalten, Handeln und System. Talcott Parons' Beitrag zur Entwicklung der Sozialwissenschaften, Frankfurt/M.

Schmid, Günther, 1974: Funktionsanalyse und politische Theorie, Düsseldorf

Schmid, Michael, 1981: „Struktur und Selektion: Emile Durkheim und Max Weber als Theoretiker struktureller Selektion", in: Zeitschrift für Soziologie 10, S. 17–37

—, 1982: Theorie sozialen Wandels, Opladen

Schmidt, Manfred G. (Hrsg.), 1983: Westliche Industriegesellschaften, München–Zürich

—, 1985: „Politikwissenschaft", in: Hans-Hermann Hartwich (Hrsg.), Policy-Forschung in der Bundesrepublik Deutschland, Opladen, S. 137–143

Schmidt, Walter, 1971: „Aufklärung durch Soziologie", in: Neue Politische Literatur 26, S. 340–354

Schmieg, Günter, 1973: „Systemanalyse", in: Axel Görlitz (Hrsg.), Handlexikon zur Politikwissenschaft, Reinbek b. Hamburg, S. 444–448

Schmitz-Bender, Thomas, 1980: Systemforschung – Grenzen und Möglichkeiten aus soziologischer Sicht, Frankfurt/M., Bern, Cirencester

Schneider, Friedhelm, 1976: Systemtheoretische Soziologie und dialektische Sozialphilosophie, Meisenheim am Glan

Schneider, Louis, Bonjean, Charles (Hrsg.), 1973: The Idea of Culture in the Social Sciences, Cambridge

247

Schnepel, Johannes, 1984: Gesellschaftliche Ordnung durch Computerisierung, Frankfurt/M.—Bern—New York—Nancy

Schnur, Roman (Hrsg.), 1968: Institution und Recht, Darmstadt

Schöpf, Alfred (Hrsg.), 1981: Das anthropologische Problem der Phantasie, Würzburg

—, 1984: „Die prärationalen Bedingungen des menschlichen Erkennens, Fühlens und Handelns", in: M. Lindauer, ders. (Hrsg.), Wie erkennt der Mensch die Welt? Stuttgart, S. 53—69

Scholz, Frithard, 1982: Freiheit als Indifferenz. Alteuropäische Probleme mit der Systemtheorie Niklas Luhmanns, Frankfurt/M.

Schrader, Einhard, 1966: „Handlung und Wertsystem", in: Soziale Welt 17, S. 111—135

Schrape, Klaus, 1977/78/79: Theorien normativer Strukturen und ihres Wandels, 3 Bde., Basel

Schröder, Hartmut, 1975: „Kybernetik und Politikwissenschaft: Karl W. Deutsch", in: W. Röhrich (Hrsg.), Neuere politische Theorie, Darmstadt, S. 81—109

Schubert, Glendon, 1983a: „Evolutionary Politics", in: The Western Political Quarterly 36, S. 175—193

—, 1983b: „Soziobiologie und politisches Verhalten", in: Heiner Flohr, Wolfgang Tönnesmann (Hrsg.), Politik und Biologie, Berlin u. Hamburg, S. 111—126

Schülein, Johann A., 1982: „Zur Konzeptualisierung des Sinnbegriffs", in: Kölner Zeitschrift für Soziologie und Sozialpsychologie 34, H. 4, S. 649—664

Schütte, Hans Gerd, 1971: Der empirische Gehalt des Funktionalismus, Meisenheim/Glan

Schütz, Alfred, Parsons, Talcott, 1977: Zur Theorie sozialen Handelns. Ein Briefwechsel, hrsg. u. eingel. von Walter M. Sprondel, Frankfurt/M.

Schwanenberg, Enno, 1970: Soziales Handeln — Die Theorie und ihr Problem, Bern u. a.

Schwarz, Brita, Svedin, Uno, Wittrock, Björn, 1982: Methods in Future Studies, Boulder, Colorado

Schwonke, Martin, 1981: Sozialisation und Sozialstruktur, Stuttgart, 2. Aufl.

Senghaas, Dieter, 1966: „Kybernetik und Politikwissenschaft", in: Politische Vierteljahresschrift 7, S. 252—276

Simonis, Georg, 1984: Art. „Systemtheorie", in: Andreas Boeckh (Hrsg.), Internationale Beziehungen, München—Zürich, S. 474—481

Singer, Gerwulf, 1976: Person, Kommunikation, soziales System. Paradigmata soziologischer Theoriebildung, Wien—Köln—Graz

Somit, Albert (Hrsg.), 1976: Biology and Politics, The Hague, Paris

—, Slagter, Robert, 1983: „Biopolitics: Heutiger Stand und weitere Entwicklung", in: Heiner Flohr, Wolfgang Tönnesmann (Hrsg.), Politik und Biologie, Berlin u. Hamburg, S. 30—37

Souto, Claudio, 1984: Allgemeinste wissenschaftliche Grundlagen des Sozialen, Wiesbaden

Stachowiak, Herbert (Hrsg.), 1983: Modelle — Konstruktion der Wirklichkeit, München

Stammen, Theo, 1971: „Zur Geschichte der modernen demokratischen Institutionen", in: Leonhard Reinisch (Hrsg.), Politische Wissenschaft heute, München, S. 53—66

−, 1983: Art. „Regierungssystem", in: Wolfgang W. Mickel (Hrsg.), Handlexikon zur Politikwissenschaft, München, S. 436−441

Steinbeck, Brigitte, 1964: „Einige Aspekte des Funktionsbegriffs in der positiven Soziologie und in der kritischen Theorie der Gesellschaft", in: Soziale Welt 15, S. 97−129

Steinbrunner, John D., 1974: The Cybernetic Theory of Decision, Princeton

Steinert, Heinz, 1972: Die Strategien sozialen Handelns, München

Sutherland, John W., 1973: A General Systems Philosophy for the Social and Behavioral Sciences, New York

Teune, Henry, Mlinar, Zdravko, 1978: The Developmental Logic of Social Systems, Beverly Hills

Thapar, Romesh, 1984: „Plädoyer für eine politische Erneuerung", in: Aurelio Peccei et al., Berichte an den Club of Rome. Der Weg ins 21. Jahrhundert, München, S. 246−263

Thome, Helmut, 1973: Der Versuch, die „Welt" zu begreifen. Fragezeichen zur Systemtheorie von Niklas Luhmann, Frankfurt/M.

−, 1981: Legitimitätstheorien und die Dynamik kollektiver Einstellungen, Opladen

Thränhardt, Dietrich (Hrsg.), 1978: Funktionalreform − Zielperspektiven und Probleme einer Verwaltungsreform, Meisenheim am Glan

−, 1984: „Politische Inversion. Wie und warum Regierungen das Gegenteil dessen erreichen, was sie versprochen haben", in: Politische Vierteljahresschrift 25, H. 4, S. 440−461

Timmermann, Manfred (Hrsg.), o. J.: Sozialwissenschaften. Eine multidisziplinäre Einführung, Konstanz

Tjaden, Karl Hermann, 1969a: „Konservative Gehalte soziologischer Theorien", in: Das Argument 50, S. 34−42

−, 1969b: Soziales System und sozialer Wandel, Stuttgart

− (Hrsg.), Soziale Systeme. Materialien zur Dokumentation und Kritik soziologischer Ideologie, Neuwied−Berlin

Tönnies, Sibylle, 1975: „Reduktion von Komplexität. Zur politischen Theorie Niklas Luhmanns", in: Wilfried Röhrich (Hrsg.), Neuere politische Theorie, Darmstadt, S. 63−80

Türk, Klaus (Hrsg.), 1978: Handlungssysteme, Opladen

Tuomela, Raimo, Seebaß, Gottfried (Hrsg.), 1984: Social Action, Dordrecht

Turkle, Sherry, 1984: Die Wunschmaschine. Vom Entstehen der Computerkultur, Reinbek b. Hamburg

Ulrich, Otto, 1984: „Computer, Wertewandel und Demokratie", in: Beilage zum „Parlament" (aus politik und zeitgeschichte) B 25/84, S. 14−25

Ulrich, Werner, 1981: „Systemrationalität und praktische Vernunft − Gedanken zum Stand des Systemansatzes", Einleitung zu C. West Churchman, Der Systemansatz und seine „Feinde", Bern u. Stuttgart, S. 7−38

Uppendahl, Herbert, 1981: „Repräsentation und Responsivität. Bausteine einer Theorie responsiver Demokratie", in: Zeitschrift für Parlamentsfragen 12, S. 124−134

Vester, Frederic, 1980: Neuland des Denkens. Vom technokratischen zum kybernetischen Zeitalter, Stuttgart

Vilmar, Fritz, 1973: Strategien der Demokratisierung, 2 Bde., Darmstadt u. Neuwied

Vobruba, Georg, 1983: Politik mit dem Wohlfahrtsstaat, Frankfurt/M.

Vogel, Martin Rudolf, 1983: Gesellschaftliche Subjektivitätsformen, Frankfurt/M.—New York
Vollmer, Gerhard, 1975: Evolutionäre Erkenntnistheorie, Stuttgart
Waddington, C. H., 1977: Tools for Thought. How to Understand and Apply the Latest Scientific Techniques of Problem Solving, New York
Wagner, Claus, 1970/71: „Funktionale Differenzierung und soziales System", in: Soziale Welt 21/22, S. 306—320
Wallerstein, Immanuel, Amin, Samir, Arrighi, Giovanni, Frank, Andre Gunder, 1986: Dynamik der globalen Krise, Opladen
Warfield, John, 1976: Societal Systems, New York—London
Warnke, Camilla, 1974: Die „abstrakte" Gesellschaft. Systemwissenschaften als Heilsbotschaft in den Gesellschaftsmodellen Parsons', Dahrendorfs und Luhmanns, Frankfurt/M.
Warriner, Charles K., 1970: The Emergence of Society, Homewood, Ill.
Waschkuhn, Arno, 1974: Zur Theorie politischer Institutionen, Phil. Diss. München
—, 1981: „Die Vernachlässigung des ‚menschlichen Faktors' und die ‚Verfestigung von Phantasie' in den institutionstheoretischen Ansätzen von Gehlen, Parsons und Luhmann", in: Alfred Schöpf (Hrsg.), Das anthropologische Problem der Phantasie, Würzburg, S. 177—211
—, 1982: „Politische Kultur — Eine aktuelle wissenschaftliche Kontroverse", in: Die Neue Gesellschaft 29, H. 5, S. 450—453
—, 1983: „Traditionelle und neue Aspekte politischer Soziologie", in: Zeitschrift für Politik 30, S. 177—192
—, 1984: Partizipation und Vertrauen. Grundlagen von Demokratie und politischer Praxis, Opladen
—, 1984b: „Die ‚Antiquiertheit' des Menschen und das Erfordernis einer ‚moralischen Phantasie' ", in: Die Mitarbeit 33, H. 1, S. 48—55
—, 1985: Art. „Institution(en)", „Institutionentheorie", in: Dieter Nohlen, Rainer-Olaf Schultze (Hrsg.), Politikwissenschaft. Theorien — Methoden — Begriffe (Pipers Wörterbuch zur Politik, Bd. 1), München—Zürich, S. 376—380
—, 1987: „Allgemeine Institutionentheorie als Rahmen für die Theorie politischer Institutionen", in: Gerhard Göhler (Hrsg.), Grundfragen der Theorie politischer Institutionen. Forschungsstand — Probleme — Perspektiven, Opladen, S. 71—97
Weber, Max, 1963/66: Gesammelte Aufsätze zur Religionssoziologie, 3 Bde., Tübingen 4./5. Aufl.
—, [2]1966: Soziologische Grundbegriffe (Sonderdruck aus: Wirtschaft und Gesellschaft), Tübingen ([4]1978)
—, [3]1971: Gesammelte Politische Schriften, hrsg. von Johannes Winckelmann, Tübingen ([4]1980)
—, [5]1976: Wirtschaft und Gesellschaft. Grundriß der verstehenden Soziologie, 2 Halbbände und ein Erläuterungsband, hrsg. von J. Winckelmann, Tübingen (Studienausgabe [5]1980)
Wehling, Hans-Georg, 1980: „Das politische System der Deutschen Demokratischen Republik", in: P. Ackermann u. a., Politik. Ein einführendes Studienbuch, Hamburg, S. 145—226 u. 241 f.
Weihe, Ulrich, 1979: Diskurs und Komplexität, Stuttgart
Weiß, Johannes, 1971: Weltverlust und Subjektivität, Freiburg i. Br.

–, 1977: „Legitimationsbegriff und Legitimationsleistung der Systemtheorie Niklas Luhmanns", in: Politische Vierteljahresschrift 18, H. 1, S. 74–85

Weizenbaum, Joseph, 1977: Die Macht der Computer und die Ohnmacht der Vernunft, Frankfurt/M.

White, Elliot (Hrsg.), 1981: Sociobiology and Human Politics, Lexington, Mass.

White, Jay Dixon (Hrsg.), 1976: General Systems Theorizing, Washington

Whitehead, Alfred N., 1938: Modes of Thought, Cambridge, Mass.

–, 1967: Science and the Modern World, New York (1925)

–, 1979: Prozeß und Realität, Frankfurt/M.

Wiegele, Thomas C., 1979: Biopolitics: Search for a More Human Political Science, Boulder, Colorado

Wiener, Norbert, ²1961: Cybernetics, Cambridge, Mass.

Wiesendahl, Elmar, 1981: Moderne Demokratietheorie, Frankfurt/M.–Berlin–München

Wildavsky, Aaron, 1979: Speaking Truth to Power. The Art and Craft of Policy Analysis, Boston–Toronto

Wilden, Anthony, ²1980: System and Structure: Essays in Communication and Exchange, London

Willke, Helmut, 1978: „Systemtheorie und Handlungstheorie – Bemerkungen zum Verhältnis von Aggregation und Emergenz", in: Zeitschrift für Soziologie 7, H. 4, S. 380–389

–, 1982: Systemtheorie, Stuttgart u. New York

–, 1983: Entzauberung des Staates. Überlegungen zu einer sozietalen Steuerungstheorie, Königstein/Ts.

Willms, Bernard, 1971: Funktion–Rolle–Institution. Zur politiktheoretischen Kritik soziologischer Kategorien, Düsseldorf

–, 1973: Kritik und Politik. Jürgen Habermas oder das politische Defizit der „Kritischen Theorie", Frankfurt/M.

Wind, Jan, Reynolds, Vernon (Hrsg.), 1986: Essays in Human Sociobiology, Vol. 2, Brüssel

Wrong, Dennis H., 1974: „Das Theorem der Übersozialisation in der modernen Soziologie", in: Claus Mühlfeld, Michael Schmid (Hrsg.), Soziologische Theorie, Hamburg, S. 281–291

Wuthe, Gerhard, ²1981: Die Lehre von den politischen Systemen, München

Wyborski, Bernd, 1984: „Summa sociologica" (Rez. von N. Luhmann, Soziale Systeme), in: Frankfurter Allgemeine Zeitung, Nr. 280, S. L–10

Young, Oran R., 1968: Systems of Political Science, Englewood Cliffs, N. J.

Yovits, Marshall C., Cameron, Scott (Hrsg.), 1960: Self-organizing Systems, Oxford

Zeitschrift für Soziologie, 1980: 9. Jg., H. 1 = Schwerpunkt: Talcott Parsons (1902–1979)

Zeleny, Milan (Hrsg.), 1981: Autopoiesis: A Theory of Living Organization, Amsterdam, New York

Zimpel, Gisela, 1972: Selbstbestimmung oder Akklamation? Politische Teilnahme in der bürgerlichen Demokratietheorie, Stuttgart

Zollschan, George K., Hirsch, Walter (Hrsg.), 1976: Social Change, New York

Über den Verfasser

Arno Waschkuhn: Geboren 1946 in Buchholz / Nordheide. Nach einem Einführungssemester der Germanistik und Erziehungswissenschaft an der Universität Hamburg Studium der Politischen Wissenschaften, Soziologie, Kommunikationswissenschaft und Amerikanistik in München. 1974 dort Promotion zum Dr. phil. mit einer institutionentheoretischen Dissertation. Von 1974 bis 1982 Wissenschaftlicher Assistent und Lehrbeauftragter für Politische Wissenschaft an der Universität Würzburg, dort 1983 Habilitation für dieses Fach. Nach einer Vertretungstätigkeit an der Universität Augsburg seit 1984 Verwalter einer Professur für Politikwissenschaft mit dem Schwerpunkt Politische Theorien an der Universität Oldenburg im Fachbereich Sozialwissenschaften. Lebt in München.

Wichtigste Veröffentlichung: Partizipation und Vertrauen. Grundlagen von Demokratie und politischer Praxis, Opladen 1984. Aufsätze zur Politischen Theorie, politischen Soziologie, politischen Kulturforschung, Institutionenproblematik und zum demokratischen Sozialismus.